アスリートのための

解剖学

トレーニングの効果を最大化する身体の科学

筑波大学准教授

大山 卞 圭悟 著

Ohyama Byun, Keigo

企画協力　特定非営利活動法人
日本トレーニング指導者協会

草思社

はじめに

スポーツ動作における正しい技術とはなんでしょうか？　これにはさまざまな考え方がありますが、高いパフォーマンスにつながるものであるとともに、ケガをしないものであることも要求されるでしょう。

効率の良い動き、理にかなった動きというものは、必ずしも身体の構造や仕組みを理解していなくても実践可能です。しかし、良い動きを戦略的につくり出したり、無数にある選択肢の中から最適のものを選び出すときには、構造に関する理解が大きな助けとなります。自分の弱点を効率的に克服していくためにはどのような発想で、何をトレーニングすればよいのでしょうか？　ケガをして、普段難なくできる動作ができなくなったとき、患部に負担をかけずに行えるトレーニングはどのようにデザインすればよいのでしょうか？　こういった疑問に答える頼もしい道しるべとなるのが解剖学です。そのような視点で身体や動きを見つめ直してみませんか？

本書の内容は日本トレーニング指導者協会（JATI）の機関紙JATI EXPRESSの誌面で、

浅学を顧みず連載させていただいた「GTK現場で使える機能解剖学」の内容に加筆・修正を加えたものです。著者は普段、主に陸上競技やトレーニングの現場に立ち会っていますが、そのなかで気がつく身体の仕組みの素晴らしさやケガが起こるメカニズムからは学ぶことが多くあります。そのような経験や思いを機能解剖学的な視点から分析し、解剖学的な事実やすでに得られている学術的なエビデンスに照らして整理してみたのが本書です。

本書ではおもに筋骨格系の仕組みについて取り上げました。日常生活や運動中の身体の仕組みについてお話しすることで、トレーニングに取り組む方や、競技者の皆さんに興味をお持ちいただけるようにとの思いがありますが、一般の方にも、図と身体にまつわるよもやま話をきっかけに楽しんでいただけるように工夫しています。

本書が少しでも読者の皆様にとって身体と動きについて見つめ直されるきっかけとなれば、望外の喜びです。

大山卞圭悟

もくじ

contents

推薦のことば

私が興味のある分野の本を選ぶ際は、必ず著者のバックグラウンドや活動に注目します。本のタイトルはもちろん、著者は何の専門家なのか？　得意分野は？　オリジナリティ（独創性）は？　つまり、本のタイトルや内容と著者が見事に合致し、「納得できる本」の場合に手にすることにしています。

このたび、推薦させていただく『アスリートのための解剖学』は、大山卞圭悟先生が執筆されました。大山卞先生には、日本トレーニング指導者協会の機関誌である『JATI EXPRESS』にて機能解剖学のコーナーをご担当いただいています。すでに、連載は30回（2020年6月発行時点）を超え、毎号、読者や会員にトレーニング指導における〝目からウロコ〟のヒントをいただいています。また、大山卞先生には本協会養成講習会の講師（機能解剖学）もご担当いただいていますが、わかりやすい講義内容は毎回大好評です。

大山卞先生は、トップアスリートの競技歴（砲丸投げ、全日本実業団優勝他）をもち、陸上競技連盟トレーナー（ユニバーシアード帯同、世界選手権での活動他）、指導者（筑波大学陸上競技部）、研究者（筑波大学体育系准教授）としてご活躍中です。つまり、本書は、アスリート、トレーナー、コーチ、研究者としての経験、英智、オリジナリティが満載の1冊といえるのです。

なお、本書のイラストはほぼすべて大山卞先生ご自身が描かれたものというのも特筆すべき点であり、同時に、とかく難解になりがちな専門書において、先生の人柄を感じさせる機知に富んだ解説力も私たちを無理なく解剖学の世界へと誘ってくれるでしょう。

スポーツマンやトレーニング実践者だけでなく、ヒトの身体や動きに興味のある多くの方々に、また運動習慣のない方々にとっては自身の身体を振り返るという意味でも、広く読んでいただきたいと思います。

本書は記念すべき『JATI EXPRESS』連載の書籍化第1号でもあります。

大山卞先生には、その「第一投者」をお願いできることを大変嬉しく思います。

読めば、必ず納得、満足の本になるでしょう！

有賀雅史

日本トレーニング指導者協会理事長　広報・企画委員会委員長
JATI EXPRESS編集長
帝京科学大学医療科学部教授

体表から観察できる全身の筋

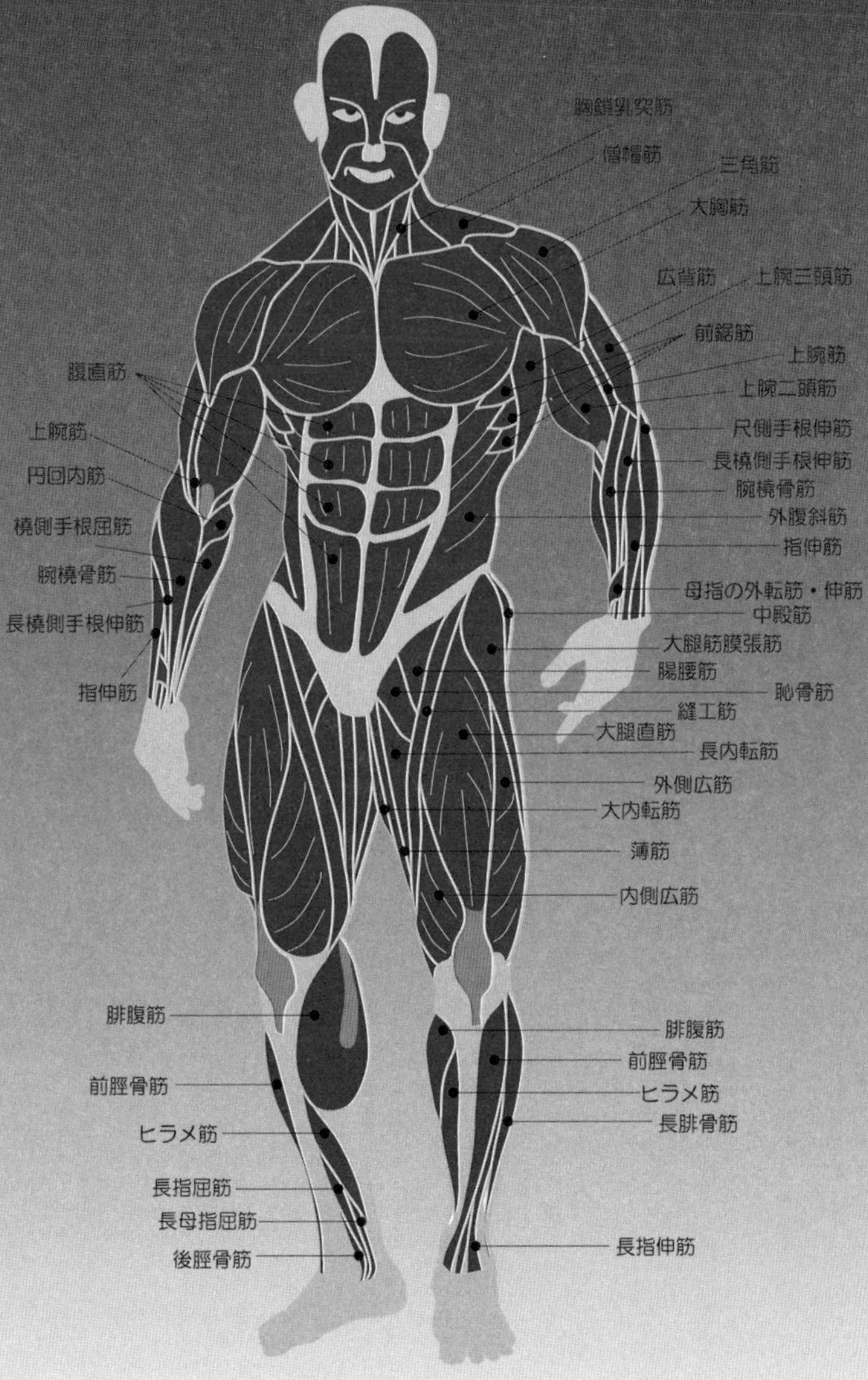

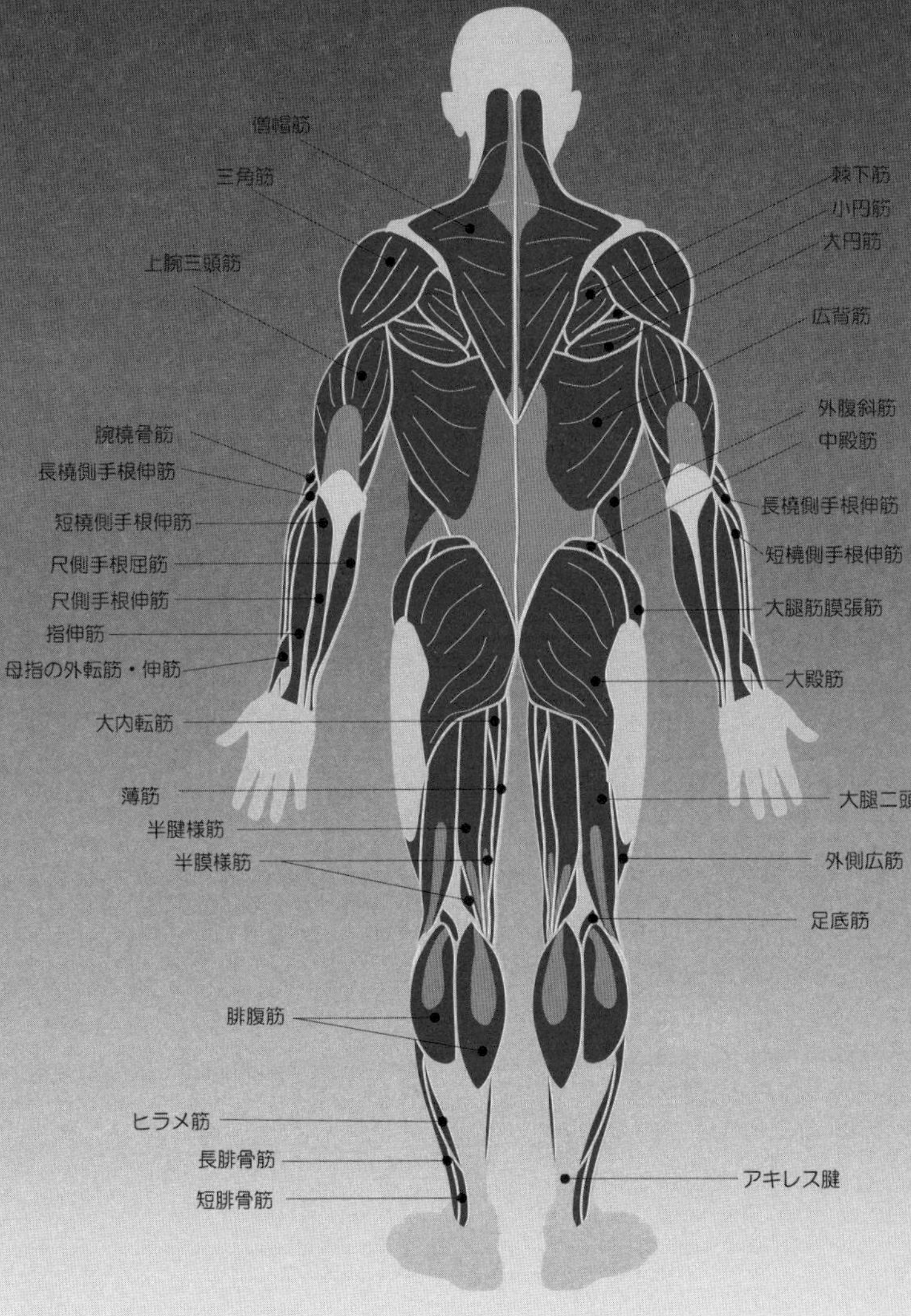
僧帽筋
三角筋
上腕三頭筋
棘下筋
小円筋
大円筋
広背筋
腕橈骨筋
長橈側手根伸筋
短橈側手根伸筋
尺側手根屈筋
尺側手根伸筋
指伸筋
母指の外転筋・伸筋
外腹斜筋
中殿筋
長橈側手根伸筋
短橈側手根伸筋
大腿筋膜張筋
大殿筋
大内転筋
薄筋
半腱様筋
半膜様筋
大腿二頭筋
外側広筋
足底筋
腓腹筋
ヒラメ筋
長腓骨筋
短腓骨筋
アキレス腱

筋の名称

ヒトの身体には600を超える骨格筋があるといわれます。それぞれに名称があるのですが、これらのネーミングにはいくつかのパターンがあるようです。元をたどれば、ラテン語でつくられた解剖学用語をもとに、日本語の名称をつけていったようです。

すべてを網羅することは難しいですが、いくつかわかりやすい実例を挙げてみていきましょう。

形状をもとにした名称

三角筋、菱形筋、梨状筋、薄筋、僧帽筋などがこれにあたります。三角筋は三角形だから、菱形筋は菱形だから、梨状筋は洋ナシに似ているから、薄筋は薄いから。僧帽筋は……。これはカトリックの僧侶がかぶる帽子と似ていることから名付けられました。英語ではtrapeziusといいますが、これは帽子という意味ではなくtrapezoid：台形からきています。日本語・英語共に形状からのネーミングですが、ちょっと違うんですね。

位置・配置をもとにした名称

付着する骨や、筋腹の位置をもとにした名称で、上腕筋、側頭筋、恥骨筋、棘下筋、肩甲下筋、膝窩筋、腸骨筋、前脛骨筋、後脛骨筋などがこれにあたります。上腕筋は上腕骨に始まり主に上腕に位置します。膝窩筋は大腿骨と脛骨を結ぶ筋ですが、膝窩に大部分が位置します。肩甲下筋は、肩甲骨の胸郭側（深部）に位置します。英語はsubscapularis（sub：下、scapula：肩甲骨）で、読んで字のごとくです。

前後や、深い浅い、上下などの言葉をほかの情報を組み合わせたネーミングもたくさんあります。前脛骨筋と後脛骨筋、浅指屈筋と深指屈筋、上双子筋と下双子筋などです。

機能や動きをもとにした名称

筋の機能そのものが名称になったものとしては、強力な閉口筋の一つである咬筋、表情筋の一つ笑筋などがこれにあたります。機能のみが筋の名称となっている例としては、手を回外する回外筋や回旋筋もこれにあたるでしょう。動きをもとにした名称としては、～屈筋：flexor、～伸筋：extensor、～張筋：tensor、～括約筋：sphincter、～挙筋：levator、～内転筋：adductor、～外転筋：abductor、～回内筋：pronatorなどがこれにあたります。

大きさや長さなど サイズをもとにした名称

筋のサイズ、すなわち大きさや長さ、広さからつけられた名称はご存じの通り非常にたくさんあります。しかしサイズの情報のみからのネーミングは最長筋くらいで、ほとんどが部位名や動き、位置との組み合わせになっています。大殿筋、中殿筋、小殿筋の例はわかりやすいですね。広背筋、長内転筋、短内転筋、長腓骨筋、短腓骨筋、内側広筋などはその例です。

両側の付着部をもとにした名称

胸鎖乳突筋、腕橈骨筋、烏口腕筋、腸肋筋などがこれにあたります。たとえば、胸鎖乳突筋を例にとると、胸骨と鎖骨から起こって、乳様突起（側頭骨）に至る筋ですが、ネーミングはそのままです。英語でもSternocleidomastoid といいます。Sterno：胸骨を表す接頭辞、Cleido：鎖骨を表す接頭辞、Mastoid：乳様突起という表記で、胸鎖乳突筋の場合は語順も日本語と同じです。

筋の走行をもとにした名称

筋の走行が基準となる構造物に真っ直ぐな～直筋：rectus、斜めの～斜筋：obliquus、横走する～横筋：transversusなどがよく知られています。実際には部位や位置と組み合わせて、腹直筋、腹横筋、外腹斜筋、大腿直筋のように用いられます。

特殊な事例

縫工筋を英語ではsartoriusといいます。ラテン語のsartorは英語ではtailorで、服の仕立て職人さんのことです。脚を組んで仕事をする職人さんの大腿部に、この筋肉のレリーフがはっきり見えたことからこの名称がついたそうですが、仕立屋さんはショートパンツ姿だったのでしょうか？

Chapter 0

答えは身体の中にある

直感的機能解剖のすすめ

われわれの身体、とくに運動器は実に200余りの骨と600を超える骨格筋（筋肉）によって構成されています。それぞれの骨の配置や形態には機能的な背景があり、普段受けている荷重や、付着している筋や靱帯からの力に応じたものとなっています。筋についても同様で、基本的な配置や構造を基に、形状や生化学的な特性についても、求められる機能に応じて発達しています。

このような筋骨格系の機能と形態とのつながりを、一つ一つ答え合わせ的に眺めてみることは実に楽しいものです。機能的な要求に応える理にかなった構造は、よくもこんな工夫がなされたものだと感心してしまうことも多々あります。さらにそれぞれの骨や筋には個々に見ても特有の働きがありますが、これらが動きの中で見せる働き合いは、非常に精妙で興味深いものです。

堅いことを言わずに、「何のために?」を前面に

この筋肉は「何のためにあるのか?」という質問には、ちょっと勉強すれば答えられそうな気がしますが、実際のところ、これは正確に答えることが難しい質問です。

われわれの身体は、ヒトという動物が現在の種に至るまでの間に経た環境とのやりとりや、それによって生じた機能的な要求を満たす過程で獲得した形質ということができるでしょう。その形質がなぜ目に見えるようになって残ってきたのかについては、もっともらしい理由づけは可能ですが、真実を明らかにすることは非常に難しいのです。

しかし、機能解剖学的な視点で物事を考えるときには、堅いことを言わずに、「何のために?」「何で?」を前面に出して理由づけをしてみるのがよいと考えます。そのような視点で、われわれの身体の構造がうまくできていることを実感し、自分なりの説明をつけたときに、その構造をもっとうまく使う方法についてのアイデアが生まれたり、その構造に宿る機能をうまく組み合わせてみたり、その構造を守る工夫が生まれるのではないでしょうか。

たとえば、腓腹筋《ひふくきん》は膝関節と足関節とをまたぐ二関節筋ですが、膝関節のパワーを足関節に伝達して素早く大きな力発揮を得意としています。その機能的な要求と対応するように、足関節側には長く、バネとして作用できるアキレス腱を持ち、生化学的にも収縮速度が高い速筋線維《そっきんせんい》の比率が高いことが知られています。膝側で二頭に分岐し、比較的短い筋線維が広い面積で筋膜に付着している構造も膝からの大きなパワー伝達に都合が良いのです。

このように見ると腓腹筋が「理にかなった」構造であることが見えてきます（図1）。

観察から得た事実が機能的な洞察に

このような構造や働きは、複雑すぎてとっつきにくいと感じる人もいらっしゃるようですが、当然ながらその営みはわれわれの身体の中、時には手で触れられるものです。解剖学の知識を確認するときに、難しい本を読まなければならないのではないかと思われがちですが、実際にその疑問の答えは直

解剖学の知識を確認するときに、
難しい本を読まなければならないのではないかと思われがち。
しかし、「答えは身体の中にある」。

図1　腓腹筋の構造（模式図）

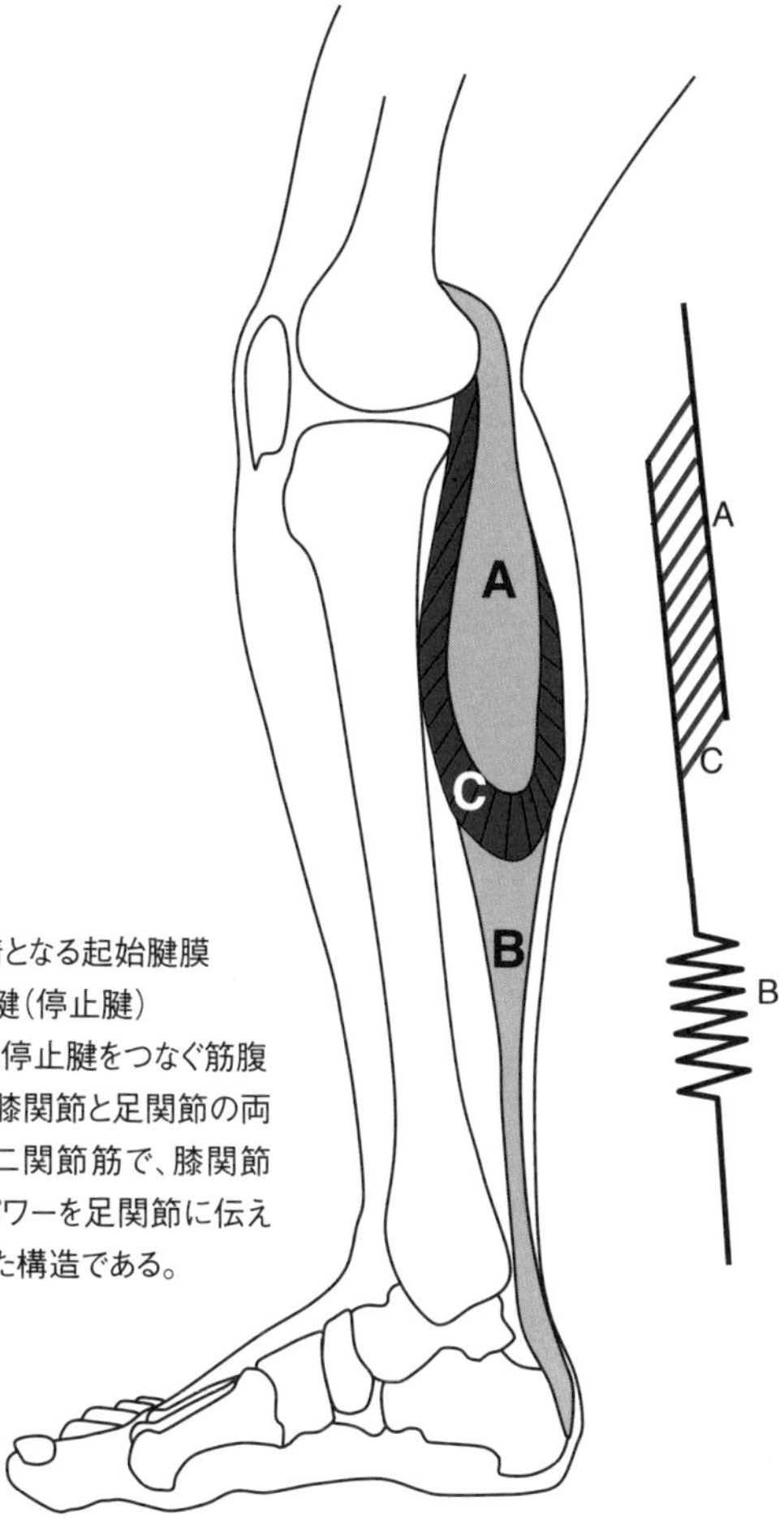

A:広い付着となる起始腱膜
B:アキレス腱（停止腱）
C:起始腱と停止腱をつなぐ筋腹
腓腹筋は、膝関節と足関節の両方をまたぐ二関節筋で、膝関節の強力なパワーを足関節に伝えるのに適した構造である。

接触れられるものが多いのです。「答えは身体の中にある」のです。ちょっと興味を持って触れ、事象をよく観察・分析し、工夫してみることで非常にたくさんの情報が得られるものです。

日常生活のみならず、スポーツの競技中、トレーニング中の筋骨格系の働きを詳しく調べることはそんなに難しいことではありません。詳しく知ろうとする心構え、欲求があれば、さまざまな視点から観察・分析は可能になります。

あるトップアスリートは、自分の身体がまだ小さく、華奢だったとき、競技力の高い先輩と一緒に風呂に行き、その先輩の筋肉のつきかたを観察したといいます。実際、競技力の高い競技者の身体には、顕著なトレーニングの痕跡が現れ、強さの証左が浮き出るものです。このような観察から機能解剖学的な新しい視点を得ることも多々あります。

たとえば、競技力の高い円盤投げ競技者の大胸筋《だいきょうきん》や三角筋《さんかくきん》前部が発達していることは、動作様式から考えると当然ともいえることです。一方で、

スイマーにはなぜ
「怒り肩」が多いように見えるのか?
このような視点が機能解剖学の基本。

彼らの背中が立派なのはなぜなのでしょうか？ スイマーには「怒り肩」が多いように見えますが、これはなぜでしょうか？ これらの事例について、事実とその背景を深めていけば、観察から得た事実が機能的な洞察につながるわけです。

このような視点は機能解剖学の基本であり、この分析自体が機能解剖学の面白さだと考えます。

日常的な身体の感覚情報も活用しよう！

運動中の筋の動員を確かめる実験方法として、運動後に特定の筋内の水分量を計る方法があります。実際には運動の前後にＭＲＩを使って断層撮像を行い、水素イオンの動態を観察するというものです（Sloniger et al., 1997）。運動後の筋には血流が集中し、場合によっては浮腫《ふしゅ》も起こっているでしょう。それによって起こる活動後の筋への水分の集中を定量するわけです。これはちょっと高度な方法ですが、高価な機器を使用せずに同様の分析をする方法はないでしょうか？ ちょっと考えてみてください。強い活動の痕跡……そうです、筋肉痛です。

運動後の筋肉痛は運動時の活動筋、とくにエキセントリック（伸張性）の活動をした筋に好発します。試合後や激しいトレーニングの後に経験する筋肉痛は強い出力の痕跡であり、それ自体をよく分析してみることでいろいろなことが明らかになります。たとえば、久しぶりの草野球で強くボールを投げた後、筋肉痛を強く感じるのはどの筋でしょう。肩関節内旋の主働筋、大胸筋でしょうか？　肩甲骨の後面棘下筋でしょうか？　周囲の人にインタビューして分析してみてください。

試合後のダメージを筋のレベルで感じ、分析することで、弱点や機能的な要求についてかなり具体的な情報、大きなヒントを得ることになるでしょう。この情報を利用して、ダメージを想定したトレーニングでしっかり準備することで、さらに高いパフォーマンス、さらに持続力の高いパフォーマンス、安全なパフォーマンスを得ることができるでしょう。筋肉痛のような日常的な身体の感覚情報も、分析的に整理していけばじゅうぶん機能解剖学的な考察の材料となるのです。

ここでもう一つ練習問題です。「椅子から立ち上がるときに働くのは、大腿《だいたい》前面の筋群ですか？　後面の筋群ですか？」という質問に答えるにはどうすればよいでしょうか。この

図2 椅子からの立ち上がり動作

質問を受けて、あわてて運動学の教科書のページを繰った人は勉強のし過ぎですよ。答えは簡単です。両手で大腿を前後からつかんで立ち上がってみればよいのです（図2）。

立ち上がり方を変えると、触れる筋の緊張の状態も変わります。なるべく上体を立てたままだとどうでしょう。しっかり上体を前に倒してみるとどうでしょう。この両者の違いでさえ、触ってみることで議論できそうです。どうですか？「答えは身体の中にある」のです。

Chapter 1

解剖学概論

筋はなくとも関節は動く⁉

なぜ解剖学か？

電気製品の電源が突然入らなくなってしまった。そんなとき〝ポンポン〟と叩いてみたという経験がある方、実は少なくないのではないでしょうか？　電気製品や自動車が故障したときに、構造を知らずに修理することを想像してみてください。衝撃を与えたくらいで回復するならばラッキーですが、そうでない場合は途端に手詰まりになってしまいます。

ヒトの身体についても同じことがいえます。ケガから復帰したり、特定の機能を高めようとするときに、運動器の構造や基本的に備わった機能を知らなければ、適切な対処は望めないでしょう。したがって、まず構造を知って、そこで生じる力や、そこで生まれる動きについて理解することが、よりよい動きやより安全な動きへの近道なのです。

一方で身体については、家電製品や自動車とは異なり、故障しやすいところをつくり替えたり、構造に大きく手を加えたりすることは、かなり特殊な方法を除いて難しいのが事実です。しかし、手間はかかるものの、誰にでも自分自身でできる方法がトレーニングであり、動きづくりなのです。より効果的なトレーニング、よりよい動きづくりのためにも、構造を知ることが大きな助けになります。機能的な議論を進める前に、まず運動器の構造については手を抜かずに理解を進めたいものです。

「解剖学は覚えることが多くて難しい」とか、「暗記の学問だ」と言われることがあります。ある程度決まったものが決まった位置にあると考えれば、その情報がすべてであるような錯覚を抱くこともあるかもしれません。しかし、実際には解剖学的な構造は、その合理性を考えてみるだけでもじゅうぶんに興味深いものであるし、そこに力の作用や運動という時間軸が加わることで、限りない奥行きのある議論の的になり得るものです。どうか、興味を持って見つめていっていただきたいと思います。

関節はなぜ動くのか?

表情筋に代表される皮筋《ひきん》の運動や、肛門括約筋《こうもんかつやくきん》の運動のような一部の例外を除いて、骨格筋による身体の運動には関節の動きがつきものです。「関節がなぜ動くのか?」という質問に、多くの人は「そりゃ、その関節をまたぐ筋肉が働くから動くんだよ」とおっしゃいます。しかし、そうでもない運動もあるのです。では、それはいったいどんなものでしょうか?

■重力が膝を伸ばす・曲げる

図1aは、ハムストリングスの努力によって支えられ（実際には股関節も筋群によってコントロールされています）、膝屈曲位を保持した下肢《かし》の様子を模式的に示したものです。この膝を図1bのように伸ばすには、どうすればよいでしょうか? 簡単ですね。ハムストリングスをリラックスさせればよいのです。

重力に引っ張られた下腿《かたい》は、ハムストリングスによる拘束力を失うと同時に膝関節周りで回旋し、膝関節伸展位に落ち着きます。これは重力によって生じる関節運動の一例です。

図1 重力が膝関節を伸展する

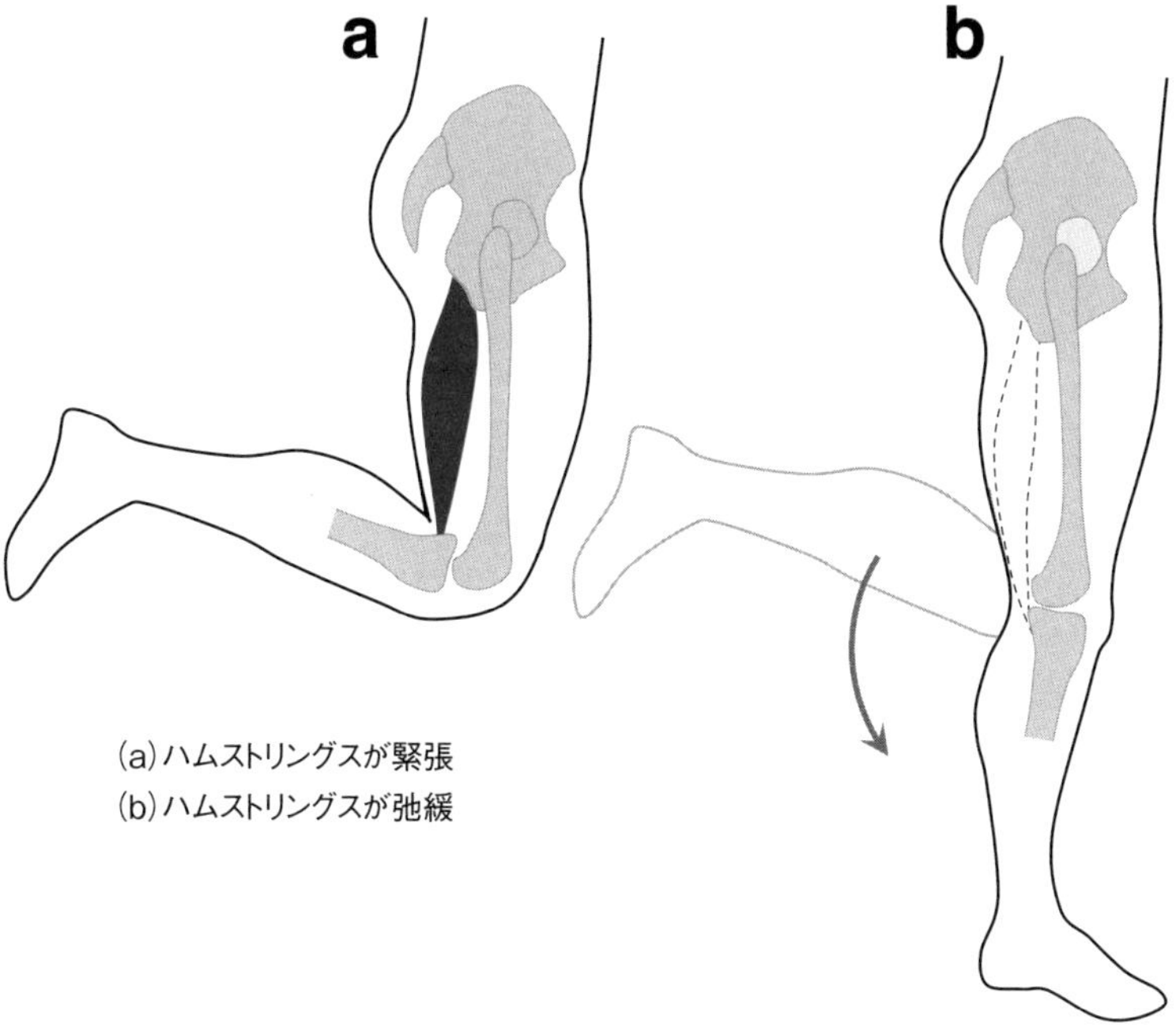

(a)ハムストリングスが緊張
(b)ハムストリングスが弛緩

膝を伸ばすにはどうすればいいか?
答えは簡単、
ハムストリングスをリラックスさせればよい。

実際、われわれの身体は常に重力にさらされています。直立位で眠るとどうなるでしょう。重力の作用によって身体は途端に地面に倒れてしまいますね。いわゆる身体の「支持」は、このような重力によって起こる運動を制御する作業であるということができるでしょう。

■関節力の膝への作用

図2は、理科室の骨格標本の下肢を、大腿骨をつかんで振った場合に起こる運動です。骨格標本ですから、当然膝関節をまたいでいる筋はまったくありません。それにもかかわらず生じるこの運動。大腿骨を下腿の揺れにタイミングを合わせて持ち上げたり下ろしたりすることで、膝関節の運動が生じることがわかります（タイミングが重要です）。

この運動にはもちろん重力も関与していますが、それと同時に、膝関節において、大腿骨の下端が下腿の上端を引っ張る力（関節力）が作用して関節を動かしているのです。同じ現象は、完全に上半身を脱力した状態で体幹を捻転した場合に起こる腕の動き、リラックスした走りや投げにも顕著に見られます。

私たちは経験的にこの力の効果についてよく知っていますが、改めて考えると、私たちの

図2　骨格標本の膝関節運動

下腿上端に作用した力が下腿を回転させる。結果的に膝関節の運動を生じる。力のタイミングによって効果は異なる。

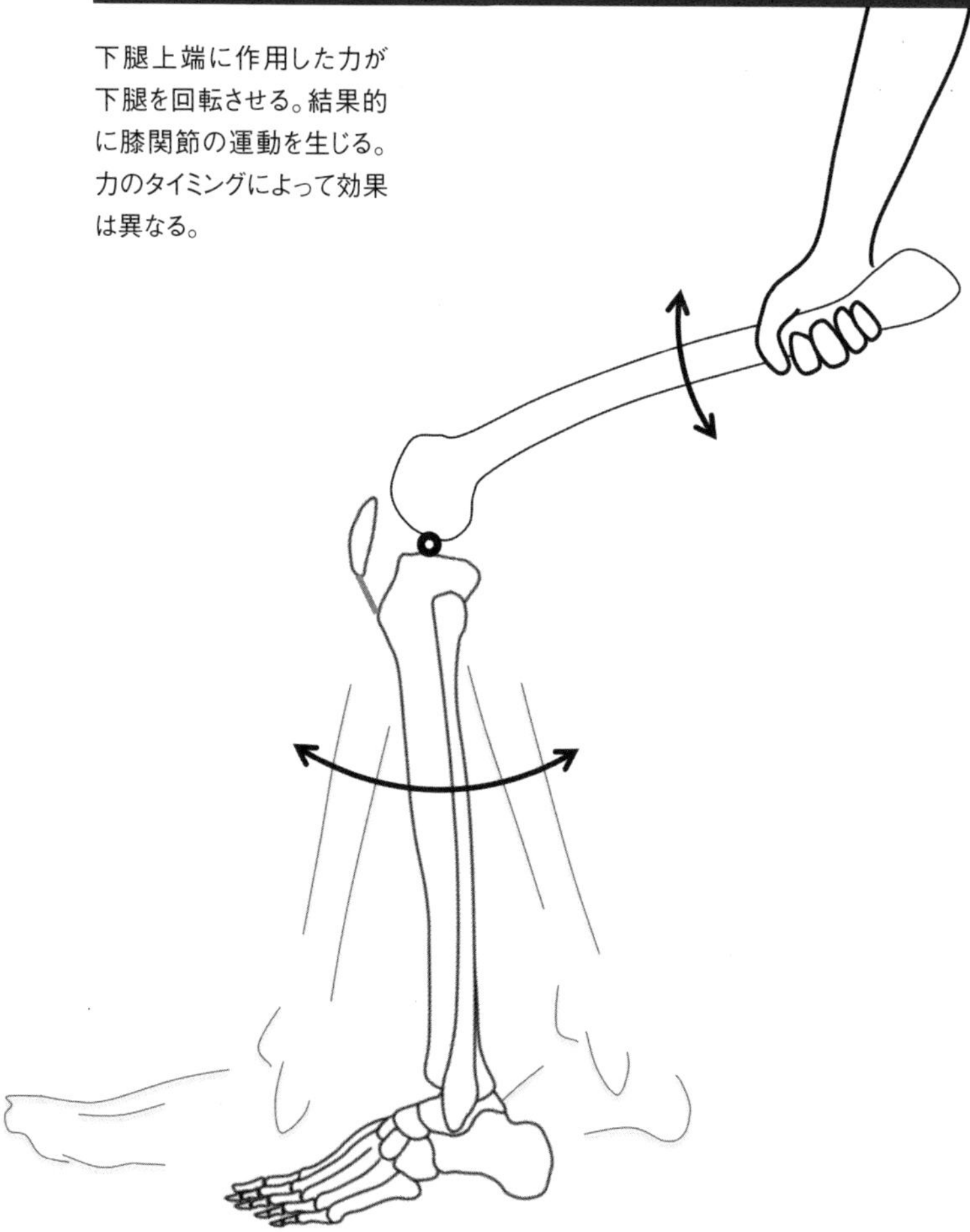

身体運動は普段から、あらゆる場面でこの力の影響を大きく受けていることがわかります。

ところで、この図2の関節力を生む力はどこから来ているのでしょう？ これは当然、大腿骨を動かす手からの力です。生体における同様の膝関節動作を考えた場合、主に股関節に作用する筋群による影響が大きいでしょう。この事例からわかるように、筋は直接それをまたぐ関節のみならず、身体の動きを介して離れた関節に作用することもあるのです。

このような、直接その関節をまたぐ筋の関与がないにもかかわらず、身体各部の運動によって生じる力のことを、厳密には「運動依存力：motion-dependent force」と呼び、その力の成分はさらに詳しく細分化することができます。そして、スプリントや投げに代表される、四肢《しし》の末端を振り回すような動作ではとくに運動への貢献が大きくなり、動作技術の善し悪しや傷害発生のメカニズムを考える上においても重要な役割を果たしています。

■二関節筋は関節力をコントロールする？

このような関節力のコントロールに関して、われわれの筋骨格系は、都合よく構成されていることがわかります。たとえば、スプリントの遊脚の振り出しにあたる局面では、ハムストリングスは股関節を伸展することによって下腿上端に作用し、膝関節を伸展するような関節力を生みます（実際は大殿筋《だいでんきん》や内転筋群《ないてんきんぐん》等の他の筋も同時に作用します）が、それと同時に、膝関節を屈曲し下腿の急激な振り出しを制動するような張力（筋トルク）を発生しています（図3）。

この関節力による振り出しが、高速のスプリントでは非常に大きくなり、ハムストリングスが耐えられなくなったときに起こるのが、遊脚のハムストリングスに起こる肉離れではないかと考えます。実際に最高速で秒速12ｍを上回り、２００ｍ走を20秒台前半で走ったスプリンターの「最高速度の局面の振り出しで、下腿がどこかへ飛んで行ってしまいそうだった」という感想を耳にしたことがあります。

図4は、地面を押して、全身を推進しようとしている下肢の模式図です。足底がべったり接地し、地面と全身の大きな負荷の間に下肢が閉じ込められたクローズドキネティックチェーンにおける運動において、足関節底屈筋《ていくつきん》群《ぐん》は下腿を起こすことで膝関節を後方に押し、伸展させる作用を持ちますが

四肢の末端を振り回すような動作では
とくに運動依存力の貢献が大きくなる。

図3　高速疾走中の大腿振り戻し局面

大腿の振り戻し（A）によって生じる膝関節を後方に戻す関節力（JF）は、膝関節伸展方向に強く下腿を振り出す作用（B）を生み出す。このときハムストリングスは股関節伸展の主働筋であるが、同時に下腿を制動する役割も担っている。

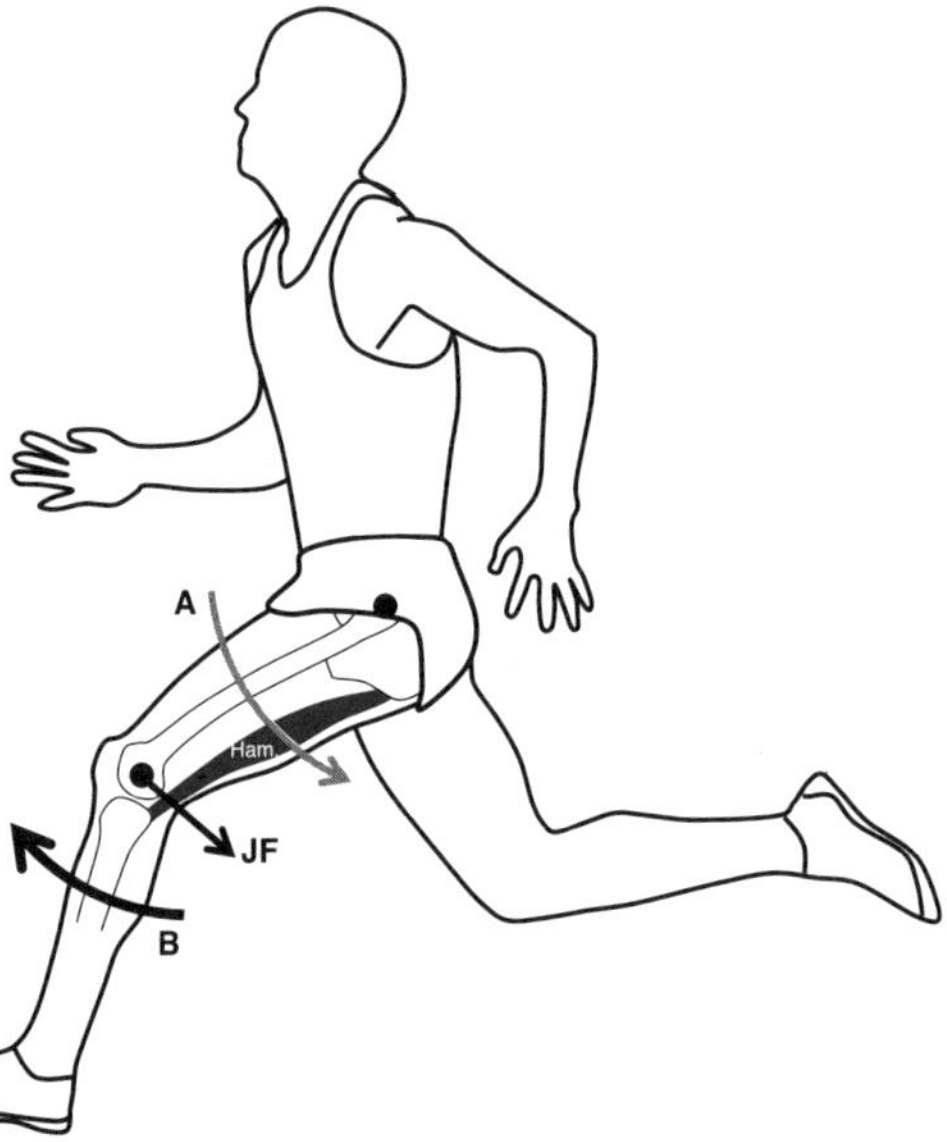

Ham.：ハムストリングス

図4　ヒラメ筋が膝関節を伸展する

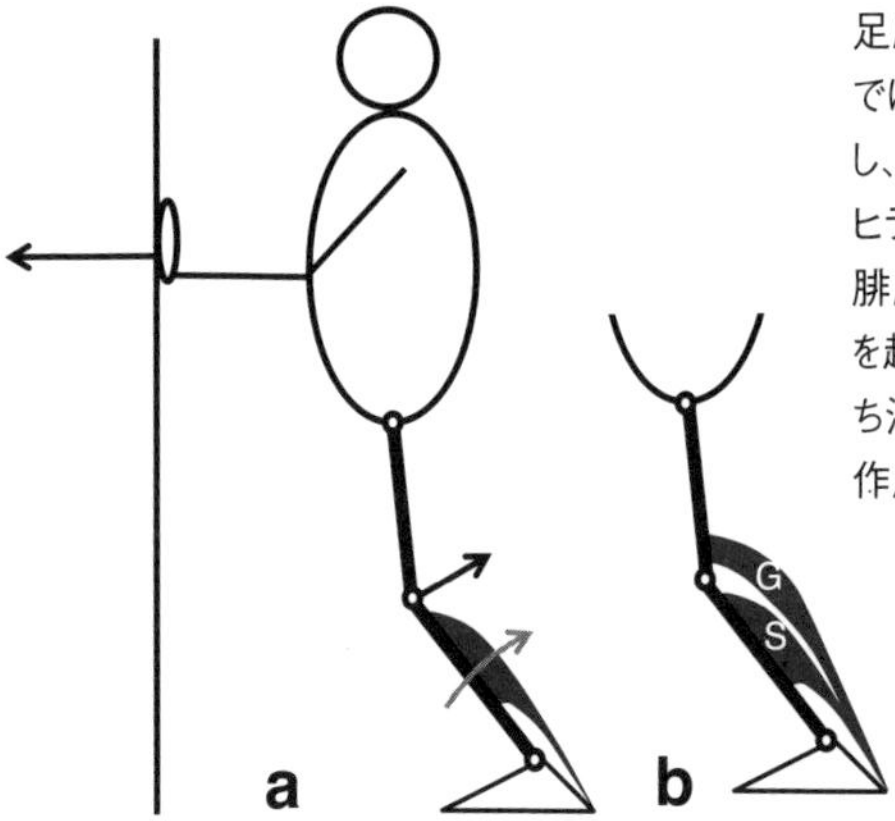

足底が完全に接地している状態では足関節底屈筋が下腿を起こし、膝関節を伸展する。（a）では、ヒラメ筋のみを模式的に示した。腓腹筋はヒラメ筋と同様に下腿を起こす作用があるが、それを打ち消すように、膝関節を屈曲する作用も持っている（b）

G：腓腹筋
S：ヒラメ筋

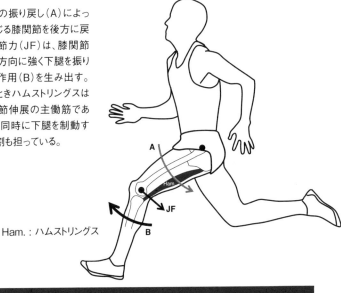

（図4a）、膝関節をまたぐ二関節筋である腓腹筋《ひふくきん》の構造は、底屈力が強くなったときに膝関節屈曲にも強く作用するように配置されていることがわかります（図4b）。

このような二関節筋には、関節力の作用が極端に関節を動かして破壊することを防ぐ機能が備わっているのかもしれません。少し異なる例ですが、垂直跳びにおける爆発的な膝関節伸展にもかかわらず、膝関節が過伸展で破壊されないのは、腓腹筋の二関節性（膝関節をまたいで屈曲力を発生する）によるものだとする考えがあります。二関節筋の詳しい特性については、「主働筋と拮抗筋」「ハムストリングスのはなし」の節と章で具体例を交えながら紹介しています。

形態と機能のつながり解剖学を学ぶ意義

構造のないところに機能は成り立たない

現代のトレーニングを取り巻く環境は、一昔前とは大きく様変わりしました。個々の競技者は、以前は海外でのトレーニング現場を直接目にする機会を得ることは非常に難しく、わずかな機会に仕入れた情報と、さまざまな勉強の成果である知識を総動員した結果、編み出したトレーニング方法を試行錯誤しながら改善していくことが多かったように思います。

現代では動画共有サイト等からの情報によって、世界トップレベル競技者のトレーニング手段が、思考よりも先に目に入ってきます。時として、手段の背景にある考えにまで思いが及ばず、形は真似てみるものの核心の理解には至らず、せっかくの情報が無駄になってしまう状況も見受けられます。

このような状況であるからこそ、競技者、指導者ともにそれぞれの手段について根拠を持って説明をつけ、判断していく姿勢と確かな能力が求められていると考えます。そして、手段に対する根拠づけの大きな拠り所となるものとして、解剖学的な知識や発想が挙げられます。

動きや機能について考える際は、まず「構造ありき」で、構造のないところに機能は成り立ちません。構造を理解することによって、機能の制限要因であったり、機能改善の道筋がより明らかとなることも多いのです。とくに機能不全への対処には、構造の理解が不可欠です。

構造を知らない状態で自動車を修理することを想像してみてください。単にエンジンがかからないといっても、バッテリー切れなのか、燃料切れなのか、それとも電気系の不具合なのか……。構造に関する理解があればキーを回したときの反応や、音を聞いて「あたり」をつけることができます。構造を知らなければ同じ「症状」に関する情報を得たとしても、想像できる範囲が制限されてしまいます。

同様に、自動車の構造を理解せずに、軽量化や強度の改善、燃費向上や出力向上の議論が可能でしょうか？　これも難しいと言わざるを得ません。自動車の構造を知らない人に自分の自動車の修理や整備を任せることができるでしょうか。整備士の勉強は、自動車の構造理解から始まるといっても過言ではないでしょう。機能の向上を図り、機能不全に対処する上で、構造の理解こそが求められるということについて改めて確認したいものです。

ところで、一流の競技者は、解剖学的な事実の理解やそれらを生かした視点について、どのように競技に活用しているのでしょうか？　身近な例を紹介してみましょう。

トップアスリートと解剖学

卓球の福原愛選手は人体の骨格模型が「すごく好き」だという取材記事を目にしました(asahi.com, 2016)。福原選手は銀メダルを獲得した２０１２年ロンドンオリンピック後に肘を手術。その際に撮像したX線画像で3本の骨だけで支えられている肘を見て「こんなに無駄がなくて、きれいなんだ」と思ったといいます。それがきっかけで、自分の身体の内側に興味が湧き、人体の仕組みの本を買い、骨や筋肉の勉強をしたそうです。

この勉強の結果、筋肉と筋肉のつながりを意識しながらの実践が、トレーニングやマッサージの効率を高めたこと。さらに、球に強い回転をかけるには、どの筋肉を意識して動かせばよいかなど、具体的なイメージを持ってラケットを振れるようになったということが紹介されています（asahi.com, 2016）。

解剖学的視点の活用が直接トレーニングやコンディショニング、パフォーマンスそのものにも大きな影響を与えた例といえるでしょう。世界のトップレベルで活躍し、海外でのプレー経験も豊富な福原選手にしてなお、解剖学から新たなきっかけを得られたということに興味を持ちました。詳細について、もっと聞き出してみたいものです。

他方、スピードスケートの小平奈緒選手が、解剖学的な知識を有効に活用したトレーニングを行っていることはよく知られています。小平選手を取り上げたテレビ番組の中で、彼女が解剖学的な知識を含んだ専門書を手にしながらアイデアを練っているシーンには、さもありなんという感想を持ちました。

たとえば、スケーティングにおいて推進を行う際の身体の軸や骨盤の傾きの最適なコントロールを、骨盤筋群の構造の理解を助けとして深く追求しているというのです。小平選手のコーチである結城匡啓氏は「問題の解決には機能解剖学の知見が役立つ。〈中略〉解剖学をもとにして技術が説明できると、翌年のトレーニングを編み出すことにもつながる」と述べ、やはり解剖学の重要性について常々口にされています（結城, 2017）。

機能的な筋力バランスについての視点を列挙した文章（結城, 2017）には、「上半身と下半身の関係を作る菱形筋《りょうけいきん》から腹部筋群を経た骨盤までの体幹筋群の連続性。腸腰筋《ちょうようきん》のコンディショニングとスケーティングとの関係。四頭筋《しとうきん》とハムストリングスとの関係やそれらの左右差。同じハムストリングスでも、下側の短頭《たんとう》と上側の長頭《ちょうとう》の柔軟性のつり合い。仙骨《せんこつ》の運動と、大殿筋《だいでんきん》と梨状筋《りじょうきん》の状態との関係。踵骨《しょうこつ》の傾きと下腿三頭筋《かたいさんとうきん》の張力との関係」という、まさに解剖学の言葉がずらりと並んでいました。そこまで考えているのか……。普通の人ならば驚くでしょう。

しかし、すでに高度に習熟した運動をさらに改善する突破

高度に習熟した運動をさらに改善しようとするとき、
身体が持つ機能的な特徴や
その限界について理解し、
そこから適切な選択肢への着想を得ようとするのは、
競技者として自然な営み……。

口を探るとき、運動が起こる場である身体が持つ機能的な特徴やその限界について理解し、そこから適切な選択肢への着想を得るというのは、競技者として至って自然な営みに見えます。

解剖学的知識の功罪

われわれヒトの身体は、複雑な構造が非常に精妙な仕組みによってコントロールされているため、日常生活においては、詳細な解剖学的な構造について意識しなくても問題なく生活ができます。しかし、いざ日常の生活を離れ、競技パフォーマンスの向上を図ろうとする際にはどうでしょうか？　身体の特定の機能を高めようとするとき、ケガの原因を探り、そこから回復しようとするとき、その機能がどのようにして成り立っているかについて考えざるを得ないときがあるでしょう。

一方で、調和のとれたシステムとしての身体を全体像として感じ、理解し、操る上で、個々のパーツについての認識を深めることは、マイナス面もあるというのは事実です。解剖学的構造の詳細にこだわるあまり、動きの全体像を見失えば、解剖学的な情報の理解がパフォーマンスの制限になることもあるでしょう。特定部位の意識を強めることでそれ以外が見えなくなってしまったり、それまで無意識に制御されていた動作がぎこちなくなってしまったりすることは、多くの競技者が経験することではないでしょうか。

反対に、慣れ親しんだ身体で深く考えず自然に行えている運動を大きく変容させ、パフォーマンスを向上させたり、パフォーマンス制限要因をあぶり出すような場面や、傷害の原因を取り除いたりする過程については、前述の通りです。

繰り返しになりますが、すでに効率化し、安定したシステムの問題点を明らかにし、どこに突破口があるのかを探ること、あるいは運動の変容によって予想される負担の増加を予想するような取り組みには、解剖学的な構造の背景についての理解が有用です。

競技パフォーマンスがある程度高くなり、システムが安定化した競技者がさらにパフォーマンスの向上を目指す際には、その平衡状態の打破のために、運動の特定の要素を刺激するような試みが必要になることがあります。そのような場面で、詳細な解剖学的な構造の理解が真価を発揮します。すでに効率のよい運動として成立し安定化している運動系に対して、意図的な変容を生むための刺激を与えるような局面です。

ピンポイントの効果を期待する際には、動きづくりやトレーニングの特定の働きかけがシステムにどのような影響を及ぼすかについて、ある程度の予想が必要になりますが、その際、解剖学的な構造に関する理解が大きな助けとなるのです。正しい構造の理解は、働きかけによる成果の予想をより確実なものとし、競技者にとっては確信を持った取り組みの重要なきっかけとなるものです。

積極的に運動の変容を作り出そうする場面について、矢状面《しじょうめん》内での骨盤の傾斜と筋群の関係を例にとって考えてみましょう（図1）。この図は右股関節を外側方から見た模式図です。骨盤の矢状面内の運動に関わる筋群を模式的に示しました。大腿骨頭《だいたいこっとう》（図中●）と筋の作用線との位置関係によって骨盤前傾に作用する筋を赤で、後傾に作用する筋を黒で示しました。

たとえば、ランニング中の骨盤の過剰な前傾を緩和したいと考えたときに、解剖学的な構造からさまざまな選択肢が得られます。一

正しい構造の理解は、
働きかけによる成果の予想をより確実なものとし、
確信を持った取り組みの
重要なきっかけとなる。

図1　骨盤の前傾・後傾と筋群の関わり（右股関節を外側方から見た模式図）

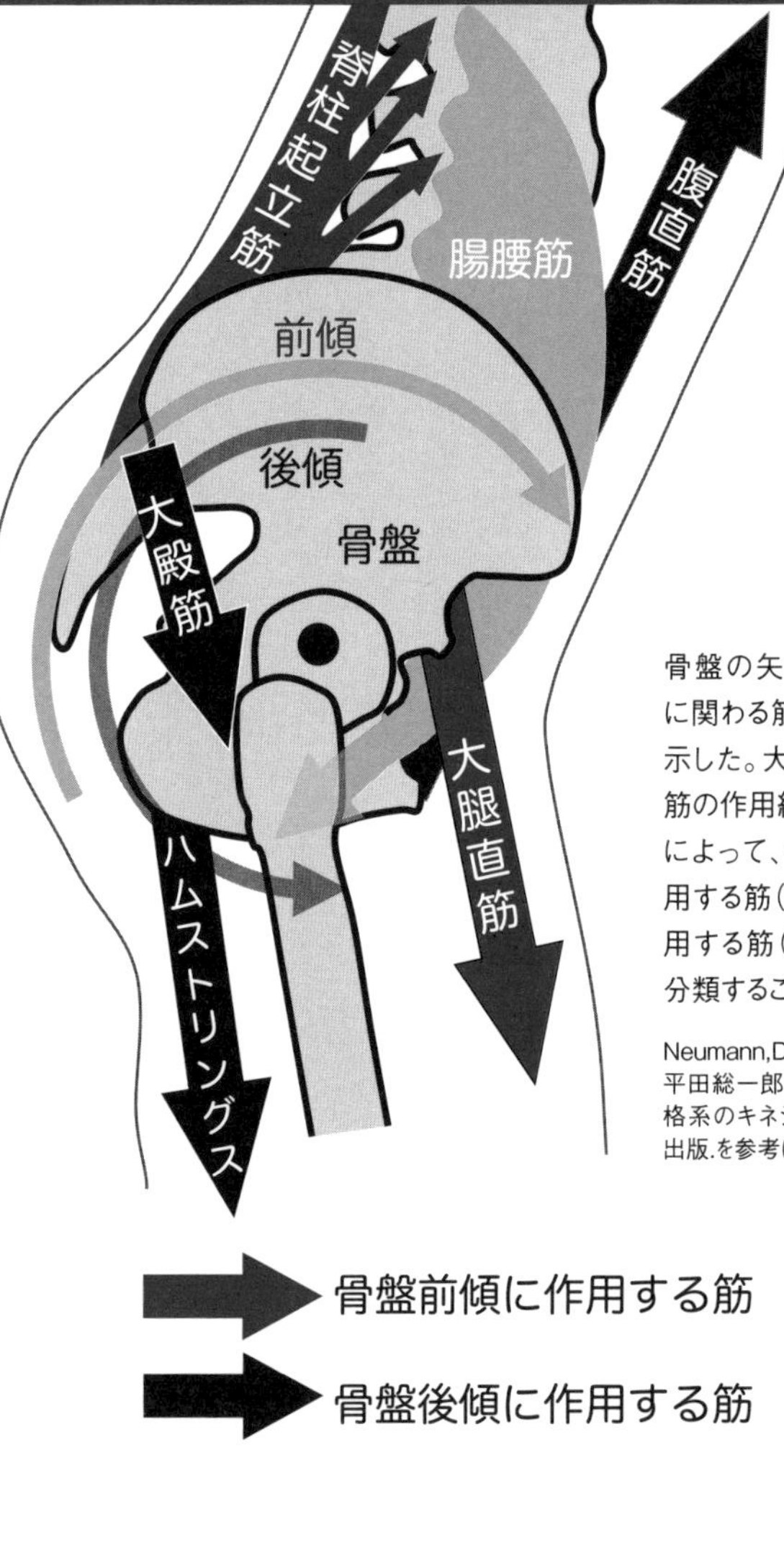

骨盤の矢状面内の運動に関わる筋群を模式的に示した。大腿骨頭（●）と筋の作用線との位置関係によって、骨盤前傾に作用する筋（■）と後傾に作用する筋（■）を大まかに分類することができる。

Neumann,D.A.（著）嶋田 智明, 平田総一郎（訳）（2005）筋骨格系のキネシオロジー.医歯薬出版.を参考に作図

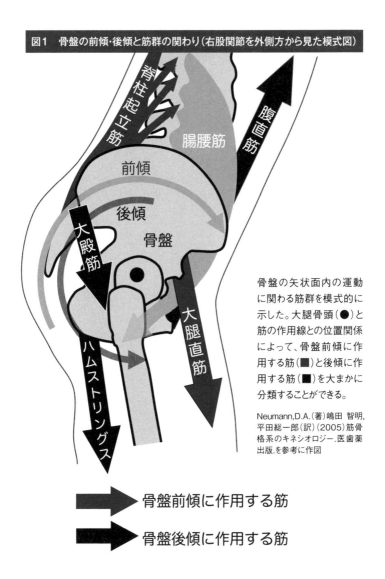

例として、赤で示した前傾に作用する筋群に着目し、「腸腰筋の緊張をストレッチングなどで取り除いてみよう」という発想は分かりやすい例です。

しかし、その一方で「腸腰筋の緊張が低下することで股関節屈曲のタイミングが遅れたり、跳ね返りが悪くなることは避けたい」とすれば、どのような解決策があるでしょうか。今度は黒で示した前傾を制限する筋群に着目し、「腹部を締めて腹直筋《ふくちょくきん》の緊張を高め骨盤を後傾方向に積極的にコントロールしてみよう」「ハムストリングスを作用させるタイミングを早くしてみよう」などという発想が出てくるかもしれません。

このような選択肢について解剖学的な根拠をもって示すことは、動きづくりやトレーニングの方向性を明らかにするだけではなく、結果の予想を容易にし、評価の視点も整理しやすくします。実際のスポーツ動作の全体像を形作る過程は、こんなに単純でないことも多いでしょうが、それぞれの場面、部位に当てはめて考えてみていただけると幸いです。

筋構築(Muscle Architecture)のはなし

筋肉気になる症候群という病!?

商売柄、筋肉が気になります。フライドチキンを食べる際にも、まずその肉が鶏のどの部位か、そしてそれがヒトではどの部位に相当するものなのか、考えずにはおれません。たとえば、鶏の手羽元はヒトの上腕に相当する部位ですが、そう思って手羽元の骨を眺めると、大きいほうの骨頭《こっとう》はヒトの上腕骨頭に似ているように見えてきます。肉をこそげとった後に大きいほうの骨頭付近に残る、短い筋のような腱のような断端は、大胸筋《だいきょうきん》か？　広背筋《こうはいきん》か？　それとも大円筋《だいえんきん》？　そのように眺めてみるのも面白いものです。

部位別の肉の違いについても、よく観察してみるといろいろなことを考えるきっかけになります。ムネ肉は大きな胸筋そのものですから、当然筋組織が密集しており、間に脂肪組織が入り込む余地はありません。したがって筋のボリュームが目立つわけです。逆にモモ肉は大腿股関節《だいたいこかんせつ》周辺の筋群をひとまとめにしたものでしょうから、複数の筋によって構成されており、おのずと筋間に結合組織、脂肪組織が入り込むスペースがあります。そのためでしょうか、一般にムネ肉よりもモモ肉のほうが脂が多いといわれています。

個々の筋を見れば、筋腹《きんぷく》そのものはどちらの部位もかかわらず「肉」であり、決してモモ肉に「サシ」が入っているのではないのですが、胸部の筋と周辺組織、大腿部の筋と周辺組織を比較すると、脂肪組織の量の差ははっきりしたものになります。

筋構築とは

ところで、筋の基本構造というとどのようなものをイメージされるでしょうか。骨から出た起始腱《きしけん》があって、筋腹があり、停止腱《ていしけん》を介して骨に至る——というのが一般的かもしれません。このような筋束《きんそく》と腱の配置のこ

骨から出た起始腱があって、筋腹があり、
停止腱を介して骨に至る。
このような筋束と腱の配置のことをとくに「筋構築」と呼ぶ。

図1　さまざまな筋構築

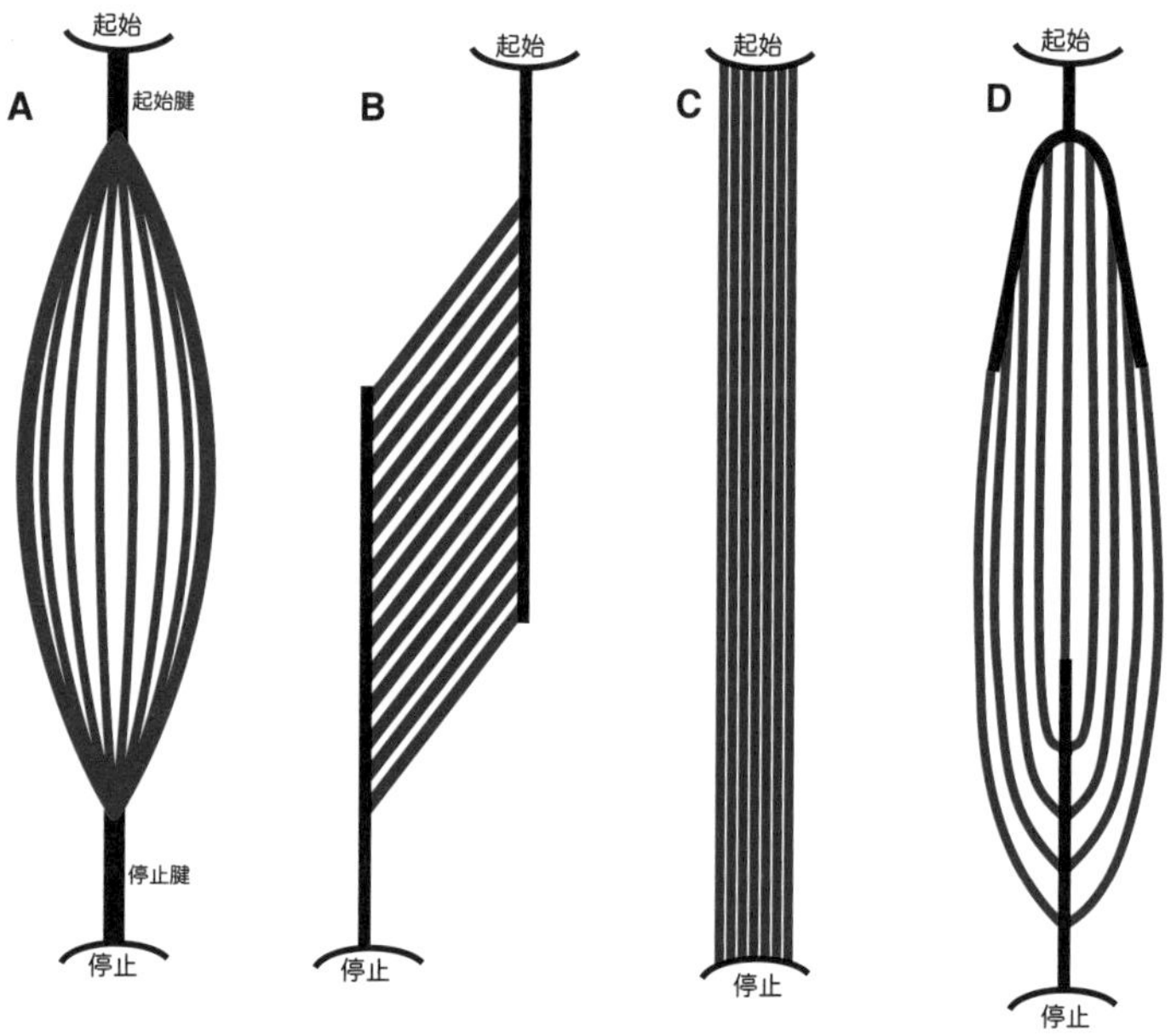

A：「絵に描いたような」紡錘状筋。実際にはこのような構造は難しい。
B：腓腹筋に代表される羽状筋の構造
C：羽状角をほとんど持たない筋の構造（縫工筋,眼球の運動に関わる筋群etc.）
D：実際の上腕二頭筋の構造（縦断面）。紡錘状でも筋膜に広く筋束が付着する構造となっている。

とをとくに「筋構築」と呼びます。図1Aは「絵に描いたような」紡錘状《ぼうすいじょう》の筋の模式図です。しかしこんな筋は存在するのでしょうか。

実際に霊長類の解剖を経験したり、生体の皮下で動く筋を観察したり、超音波断層撮影のイメージから運動中の筋の動態を観察したりしているうちに、実際の筋の構造というのは、それまで自分が漠然と考えていたものとは必ずしも一致しないことに気づきました。

以前は、筋と腱は点で接しており、筋腱移行部が傷つきやすいのは、接点への負担（応力）集中が原因だと考えていました。しかし、さまざまな筋を観察してみた結果は、個々の筋束と腱とは点で接するけれども、筋腹全体と腱との関係から見ると、筋線維と筋と腱との接点は基本的に面で接しているということでした。たとえば、綺麗な紡錘状と思っていた上腕二頭筋《じょうわんにとうきん》でさえ、広い腱膜によって筋線維の付着面積を有効に確保した構造になっていることがわかります（図1D：Nelson et al., 2016）。

筋膜と筋膜との間を比較的短い筋束がつなぐような構造は、われわれの運動器で多く目にするものです。このような構造を図に示すと図1Bのようになります。この図のような構築（architecture）を有する筋の代表は腓腹筋《ひふくきん》です。腓腹筋の停止腱は広い腱膜ですが、だんだんだん幅が狭く分厚くなってアキレス腱になります。起始腱は大腿骨《だいたいこつ》から起こり、膝関節を跨いで下腿《かたい》に至り、広く付着部を与えます。

筋はこのような構造をとることで、局所への負担（応力）の集中を回避し、安全に大きな張力を腱膜に伝えます。

羽状筋の特性

さて、それでは筋線維の走行が筋の作用線と平行な場合とそうでない場合は何が違うのでしょうか？　図1Bにおいて、腱膜と筋線維（筋束）のなす角を、鳥の羽の形状になぞらえて「羽状角：うじょうかく」と呼びます。

図2は羽状筋《うじょうきん》の構造と横断面積、短縮速度の関係を大まかに示した模式図です。筋線維の走行と作用線が平行な筋（すなわち羽状角0°）は、筋線維（筋束）の短縮方向が、そのまま筋全長の短縮方向なので、速度の損失がありません（図1C）。逆に羽状角がある筋では筋全長の短縮速度は、筋線維の実際の短縮速度に$\cos\theta$（θ：羽状角）をかけたものになります。

図2　断面積と短縮速度に対する筋構築の影響

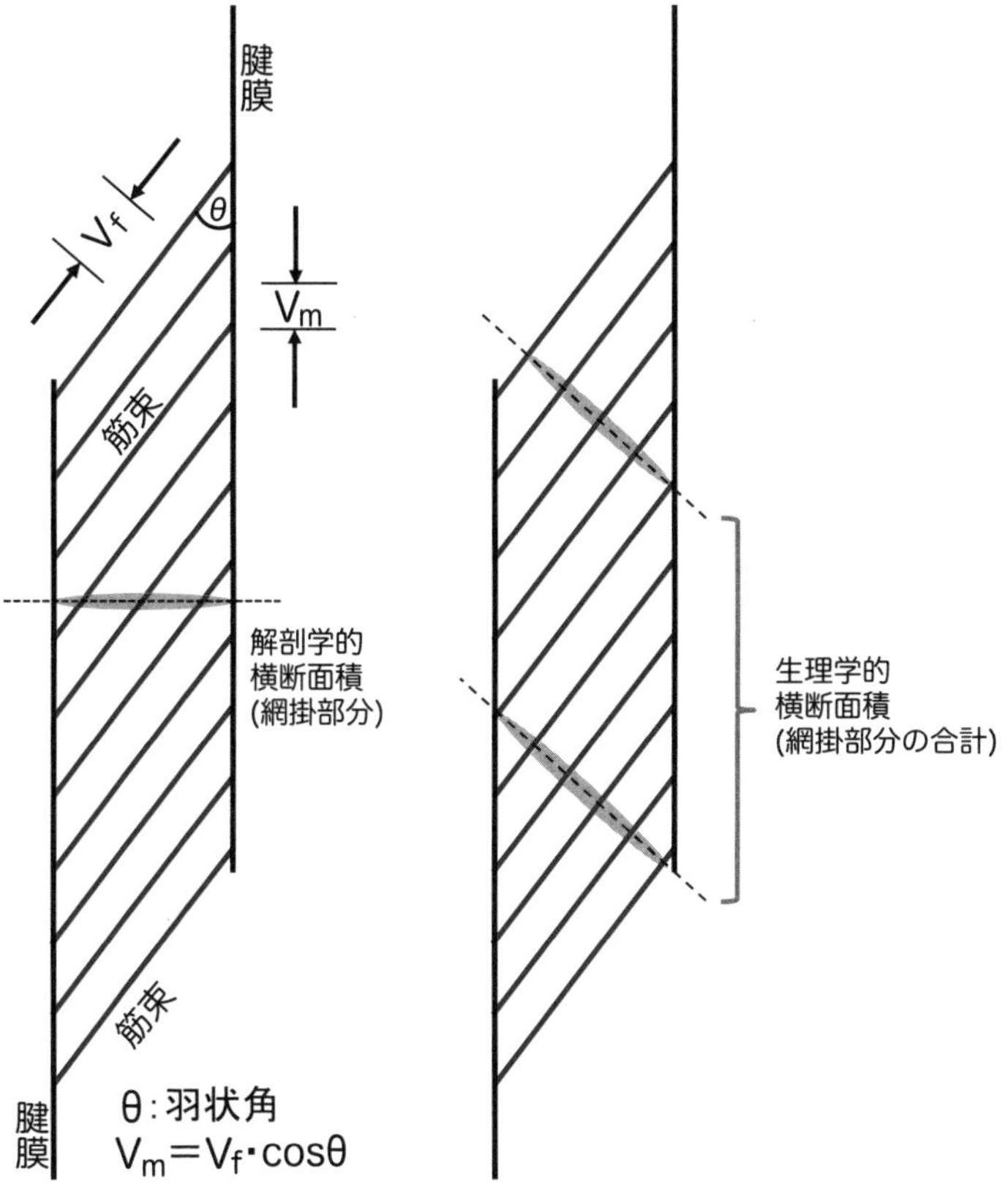

羽状角の影響で、筋全長の短縮速度は筋束の短縮速度にcosθをかけたものになる。筋の張力を決定する生理的横断面積は、筋束に直交する断面積の総和となり、羽状筋では解剖学的横断面積と一致しない。模式図の例では、生理的横断面積は解剖学的横断面積の2倍以上を示している。

幾何学的に明らかなように、羽状角が大きくなるほど筋全長の短縮速度の損失は大きくなります。そのように見ると、股関節と膝関節を同時に屈曲する構造の縫工筋《ほうこうきん》や眼球を動かす筋群に羽状角がほとんどないのは、張力よりもスピード重視という見方からいうと、理にかなっているのかもしれません。ちなみに縫工筋はヒトにおいて、一本の筋束、あるいは直列に配列する筋束が最も長い筋であるともいわれています。

一方、筋全体の発揮張力に目を移すと、一般的に筋の発揮する張力は筋の断面積に比例するといわれます。しかし、これは必ずしも正しいとはいえません。筋の全長を横切るように切った際の断面積は「解剖学的横断面積」といいます。羽状角のある筋では、この断面積から計算される張力と実際の張力は異なります。

実際の張力は筋の「生理的横断面積：PCSA：Physiological Cross Sectional Area」によって決まります。生理的横断面積は筋線維に直交する方向に断面をつくった場合の断面積の総和です（図2 Haxton, 1944）。図2の例では生理的横断面積は解剖学的横断面積の2倍以上になることがわかります。このような構造を持った羽状筋は短縮速度では損失を受けるものの、狭い付着部にもかかわらず大きな張力を発揮することができる利点があります。

たとえば、大腿前面の二関節筋である大腿直筋は、全長は長いものの比較的短い筋束によって構成されているため、非常に大きな生理的横断面積を持っています。大腿直筋は股関節の伸展パワーを膝へと伝達する機能が知られていますが、短縮速度を犠牲にしても大きな張力を発揮できるこの構造は、パワー伝達の機能を果たす上で理にかなった構造ということができるでしょう。

下腿の羽状筋とその三次元構造

羽状筋の構造についてもう少し詳しく見てみましょう。われわれが爪先立ちになると、ふくらはぎにいわゆる「ヒラメ筋と腓腹筋の境目」である段差（図3の☆1）を観察することができます。この段差の膝関節側は実は腓腹筋の起始腱膜で、下腿側は停止腱膜です。段差の部分は、筋束の部分が皮膚直下に位置する部分です。

同様に下腿前面についても、足関節をしっかり背屈《はいくつ》した際に前脛骨筋《ぜんけいこっきん》に

羽状筋の構造は、つま先立ちになると、
ふくらはぎに「ヒラメ筋と腓腹筋の境目」である
段差に観察することができる。

図3　腓腹筋・前脛骨筋の三次元的な筋構築（右下腿）

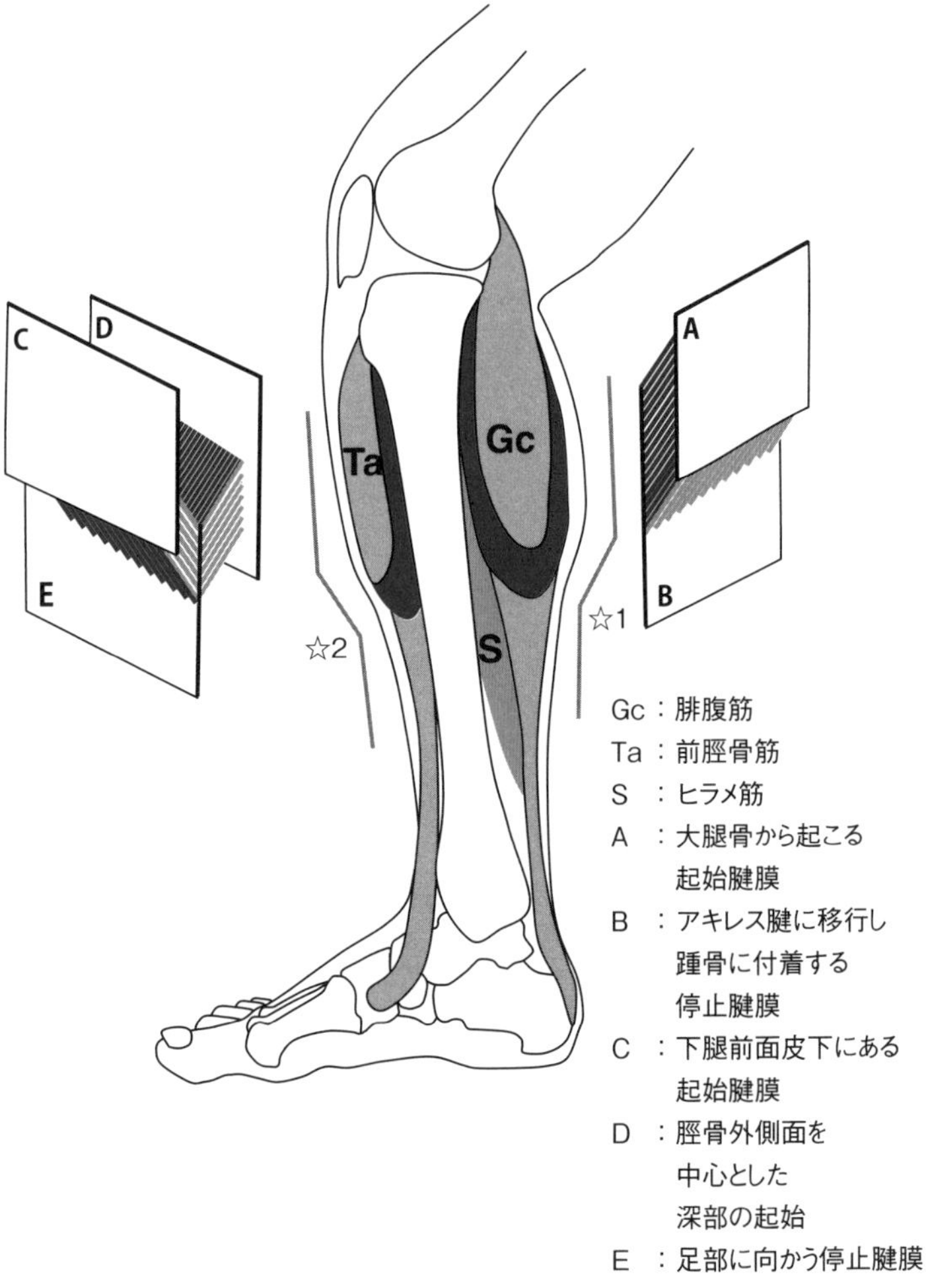

よる段差ができることがわかります。前脛骨筋の起始腱膜は脛骨の前方外側皮膚の直下にあり、筋に広い起始を与えています。下腿前面の段差（図中の☆2）は、膝側が前脛骨筋の起始腱膜、足関節側が停止腱膜、そして段差の部分が表在する筋束と考えられます。

図3に示した通り、前脛骨筋は表在する起始腱膜からの筋束とともに、深部にある脛骨の外側や下腿骨間膜から起始する筋束を有しています。超音波で断層撮影したときによくわかりますが、この筋の縦断面はちょうど鳥の羽のような形状です。図3の模式図でイメージしてみてください。

主働筋と拮抗筋

単関節運動が複合関節運動になったとたん……

われわれの全身にはさまざまな形態の筋が配置され、それぞれの筋の作用はその筋がまたいでいる関節と深く関連しています。たとえば、屈筋に対する伸筋――。肘関節をまたぐ筋を例にとってみましょう。肘関節屈筋である上腕二頭筋《じょうわんにとうきん》の拮抗筋は、肘関節伸筋である上腕三頭筋《じょうわんさんとうきん》ということになります。

一般的には、主働筋の活動中には「拮抗筋抑制」なるものが作用して、主働筋の作用にとって抵抗になる拮抗筋の活動が抑制されるといわれています。実際にダンベルをもってアームカールを行ってみると、その通り、上腕二頭筋が強く収縮し上腕三頭筋が弛緩《しかん》している様子を確認することができます（図1）。

図1 アームカール

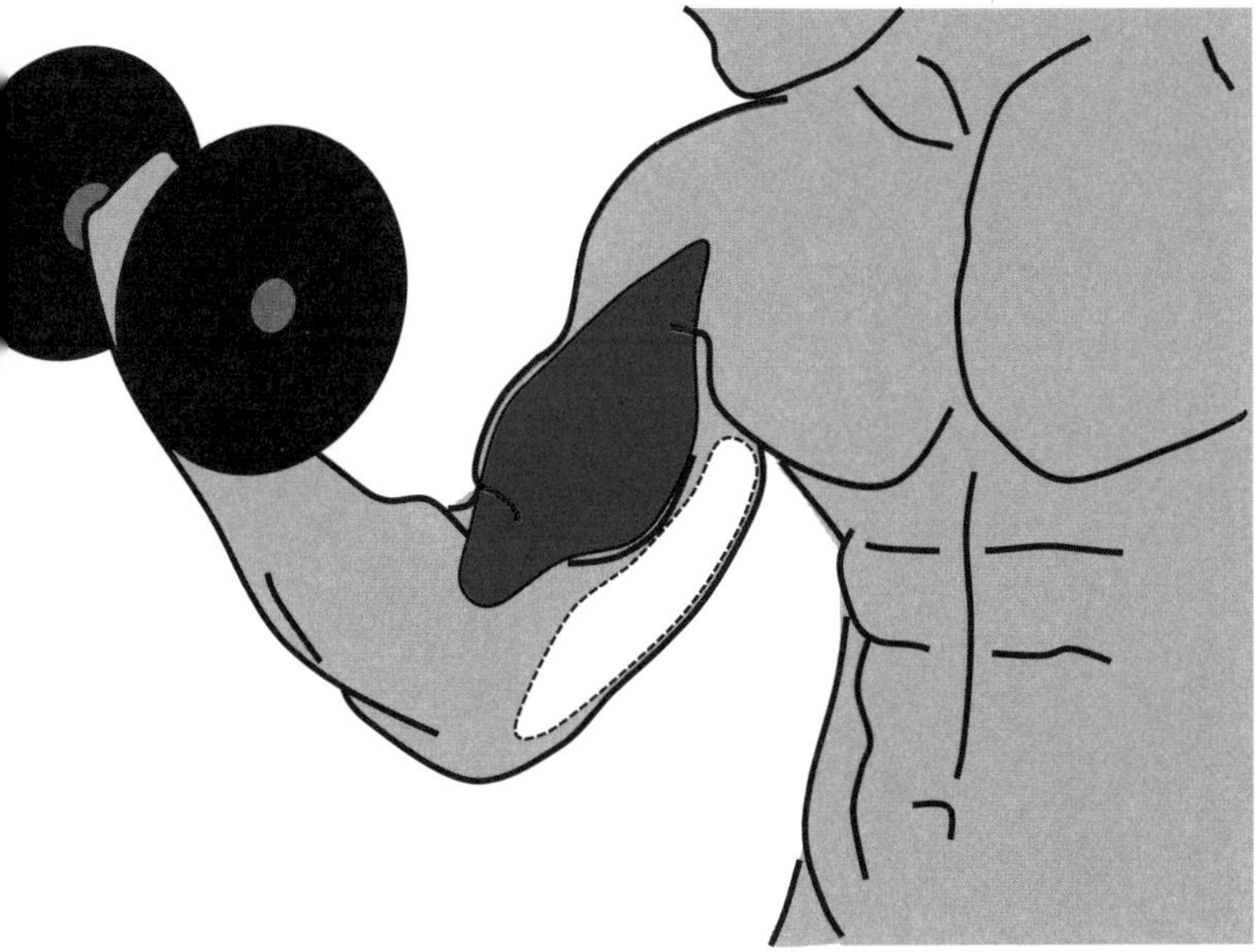

主働筋の活動中には「拮抗筋抑制」が作用して、
主働筋の作用にとって抵抗になる
拮抗筋の活動が抑制される。

このような事実は、確かに単関節運動においては正しいのですが、複合関節運動になったとたんに、このような分類では説明できない事例がたくさん出てきます。

自転車のペダリングによる事例

ここで、スラップスケートの開発に大きな関与をしたといわれるオランダのG. J. Van Ingen Schenauを中心としたグループの報告（van Ingen Schenau et al., 1994）をもとに、自転車のペダリングの例を紹介してみましょう。

図2は、自転車のペダリングの様子を模式的に示したものです。自転車のペダリングは、いうまでもありませんが、股関節《こかんせつ》と膝関節、足関節の動きを複合させた運動です。ここでは、とくに股関節と膝関節に注目してみたいと思います。

図2A、図2Bともに、ペダルが高い位置にあって、まさにペダルを踏み込んでいるタイミングというのは共通しています。よく見ると、Aではペダルを踏み込む力が若干前方に、Bでは後方に向かっています。筋の活動に目を移すと、ペダルを踏み込んでいる間じゅう、単関節の伸筋（大殿筋《だいでんきん》・広筋群《こうきんぐん》）は終始活動を持続しています。その一方で、二関節筋の

図2 ペダリング力発揮方向調節と大腿部二関節筋の関与
(Van Ingen Schenau et al., 1994 を参考に作図)

G：大殿筋
V：広筋群
R：大腿直筋
H：ハムストリングス

A：反力F1は前下方に向いている。筋活動は、膝・股単関節伸筋 & 大腿直筋(二関節筋)
B：反力F2は後下方に向いている。筋活動は、膝・股単関節伸筋 & ハムストリングス(二関節筋)

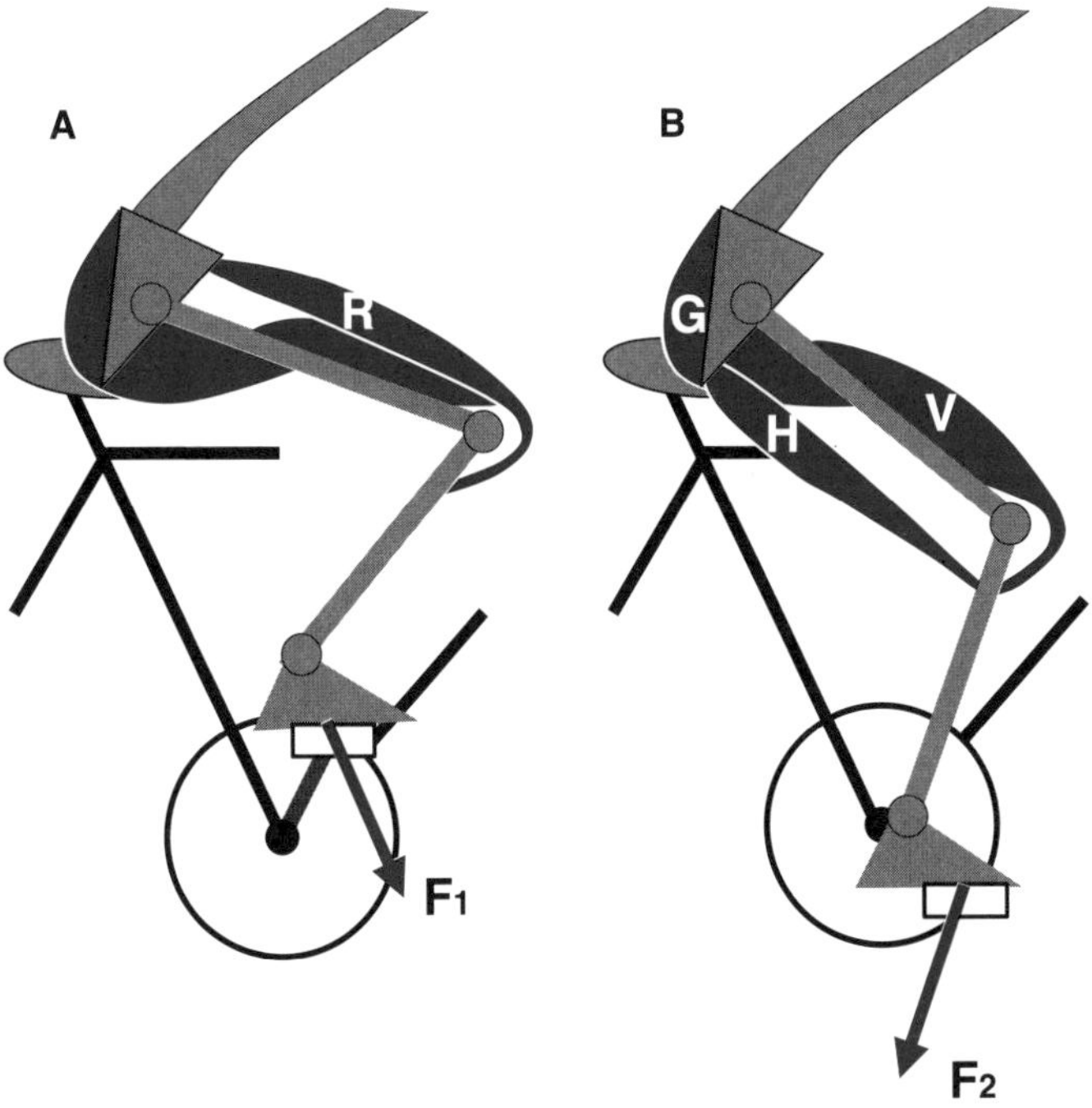

様子はAとBで大きく異なっています。

すなわちAでは広筋群と同時に大腿直筋が、Bではハムストリングスが働いているのです。この事例では、Aの股関節においては屈筋の大腿直筋と伸筋の大殿筋が同時に活動していま す。Bの膝関節においては、伸筋の広筋群と屈筋のハムストリングスが同時に活動していま す。つまり、ここでは拮抗筋同士の同時活動が観察されたわけです。

メカニズムとしては、Aに関していえば、大殿筋による股関節の伸展を和らげる大腿直筋の張力が都合よく膝の伸展に活用されています。この位置で大殿筋が単独で股関節の伸展をがんばっても、前方への出力を要求されている足先の仕事にはほとんど貢献しません。したがって、大腿直筋の関与が重要になるのです。

Bの事例では、ハムストリングスの参加によって、広筋群の膝伸展モーメントを抑えながら股関節を伸展する動作が効率よく行われていることがわかります。こちらの例では、広筋群が単独で膝の伸展をがんばっても後方に向かう力発揮への貢献は小さいところを、ハムストリングスとの共働で股関節への効果を生んでいます。

前述のオランダのグループは、単関節筋がつくり出した力を、隣接する関節の間で

bifunctional（一方の関節では屈筋、他方の関節では伸筋の作用を有する）な二関節筋がやり取りして、関節の間の負荷の分配や最終的な力発揮の方向の調節を行っているのだろうとしています。

同じような事例は、われわれが椅子から立ち上がる動作でも見られます。椅子に腰掛けた状態で、大腿部を両手でつかむようにして前後から把持《はじ》し、そのまま立ち上がってみましょう。広筋群とハムストリングス両方の収縮に触れることができると思います。

円盤投競技者の投げ局面における筋活動

もっと素早い推進について、筆者が実際に筋活動を計測した例で見てみましょう。

図3は国内トップクラスの男子円盤投競技者の投げ局面において、全身を推進し骨盤を回旋させる主要な役割を担っている右下肢の筋活動を示しています。この局面の技術的な課題は全身の投げ方向への推進と、右股関節の投げ方向への押し出し、つまり骨盤の回旋です。

上のグラフが筋活動の様相、下のグラフが関節角度の変位を表しています。投擲《とうてき》者は全身でターンを行った後に右足で接地し（図中2）、続いて左足が接地（図中3）して投げの構

図3　円盤投（右投げ）における右下肢の筋活動と関節変位（筆者計測）

図中3-4にかけては、膝関節が固定され、股関節伸展が起こっている。
このとき外側広筋とハムストリングスは同時に収縮している。

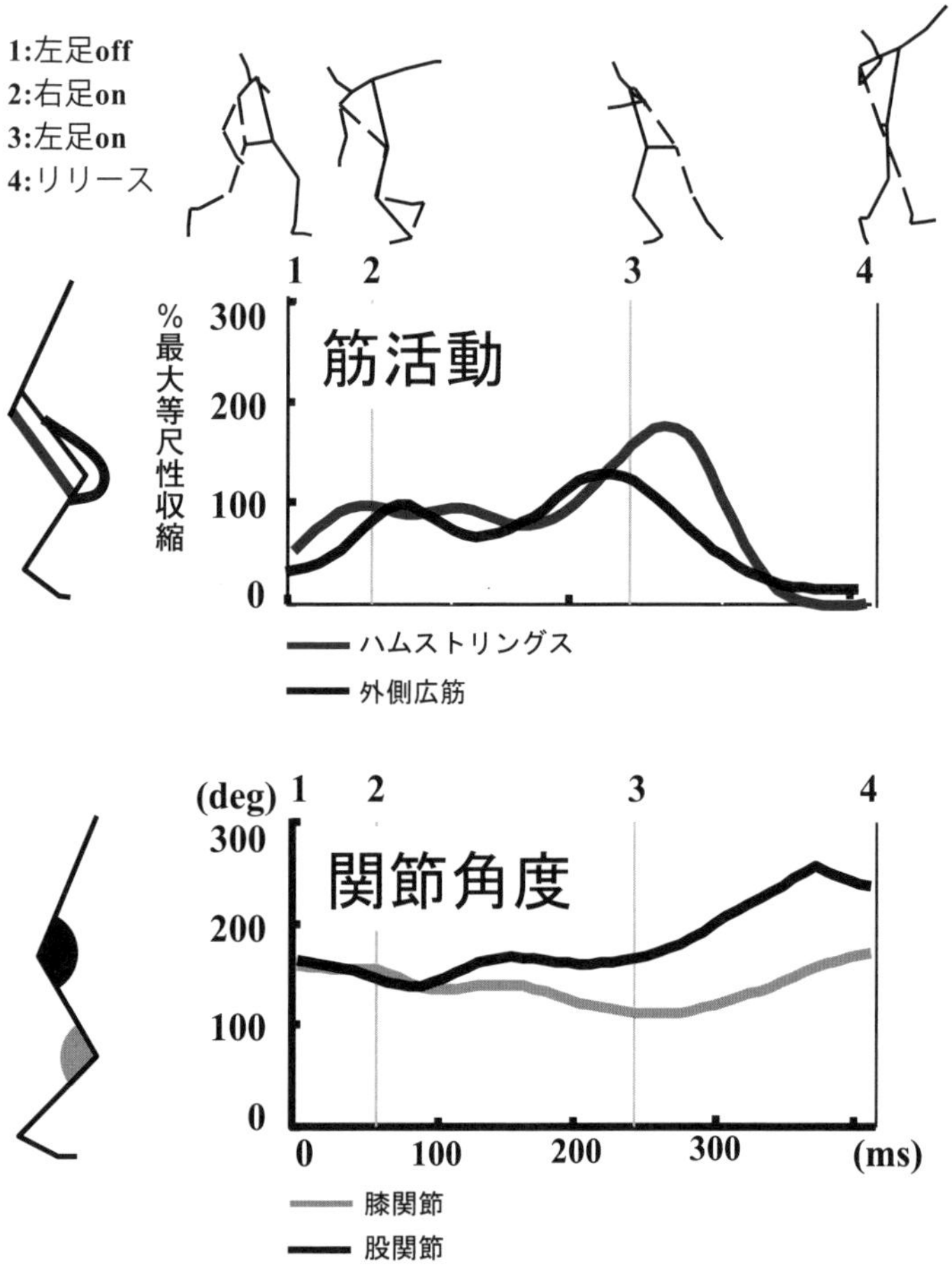

え（パワーポジション）が完成します。

この局面では、股関節が一旦屈曲した後、伸展していきます。膝関節は屈曲しながら左足接地を迎え、投げ動作の初期には屈曲位を保った後、ゆるやかに伸展に転じています。つまり、推進動作は股関節を中心として、膝の伸展に頼らないスウィングを強調したものであったといえるでしょう。さらに、グラフ表記の関節角度には表れませんが、下肢全体は身体を支えながら投げ方向に回旋（股関節の内旋・水平屈曲）しています。

筋活動に関しては、（図中2）の右足接地時には、すでに外側広筋《がいそくこうきん》とハムストリングスは同時に強く活動しています。投げの構えが完成する左足接地（図中3）直前に外側広筋が活動のピークを迎え、ハムストリングスの活動はその後、最大になります。とくに左足接地の直前には、外側広筋とハムストリングスが同時に活動を高めて、股関節を中心とした下肢のスウィング動作を積極的につくり出していることがわかります。強く地面をとらえ、股関節を押し出す動作の背景には、外側広筋とハムストリングスとの同時収縮が関与しているのです。

このような推進動作は、スプリントに関する報告とも共通する点が多く、興味深い内容です。図3に示された筋活動の様子を模式的に示したものが、図4です。膝関節の伸展に頼らず、膝関節を固定しつつ股関節を伸展する動きで地面を強く押している様子を示しています。

※

本節ではわずかではありますが、いわゆる拮抗筋同士が共同して働いている具体的な事例を紹介しました。このように見てくると、いわゆる伸筋と屈筋が単純に主働筋-拮抗筋の関係にあるという枠組みに基づいた考えは、単関節筋と二関節筋が複雑に調節される、実際の複合関節運動中のシステムでは一概に当てはまらないことがわかります。とくに単関節筋とbifunctionalな二関節筋の組み合わせによる運動の調節は、われわれの運動を機能解剖学的な視点から理解する上で鍵となるものだと考えます。

このような、基本的な仕組みを理解することは、通常のトレーニングの発想を拡げるものですし、リハビリテーションの過程で、受傷部の負担をコントロールしながら負荷をかけるような要求に応えていくためにも不可欠であるといえるでしょう。

図4　円盤投における右下肢の筋活動模式図

外側広筋（V）とハムストリングス(H)が同時に収縮し、膝関節を固定したまま股関節が伸展されている。

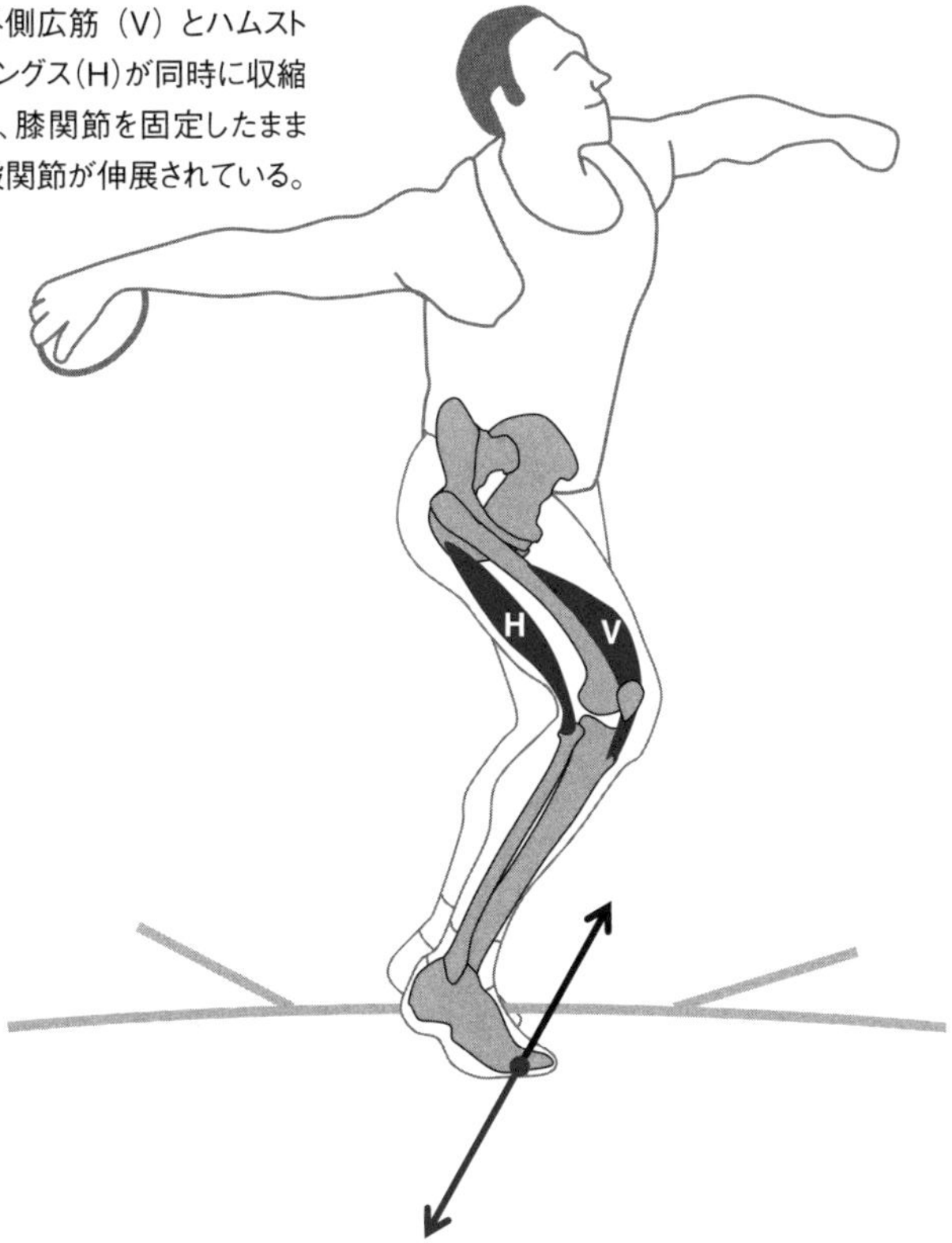

伸筋と屈筋が単純に主働筋-拮抗筋の関係にあるという
枠組みに基づいた考えは、
単関節筋と二関節筋が複雑に調節される、
実際の複合関節運動中のシステムでは一概に当てはまらない。

動きを記述する言葉

身体の部位や姿勢について、言葉のみで正確に記述することは意外と難しいものです。以下、電話での会話です。

A：「〈て〉の内側が痛いんですけど」
B：「指？　手のひら？　小指側？　親指側？」
A：「いえいえ肘のあたりです」
B：「あぁ手って腕のことね。肘よりも上？　下？」
A：「これって上かな？　今寝転がってるんですけど……肘よりもちょっと手首寄りです」
B：「じゃあ前腕だね。最初から『前腕』って言ってよ」
A：「はい、前腕《ぜんわん》尺側《しゃくそく》近位《きんい》1／3です」

B：「……」

姿勢や運動を正確に言葉で表すことの難しさ

さて、運動の記述となるとさらに複雑です。ここで練習問題をどうぞ。

たとえば、令和の「令」の文字を全身で表現する際の姿勢を言葉で表すとどういう記述内容になるでしょうか？　解剖学的正位（後述）から「両肩の関節を30°外転&両手を90°回内」「股関節《こかんせつ》を20°屈曲&頸椎を20°伸展」「左股関節を90°外旋」「左股関節を40°屈曲とともに左膝関節を100°屈曲」となるでしょうか（他の記述方法もあります）。あえて図示しませんので、試してみてください。全身の姿勢に関する客観的な記述を言葉で行うのは意外と複雑ですね。

このような事例を見るまでもなく、姿勢や運動を正確に言葉で表せることの重要さは議論を待ちません。カメラやビデオなど映像機器の発達がめざましい昨今では、画像でコミュニケーションということも多いと思いますが、それでもなお言葉による正確な記述の必要性は変わらないでしょう。

ここでは身体の位置や動きの記述について、主なものを取り上げて、確認してみたいと思います。

■解剖学的正位（Anatomical Zero Position）

直立で、両足先が正面を向き、腕は下垂《かすい》され、手のひらが前に向いた姿勢をいいます。関節運動の記述はこの姿勢を基本に行います（図1）。

■近位と遠位

主に四肢《しし》（てあし）の部位について用いられます。体幹（中枢）に近い側が近位、末梢側が遠位です。心臓に近い側を近位として、血管の位置などの表現に用いる場合もあります。上腕は前腕の近位に位置し、下腿よりも足部が遠位に位置します（図1）。

■起始と停止

筋の付着部について記述する際に用います。一般には、より近位にある側を起始、遠位に

図1 解剖学的正位

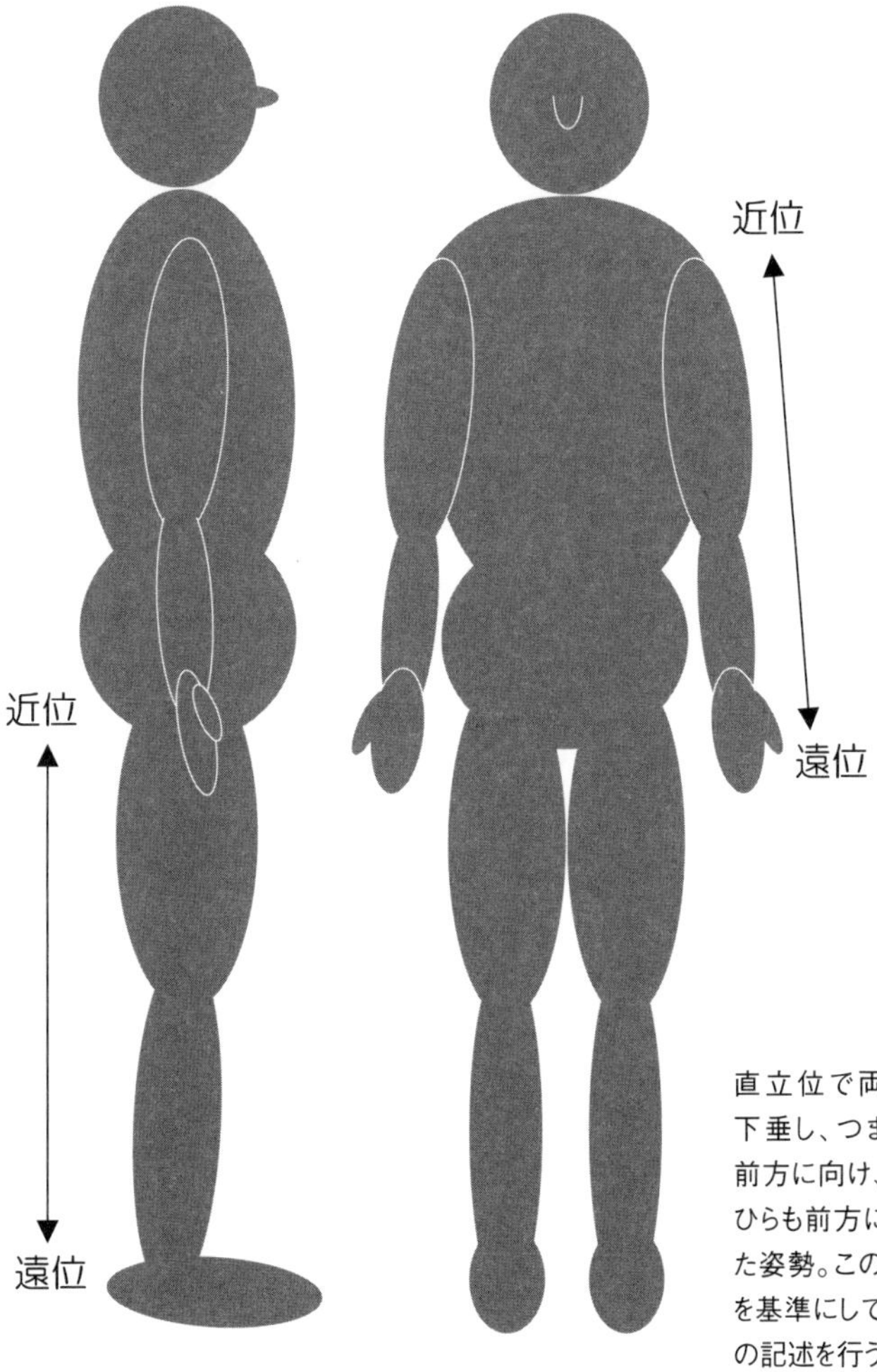

直立位で両腕を下垂し、つま先を前方に向け、手のひらも前方に向けた姿勢。この姿勢を基準にして動作の記述を行う。

図2　屈曲と伸展

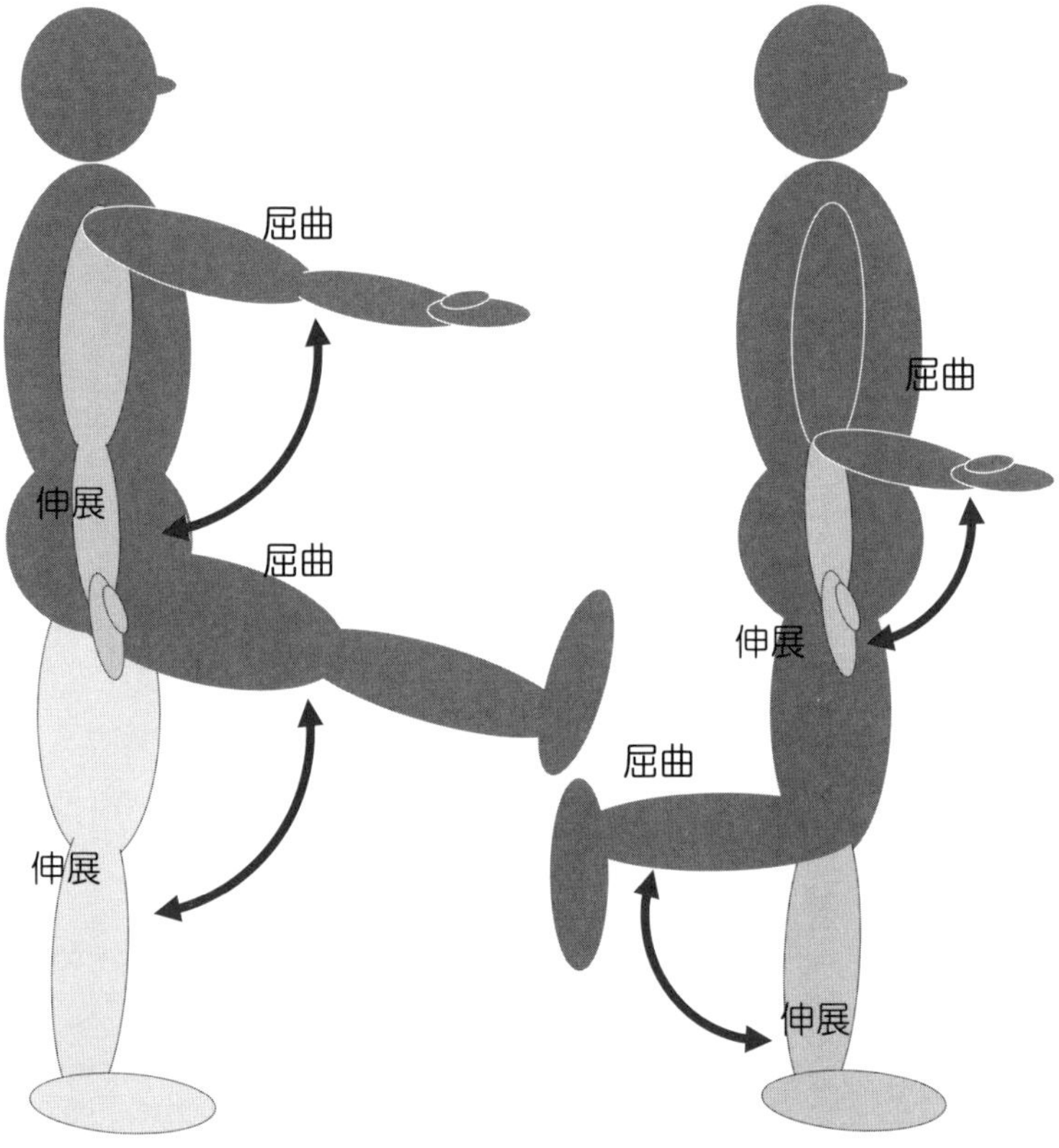

関節を曲げて角度をつくるのが屈曲。その逆が伸展。股関節・肩関節ともに肢を前方への挙上が屈曲。

ある側が停止とされています。体幹の筋など、近位・遠位の判断が難しいものについては動きの大きな側が停止だという「説」がありますが、必ずしもそうではないようです。

たとえば腹直筋《ふくちょくきん》の場合、起始は恥骨《ちこつ》、停止は胸郭《きょうかく》とされています。この場合について考えてみても、どちらがよく動くかの判断自体が難しいことがわかります。Basmajian & Slonecker（1989）によると、筋の起始・停止に関しては、歴史的に先にどのように割り当てられたかが重要で、「機能的な意味を示すものではない」とされています。

■屈曲と伸展

「屈曲」とは肢の関節を曲げて角度をつくることをいいます（図2）。肘関節や膝関節は完全伸展位が真っ直ぐですので、屈曲はわかりやすいでしょう。下肢・股関節は直立位から膝を前方に挙上し角度を作る動作が屈曲、下ろす動作が「伸展」です。上肢・肩関節は大きな過伸展が可能で、多少混乱しますが、こちらも前方に挙上する動作が屈曲、逆が伸展です。迷ったときは股関節の動きと相同と思って整理してみましょう。

■内転と外転

身体の中心を「正中」といいます。これを基にして身体を左右に均等に分ける面を「正中面」と呼びます。肢が正中に向かう動作を「内転」、正中から離れる動作を「外転」といいます（図3）。解剖学的正位から、腕を側方から挙上していく動作は外転で、その逆が内転です。この場合、上肢の外転ともいいますが、肩関節の外転ともいいます。

外転は正中から離れる動作だといいましたが、肩甲骨《けんこうこつ》が正中から離れていく（場合によっては肩を前方に突き出す）動作は、この定義に沿って肩甲骨の外転といいます。ちなみに肩甲骨の関節窩《かんせつか》が上を向く動作は、動作としては上肢の外転と似ているため混同されることがありますが、正式には上方回旋、関節窩が下を向く動作を下方回旋といいます。

手関節（手首）の内転・外転はとくに別の呼称になることもあります。「橈屈《とうくつ》」と「尺《しゃっ》屈《くつ》」です。手のひらを母指側に倒す動きは外転に当たりますが、橈骨《とうこつ》側に屈するという意味合いで、橈屈といいます。逆に小指側すなわち尺骨《しゃっこつ》側に屈する動作は尺屈です。

図3　外転と内転

四肢が正中面から離れる動作が外転、近づく動作が内転。肩甲骨も同様。肩甲骨の上方回旋と外転は混同に注意。

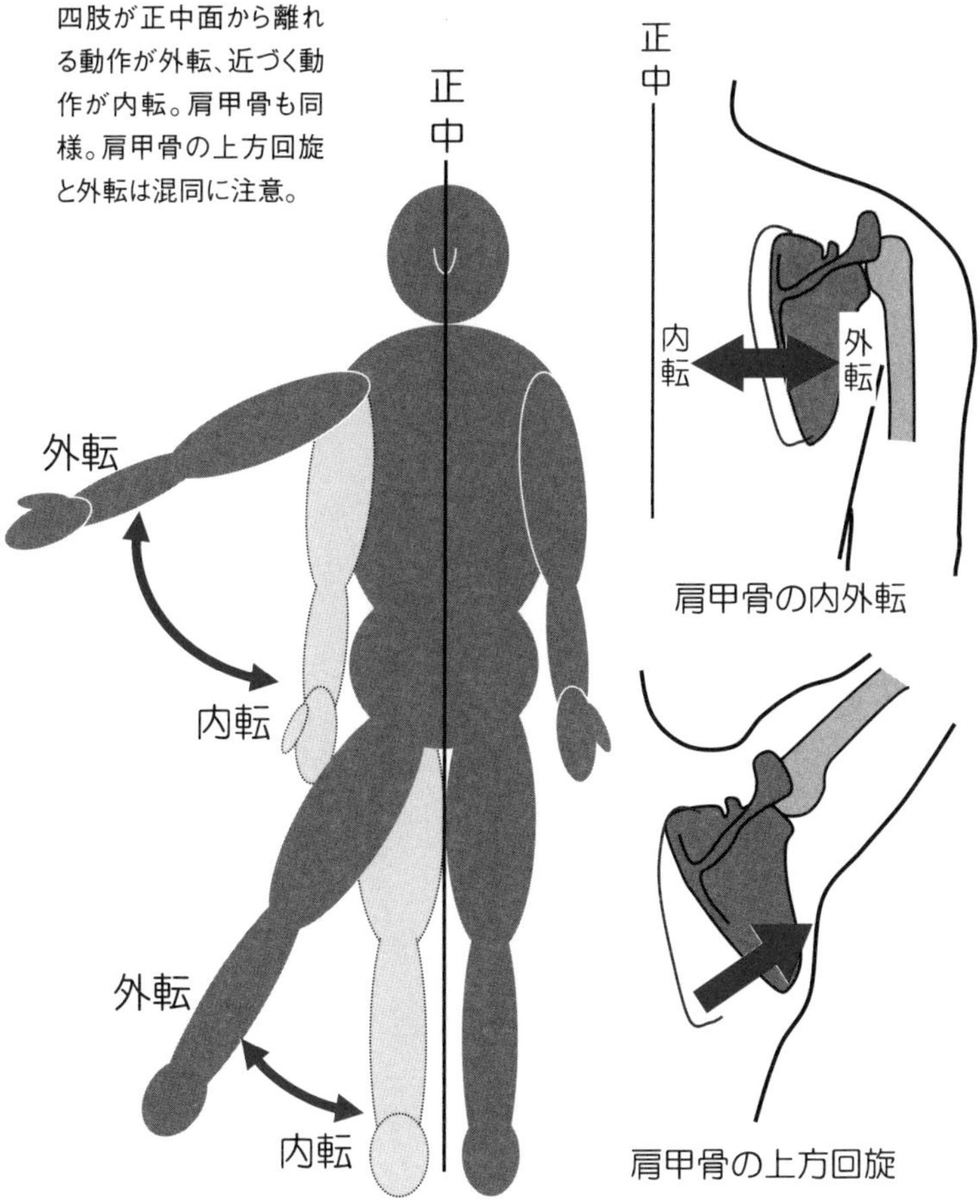

図4　内旋と外旋

上腕、大腿の前面を内側に向ける動作が内旋。前面を外側に向ける動作が外旋。

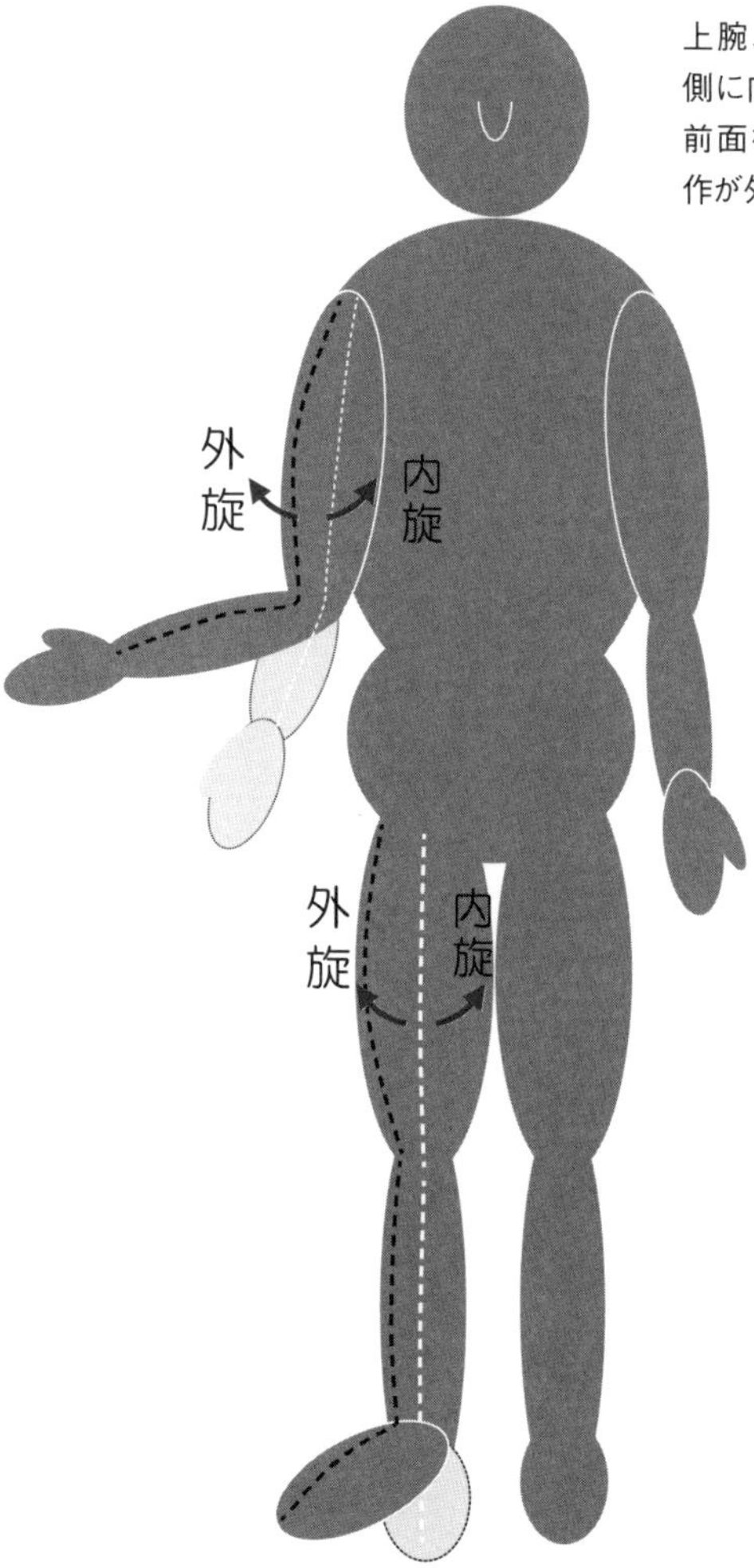

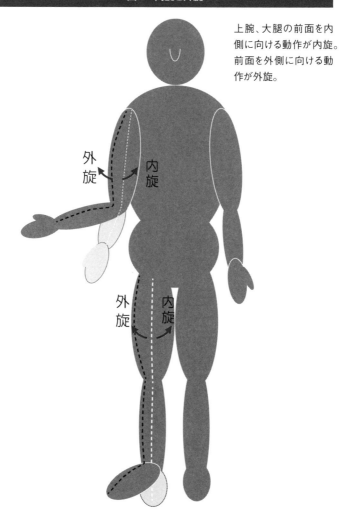

■内旋と外旋

内外旋が起こる関節は肩甲上腕関節《けんこうじょうわんかんせつ》(肩関節)と股関節、わずかですが膝関節です。足関節とくに後足部に用いられることもありますが、主に上腕、下腿、大腿の長軸周りの回旋を指していう表現です(図4)。この言葉は内転・外転と混同されやすく注意が必要です。解剖学的正位において上腕・大腿の前面が内側に向く動作を「内旋」、前面が外側に向く動作を「外旋」と記憶しておくと外転位や屈曲位でも混乱が少なく便利でしょう。

内外旋は内外転と混同されることが多いため、改めて注意して確認しておきましょう。

■水平屈曲(水平内転)と水平伸展(水平外転)

この動作は、外転や屈曲によって四肢が挙上された姿勢において生じるものです。肢が挙上位から正中面に向かって動くことを「水平屈曲」、正中面から離れていく動きを「水平伸展」としています(図5)。解剖学的正位からの屈曲位と外転位との間は、水平屈曲伸展によって行き来することができます。

図5　水平屈曲（水平内転）と水平伸展（水平外転）

挙上した肢を正中面に近づける動きが水平屈曲、正中面から遠ざけるのが水平伸展。

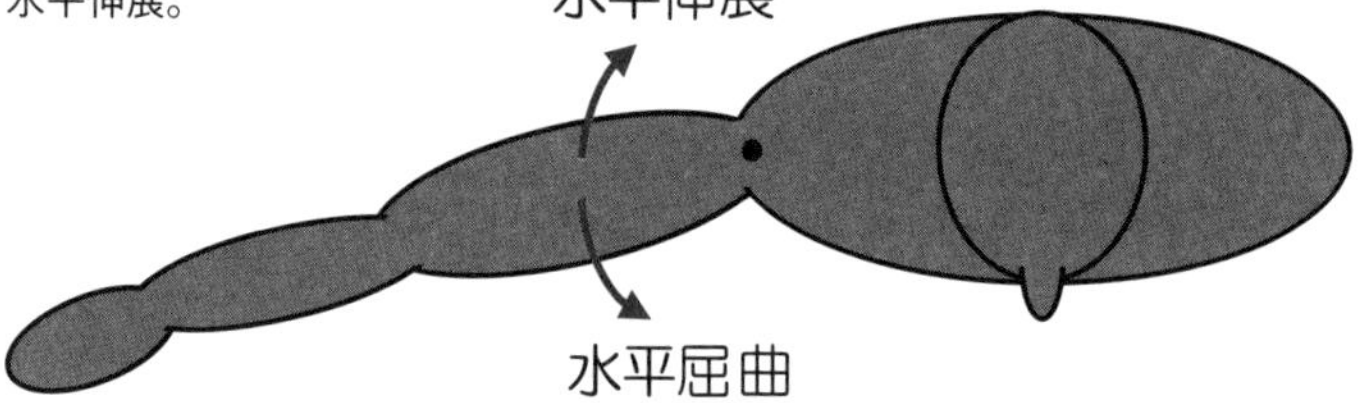

身体の位置や動きの記述は、
双方が理解して
初めて内容が伝わるもの。
片方のみが正しく用語を理解して使用したとしても、
相手方にその知識や理解がなければ、
うまく情報が伝わることはない。

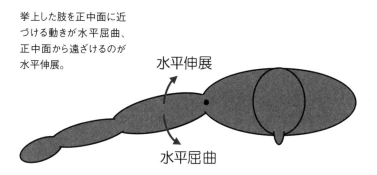

■回内と回外

手と足の運動に用いられます。手の「回内」は、いわゆる「小さい前にならえ」の姿勢から手のひらを下に向ける動作です。テーブルの上に手のひらを接した姿勢からならば、回内は手の甲を内側に向ける動作、回外は手の甲を外側に向ける動作として整理することができます。

手の回内は厳密には上腕骨と橈骨との間、そして前腕の橈骨と尺骨との間で起こる運動ですが、手の運動として取り扱うことが自然でしょう。

足関節でも、日本で一般的に用いられる用法では手と同様に、足底《そくてい》が地面に接している姿勢からであれば、足の甲を内側に向ける動作が回内、足の甲を外側に向ける動作が回外です。ただし、この定義については学会によっても見解の違いがあり、他の足関節の動きとともに、またの機会に取り上げたいと思います。

用語については、コミュニケーションにおける双方が理解して初めて内容が伝わるものです。片方のみが正しく用語を理解して使用したとしても、相手方にその知識や理解がなければ、うまく情報が伝わることはありません。

そのような観点から、現場での言葉遣いについては、用語の厳密さのみを求めるのではなく、日常的な言葉や動作の記述に落とし込んで表現することも求められる機会は多いといえるでしょう。

Chapter 2

内転筋のはなし

内転筋のはなし その1
―内転筋群の構造と作用―

内転筋は地味で目立たない筋肉

われわれの身体には内転筋と名のつく筋が複数あります。内転筋と聞いて、まず頭に浮かぶのは股関節の運動に関わる下肢の内転筋群でしょう（ちなみに、内転筋と名のつく筋のなかには、開いた状態の手足の母指を閉じる「母指内転筋」というものもあります）。

読者の皆さんは、下肢の内転筋についてどのような印象をお持ちでしょうか？　その名称から「股関節内転に作用する」「股を閉じる」筋だろうと漠然と考えられますが、正直得体の知れない存在なのではないでしょうか。特定の運動において、内転筋が強く作用する瞬間を意識することができるでしょうか？

一般的な取り扱われ方についても、他の筋群とは少々異なるように感じます。たとえば、

「すごいハムストリングスしとるな〜」とは言いますが、「君、いい内転筋しているね」とはあまり言いません。大腿の内側という位置の問題もあろうと思いますが、内転筋には目立たない筋肉という印象があります。

筆者は幾度となく、深くて激しいスクワットトレーニングの後に、ハムストリングスに隣接する内転筋の部位に強い筋肉痛を経験したことがあります。やり投げに代表される投擲《とうてき》競技や野球、サッカーなどにおいては、内転筋にいわゆる肉離れが発生することもありますし、女子の長距離ランナーでは、内転筋群の付着部にあたる骨盤の部位に疲労骨折が発生する例も多く見受けられます。

このように見てくると、内転筋はその地味な印象に反して、とくに重要な機能的特性を持っていることが予想されます。機能解剖学的にも、単に「股関節内転に作用する」という観点からのアプローチでは正体をつかみきれないように感じます。

さらに、内転筋群はハムストリングスに匹敵する生理的横断面積を有していることが知られています(Wickiewicz et al. 1983; Ward et al., 2009)。このように筋自体のボリュームが大きいということのみをとっても、この筋群に対する機能的な要求が大きいことの現れと考

図1　大腿中央横断面模式図（右大腿を下方から見る）

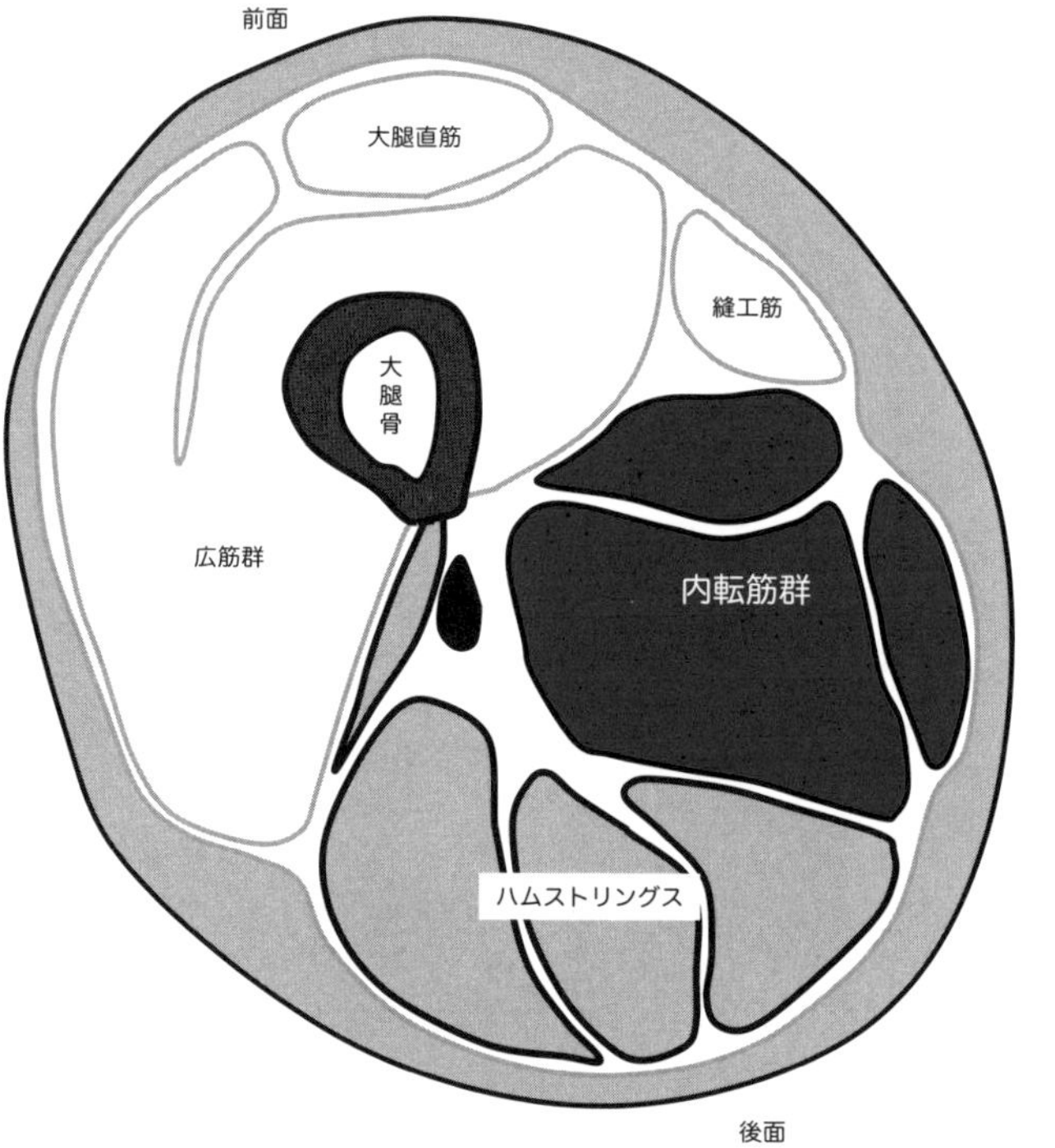

内転筋群は大腿内側後方を占め、その断面積がハムストリングスに匹敵することがうかがえる。

内転筋はその地味な印象に反して、
とくに重要な機能的特性を持ち、
ハムストリングスに匹敵する
生理的横断面積を有していることが知られている。

えることができるでしょう（図1）。

内転動作とは

内転という動作は「肢を正中面に近づける」動作を指します。下肢ならば左右に開いた下肢を股関節周りの運動によって閉じる動作、上肢ならば腕を大の字に伸ばした姿勢から、体側につける方向に閉じていく動作がこれに当たります。これとは逆に肢が正中面から遠ざかる動作のことを外転と呼びます。上肢なら体側につけた腕を側方に挙上する動作。下肢ならば直立位から脚を股関節の動きによって左右に開いていく動作です（P69参照）。

参考までに、正中面との位置関係を利用したこの内転・外転を記述する際の基準は、たとえば肩甲骨にも当てはまります。胸を張って肩甲骨の内側縁同士を近づける動作を内転と呼びます。逆に、「前にならえ」の姿勢から肩をさらに前方に突き出す動作のように、内側縁《ないそくえん》同士が離れる動作は外転です。肩甲骨の回旋（上方回旋・下方回旋）と混同されやすいので、この点はひとまず確認しておきましょう。

一方、下腿が大腿に対して、あるいは前腕が上腕に対して外転方向に変位する動きは「外《がい》反《はん》」といい、常に起こっている動きではあるものの、正常な関節の運動というより、関節の「遊び」あるいは異常運動と考えられる場合もあります。外反・内反《ないはん》という用語は肢のアラインメントを表現する言葉として使用されることのほうが多いように見受けられます。

内転筋群の構造

内転筋群の機能に対する理解を進めるために構造について考えてみましょう。股関節の運動に関わる、坐骨結節《ざこつけっせつ》（座位で座面に接するように位置する骨盤の最下端）から恥骨結合《ちこつ》にかけての骨盤の下端から起始し、大腿骨の後面（薄筋《はっきん》は膝関節をまたぐ）に至る、おもに閉鎖神経（一部大腿神経、坐骨神経）に支配される一群の筋を内転筋群と呼びます。

筋群は一般的に、長内転筋《ちょうないてんきん》・短内転筋《たんないてんきん》・大内転筋《だいないてんきん》・薄筋・恥骨筋によって構成されますが、薄筋に関しては膝関節をまたぐため、他の筋とは機能的に一線を画するものとして取り扱われることが多いようです。また、筋群は全体として大腿内側の大部分を占め、恥骨結合から坐骨結節を結ぶ円弧を底面として、膝関節の内側を頂点とする半円錐形のスペースに位置しています（図2）。ここでは「内転筋」と名のつく3筋にとくに注目していきましょう。

ところで、内転筋という名称から、この筋群の主な作用は股関節の内転であることが容易に想像されます。しかしながら内転筋群は屈曲・伸展、内旋・外旋といった内転以外の作用も持っています。この点については、教科書の記述も一定ではなく、確認の余地があるところです。ここからは、内転筋群の作用について機能解剖学的な視点から考えてみます。なお、膝関節をまたぐ薄筋については、ここでは除外して話を進めることとします。

内転筋群の作用

筋によって生じる関節へのモーメント(回転力)は、付着部に作用する筋の作用線と関節の運動軸との相対的な位置関係によって決定します。具体的に長内転筋を例にとって見てみましょう。

■股関節の前頭面内の動きと内転筋群との関わり

まず、股関節の前頭面内の動きと内転筋群との関わりについて考えてみます。図2からわかることは、内転筋群は股関節の中心から離れたところにその張力の作用線があり、その名

図2　内転筋群の位置関係（大山, 2011）

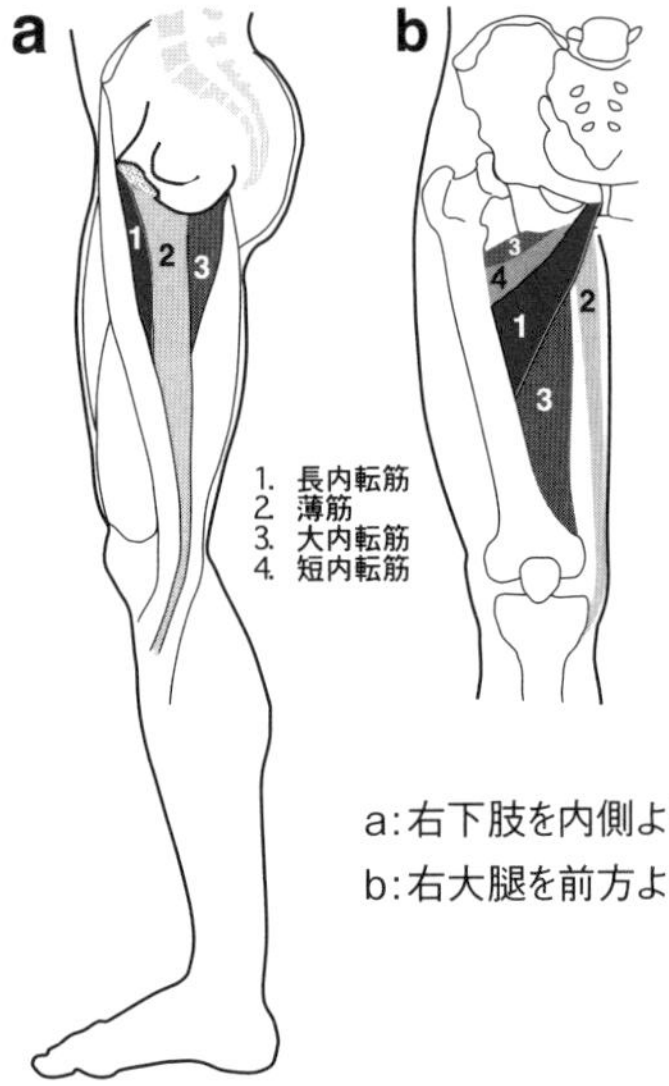

a：右下肢を内側より見る
b：右大腿を前方より見る

図3　股関節の肢位によって変化する長内転筋の作用(大山, 2011)

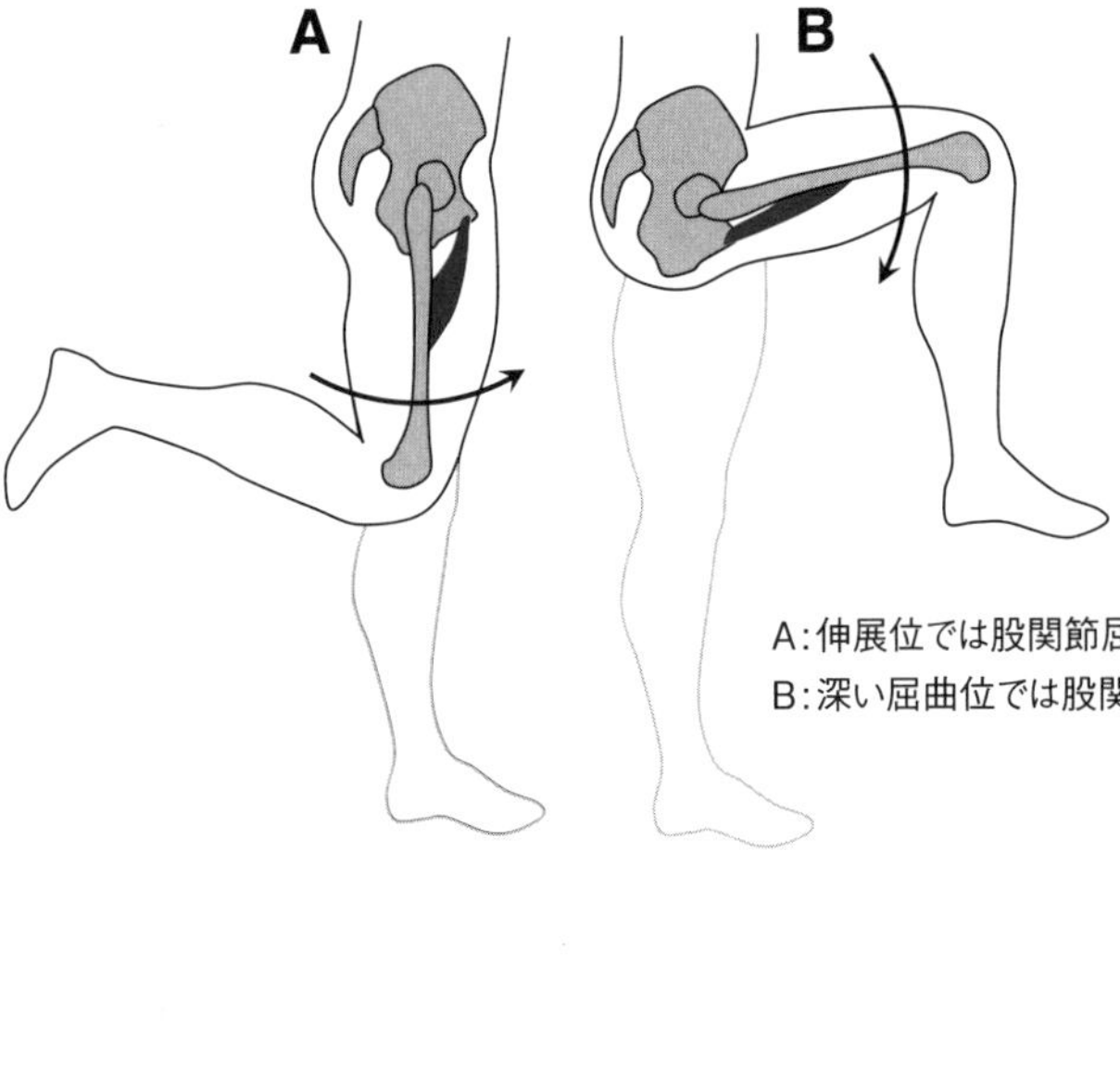

A：伸展位では股関節屈曲作用
B：深い屈曲位では股関節伸展作用

称の通り、股関節を内転する作用を持っていることが明らかです。この見た目に明らかな位置関係から「内転筋」という名称がつけられたことにもうなずくことができます。

その一方で、部位によっては大腿骨の長軸に沿った走行を持っていることも確認できます。このような構造は、股関節に向かって大腿骨を引き込むような力の成分を生んでいるということが予想されます。

■股関節の矢状面内の動きと内転筋群の関わり

さらに股関節の矢状面《しじょうめん》内の動きと内転筋群との関わりを考えてみましょう。図3には、長内転筋と股関節の矢状面内の相対的な位置関係を模式的に示しました。図からわかるように、骨盤下端の長内転筋起始は、通常、最大屈曲位では大腿骨の背側に、逆に最大伸展位では大腿骨の腹側（前方）に位置することになります。矢状面に投影した力の作用線と関節中心の位置関係から、長内転筋の張力は（A）の肢位では股関節屈曲に、（B）の肢位では股関節伸展に作用することがわかります。これは、程度の差こそあれ、ほかの内転筋についてもほぼ同様と考えることができます。

つまり内転筋は、その構造的な特徴から、肢位によって矢状面内での作用を股関節の屈筋-伸筋の間で変化させる可能性があるといえるでしょう。

一方で、この内転筋の作用は屈曲であろうが伸展であろうが、股関節を大きな変位から中間位に戻すという視点から見ると、「やっていること」すなわち機能的な要求はまったく同じです。このことについては「スプリントと内転筋」の節で詳しく取り上げます。

■股関節の水平面内の動きと内転筋群の関わり

最後に、股関節の水平面内の動きと内転筋群との関わりを考えてみましょう。ほとんどの内転筋は大腿骨の背側（後面）に停止します。骨の長軸と付着部の位置関係に注目すると、骨幹《こっかん》の内側から後面に入って停止するため、見かけ上は単純に骨の長軸に対しては外旋の回転力が生じるように思えます。実際はどうなのでしょうか？

内転筋の作用は屈曲であろうが伸展であろうが、
股関節を大きな変位から
中間位に戻すという視点から見ると、
「やっていること」はまったく同じ。

これは肢位によっても当然変化しますが、直立位で考えてみてください。とくに骨の長軸と骨の回旋の中心との関係をよく観察することで、内転筋群の回旋作用について面白いことがわかってきます。これらの機能的な特徴を整理することで、ストレッチングの効果的な方法や、トレーニングについても重要なヒントを得ることができます。

長座位から股関節を外転（正確には水平伸展）し、いわゆる「股を開いた」状態で前屈するストレッチングを考えてみてください。内転筋群のストレッチ感が強くなるのは股関節内旋位でしょうか？　外旋位でしょうか？　詳しくは次節のお楽しみとしたいと思います。

内転筋のはなし その2

―股関節の回旋作用―

前節から、大腿の内転筋群を取り上げ、その構造や作用についてお話ししています。前節では内転筋群の作用について、とくに矢状面《しじょうめん》内の伸展・屈曲への関わりや前頭面内の内転の動きに注目しました。そこで、本節では水平面内の運動、とくに股関節の回旋作用についてお話ししたいと思います。

内旋？ それとも外旋？

特定の筋の作用を知る上で、（1）付着部の位置と（2）張力の方向の情報が重要視されます。この点について、内転筋群に関してはどうでしょうか？ 前節で述べたように、そのほとんどが骨幹の内側から後面に入って、大腿骨の背側（後面）に停止します。大腿骨の後面に対して、大腿の内側に向かって張力が作用しますから、見かけ上は単純に大腿骨の長軸に対して外旋の回転力が生じるように理解されやすいのです。このことから、直感的には外旋の作用が生じると考えられがちです。実際、解剖学の書物においても、外旋の記述は多く見られます。

しかし、少なくとも解剖学的正位においては内旋の作用が生じます。一体、どのようなメカニズムが背景にあるのでしょうか。ここでは長内転筋や短内転筋といった恥骨から始まって大腿骨の後面に停止する筋群に着目して話を進めていきたいと思います。

筋の張力によって生じる作用を考える上で、重要な要因について前述しましたが、それらに加えて重要となるのが関節運動の軸。特定の筋の作用を知る上で、前述の（1）付着位置と（2）張力の方向以外に忘れてならないのが、（3）運動の軸なのです。付着部と、筋によって生じる張力の方向が類似しているような配置の場合でも、対象となる運動が起こる関節の運動軸の位置によっては表に現れる作用に違いが生じます。

ここで、同様の事例として上腕骨《じょうわんこつ》と棘下筋《きょくかきん》の関係を例にとり、大腿骨と内転筋の関係との比較をすることで筋の作用を詳細に考えてみましょう。

肩関節と股関節の比較から

棘下筋《きょくかきん》はローテーターカフ（回旋筋腱板《かいせんきんけんばん》）の一部として肩関節の安定に与《あずか》りますが、肩甲上腕関節の外旋筋としても知られています。肩甲骨の後面から起始した棘下筋は上腕骨頭を後方から回り込んで大結節《だいけっせつ》に付着することで、上腕骨を長軸まわり外向きの回旋、つまり外旋方向に引きます。模式図で確認してみましょう（図1A）。ここで、肩甲上腕関節の内外旋の運動軸と上腕骨の長軸は一致しているため、棘下筋の張力はそのまま関節を外旋することになります。

一方、股関節における大腿骨と長内転筋との関係に目を移すと、様子が異なります。股関節の内外旋の軸は、大腿骨の骨幹の長軸上ではなく、骨幹から離れた大腿骨頭に存在します（図1B）。大腿骨の頸部《けいぶ》の存在が、このような状況をつくり出しているわけです。すなわち、上腕骨では関節の運動軸は上腕骨幹の長軸に一致しているが、大腿骨では大腿骨頸部《だいたいこっけいぶ》の存在によって運動軸は骨幹から離れた骨頭にある。そのため、実際に生じるモーメントは大腿骨幹を基準とするのではなく、大腿骨頭を基準として内転筋の作用線との位置関係によ

図1 筋の付着部と張力の方向が同様でも、運動軸の位置によって作用が変わる

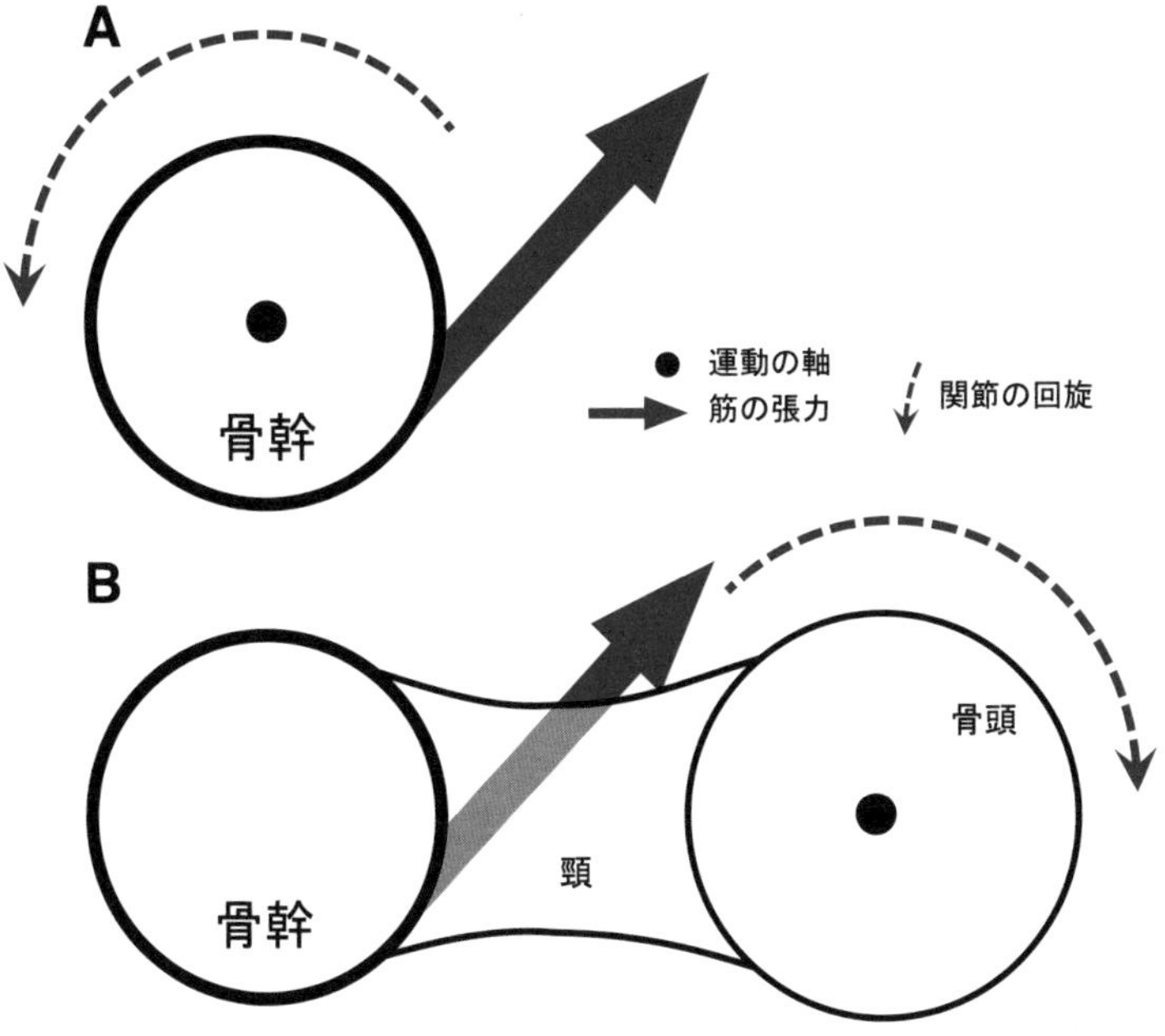

A: 骨幹の中心と関節の運動軸が一致している場合(肩甲上腕関節の例)
B: 関節の運動軸が「頸」によって離れている場合(股関節の例)

特定の筋の作用を知る上で、
(1)付着位置と
(2)張力の方向以外に忘れてならないのが、
(3)運動の軸である。

って変化するということなのです。

この点について、Basmajian and Slonecker（1989）は図2のように内転筋の作用を模式的に示し、内転筋の上部線維が大腿骨頸部の回転を生み、結果的に股関節内旋に作用することを説明しています。当然ながら股関節の屈曲・伸展や回旋の姿勢によって、相対的な付着部の位置関係に変化が生じるため、回旋への関与についても変化が生じることが予想されます。この関係を少し立体的に示した模式図が図3です。

ストレッチングへの回旋の活用

前節の最後に、股関節外転位、いわゆる「股を開いた」状態で前屈するストレッチングにおいて内転筋群のストレッチ感が強くなるのは股関節内旋位か？　外旋位か？　という質問をしました。いかがでしょうか。長座からの股関節外転位で前方の地面に両手を着き（図4A）、その手をだんだんと前方に移動させていくと、比較的腹側（前面）に位置する内転筋群（肢位にも依存するが、おおまかには恥骨筋、短内転筋、長内転筋がそれに当たる）のストレッチ感が強くなってきます。この感覚については、多くの方が経験されたことがある

図2 内転筋群による股関節内旋

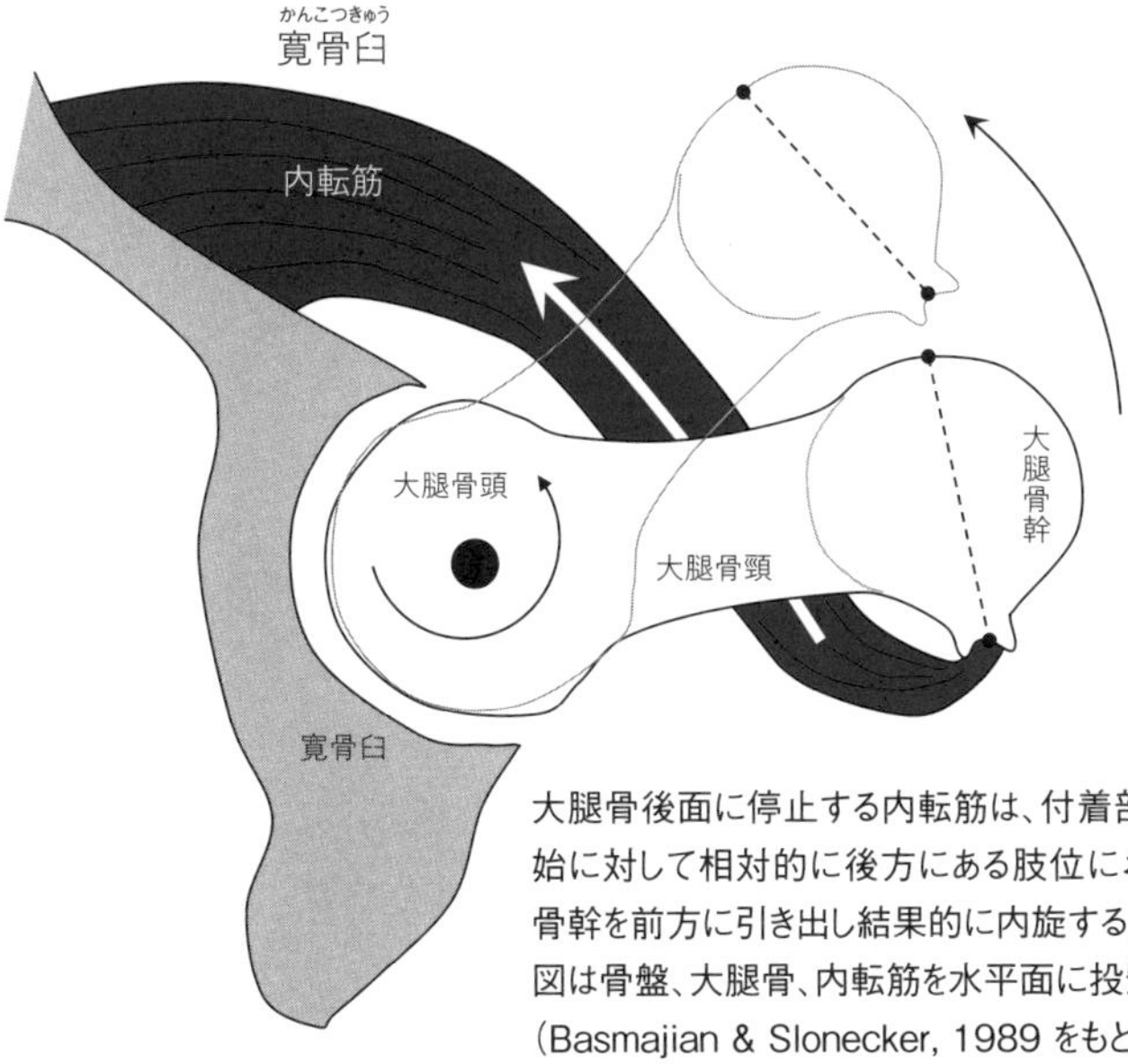

大腿骨後面に停止する内転筋は、付着部が骨盤の起始に対して相対的に後方にある肢位においては大腿骨幹を前方に引き出し結果的に内旋する。
図は骨盤、大腿骨、内転筋を水平面に投影した模式図
(Basmajian & Slonecker, 1989 をもとに作図)

図3 内転筋群による股関節内旋(右股関節を外側方から見る)

恥骨に起始し、大腿骨後面に停止する内転筋が大腿骨幹を前方に引き出し結果的に内旋する様子を模式的に示した。

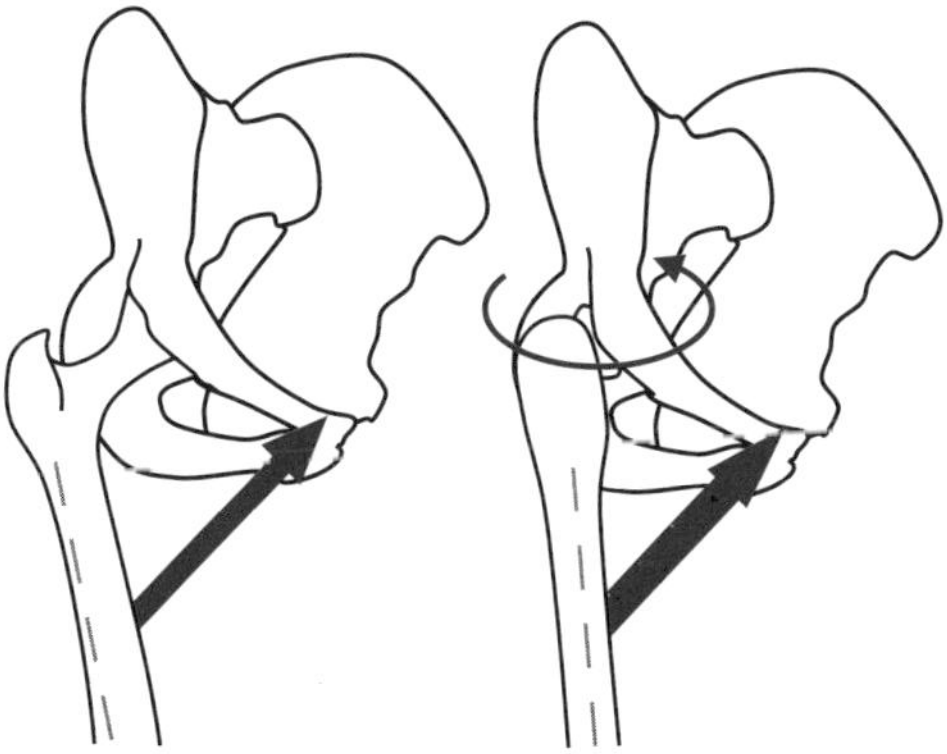

のではないでしょうか。

それでは少し回旋方向の状態を変化させてみましょう。長座からの股関節外転位で前方の地面に両手を着く際、股関節を内旋させ両足のつま先が前方に向くようにします（図4B）。この姿勢で前述の状況と同様に前屈していくと、どうでしょうか？　同じ前屈量でも少し内転筋群の緊張が少なくなるでしょう。これはとりもなおさず、股関節の内旋位保持が内転筋群の緊張を緩めているからです。逆に股関節内旋位のまま前屈し、前屈姿勢を保持したままつま先を開き股関節を外旋してみると、内転筋群のストレッチ感は急激に強まります。

内転筋群の股関節回旋への関与については、われわれが経験的に知っていることも多いですし、状況証拠からも学ぶことが多いものです。たとえば、右投げの野球投手が右内転筋を傷める例をよく見ます。同様に右利きやり投げ競技者の右脚に生じる内転筋の肉離れは、エキセントリックな負荷に耐えながら股関節を開き、しかも膝を割らないよう努力する動作、すなわち、強い伸展外転と外旋のストレスに対抗しながら内旋の筋力を発揮する際に生じるように見受けられます（P111参照）。

図4　長座位からの内転筋ストレッチ

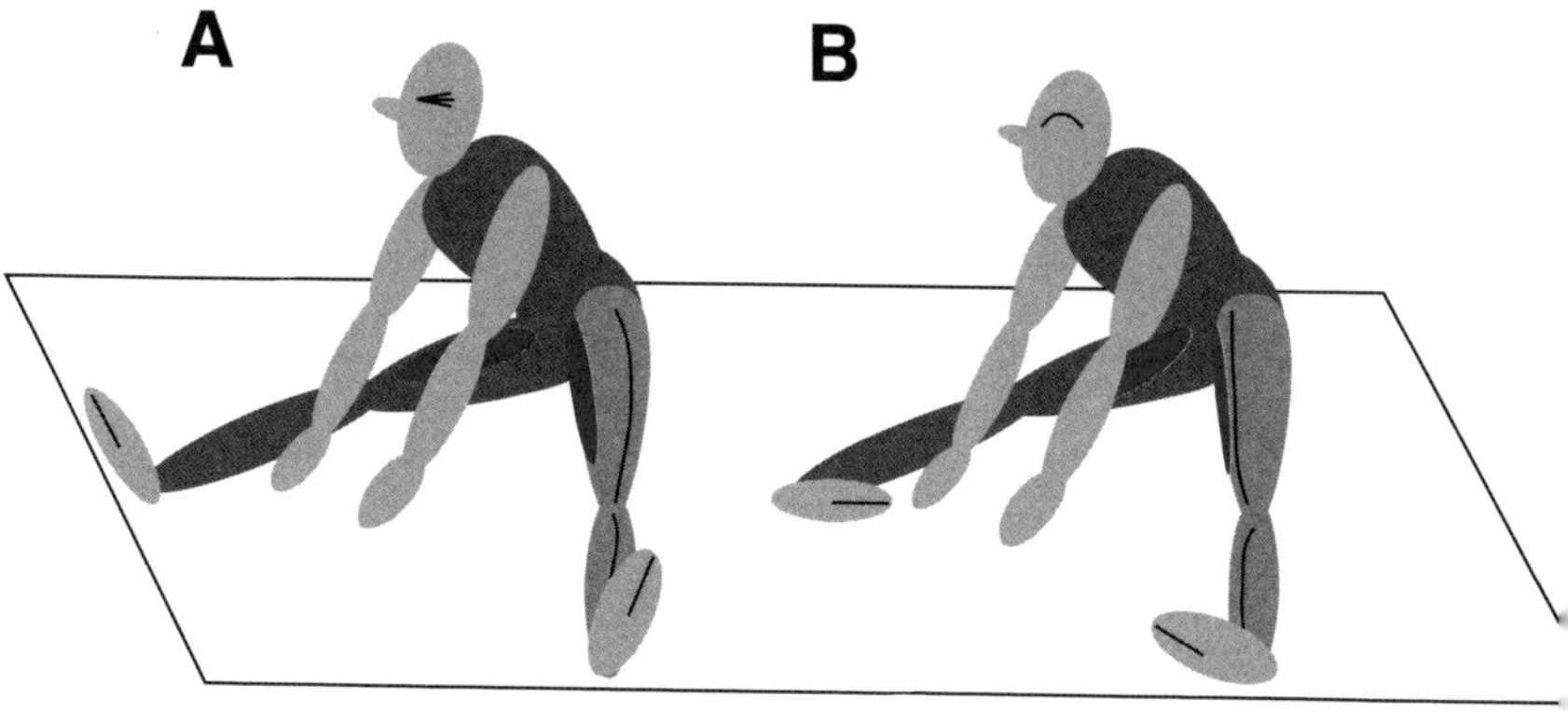

座位股関節外転位における前屈で内転筋群がストレッチされるが、その強度は内外旋によってもコントロールされる。
A：股関節外旋位では内転筋群の緊張が増加
B：股関節内旋位では内転筋群の緊張が低下

股関節を内旋させ
両足のつま先が前方に向くようにすると、
同じ前屈量でも
少し内転筋群の緊張が少なくなる。

内転筋のはなし その3
—スプリントと内転筋—

内転筋の生理的横断面積がハムストリングスに匹敵するほど大きいことはすでに述べました。この大きな断面積にはどのような機能的な要求があるのだろうかという視点で、ここまで構造からわかる股関節伸展・屈曲の作用や股関節回旋への関与について解説してきました。本節では、走運動との関わりについて、筆者の総説（大山卞，2011）に取り上げた過去の研究の成果をもとに考えを深めてみたいと思います。

スプリントパフォーマンスと内転筋の形態・筋力

これまで、内転筋については横断面積の大きさに注目し、筋力やスプリントパフォーマンスとの関連が研究されてきました。つまり、筋の量的な優位、最大発揮張力の優位は機能的な優位を表すだろうという観点からです。

この点については男子スプリンターについて、ＭＲＩによって計測した、大腿の上部における内転筋群の横断面積が大きいほど１００ｍのスプリントタイムがよい（狩野ら, 1997）という研究や、股関節の伸展・屈曲の筋力と疾走速度との間に相関があり、同時に伸展・屈曲筋力と内転筋群の横断面積との間に有意な相関があるとする報告がすでになされています（渡邉ら, 2000）。

これらの結果は、内転筋群がスプリントのような大きな運動範囲で股関節を伸展・屈曲し下肢を素早く往復させる運動のコントロールに深く関わっていることを示唆するものです。内転筋群の構造から、内転筋は内外転、回旋の安定を保ちながら股関節の求心位を保持し、屈曲および伸展を介してスプリントパフォーマンスに影響していると考えられます。

ランニングにおける内転筋群の動員（ＭＲＩを用いた研究）

運動中の内転筋群の動員を報告した研究には、運動の結果として生じた筋肉の状態変化を、

ＭＲＩを用いて調べた研究や、筋電図により運動中の筋活動を記録したものが見られます。ＭＲＩというと、形態を調べたり、炎症や出血、組織の損傷を見るものという印象があります。実はＭＲＩを用いた研究の中には、単に形態を調べたものだけではなく、内転筋群の動員の様相に迫るものもあるのです。

ＭＲＩの画像処理の方法にＴ２強調という、水分を強調して映し出す方法があります（診断にも普通に用いられるものです）。活動直後の筋内は、活動していない筋に比べて水分が多くなることが知られています。Ｔ２強調を用いることで、運動の前後で内転筋群の水分にどのような変化があったかを調べることができ、それによって直前の運動における活動筋を同定しようというものです。この方法、当然ながら一通りまとまった時間の運動が完了した後に測定しますから、時間分解能には問題があります。その一方で、ある一定時間にどの筋が一番がんばったのかを大まかに知る上ではたいへん

ランニングでは
内転筋群の動員が
積極的に行われているということが
明らかとなっている。

有用な方法です。

Sloniger et al.（1997）はMRIのT2強調画像を用いて、低速のランニングで疲労困憊に至った状態の大腿各筋群についての動員率を求めました。その結果、平地のランニングと上り坂のランニングのどちらにおいても、大腿の筋群のうち最も活発に動員されていたのは内転筋群であったことを報告しています。この結果のみから、内転筋の細かい機能的な特徴を明らかにすることは難しいですが、どうやらランニングでは内転筋群の動員が積極的に行われているということが明らかとなりました。

走運動における長内転筋の活動

これまでに述べたように、長内転筋は内転筋群の中でも最も腹側（立位における前方）に位置するものの一つで、恥骨結合周辺から起こる筋です。長内転筋について、さまざまな速度の走運動（ジョグ、ランニング、スプリント）における筋活動を記録したMann et al.（1986）の研究では、長内転筋は地面を蹴り離した離地直後に活動を開始し、前方へのスウィング初期まで活動を持続していたことが報告されています。さらにジョグやランニングよりも速度の大きいスプリントにおいてのみ、足下降局面（スウィング後期）の初期に短時間の活動が認められたとしています。

彼らは、この筋の役割について確信を持って正確な説明をすることは難しいとしていますが、内転筋群を主に内転作用の主働筋と取り扱って考察を進めた結果、長内転筋は地面を蹴り離す際に生じると予想される外転に抗して、大腿骨を骨盤に対して固定するように作用し、おそらく伸張性の収縮をしているだろうと推察。そしてスプリントにおける股関節屈曲位からの振り戻しにおける短時間の活動は、大腿を内転して接地位置を中心に持ってくる動きに関与しているだろうと述べています。

このMann et al.（1986）の視点については、筆者も同意できる部分が多いですが、それと同時に内転筋の中でも腹側に位置する長内転筋が股関節伸展位で屈曲に作用し、股関節屈曲が深くなるスプリントにおいては、股関節伸展の作用にも積極的に関与したと考えるのが自然ではないかと考えます。

疾走とハードリングの動作と筋活動について比較を行った金子ら（2000）の研究についても、長内転筋の股関節屈曲作用の重要性が垣間見えます。具体的には、疾走の立脚中期に同側の長内転筋が活動を開始したのに対して、ハードリングの抜き脚における長内転筋の活動開始が遅れたことから、疾走においては、長内転筋が脚の後方への流れを止めて屈曲への移行を可能にすることで、より高いピッチの獲得が可能となっていたと考えられます。

走運動における大内転筋の活動

大内転筋は内転筋群の中では最も背側に位置し、部分によっては大殿筋の走行にも似た一面を持っています。この大内転筋についてMontgmery et al.（1994）は、筋内電極を用いてランニング中の大内転筋活動を記録しています。

大内転筋は、トレーニングペース（約4・1m／秒）のランニングにおいて、立脚期、遊脚のスウィング初期、遊脚のスウィング中期にそれぞれ活動のピークが認められたとし、局面ごとの作用については、（1）立脚期の活動については内側への股関節の安定に、（2）スウィング初期においては、大腿直筋、腸骨筋《ちょうこつきん》や大腿筋膜張筋《だいたいきんまくちょうきん》とともに股関節の伸展をコントロールし、続く股関節屈曲に向けた準備に、（3）スウィング中期には、腸骨筋とともに伸展位からの股関節屈曲を補助し骨盤を安定化し、（4）スウィング終盤では、股関節伸展

図1　疾走中の下肢筋電図

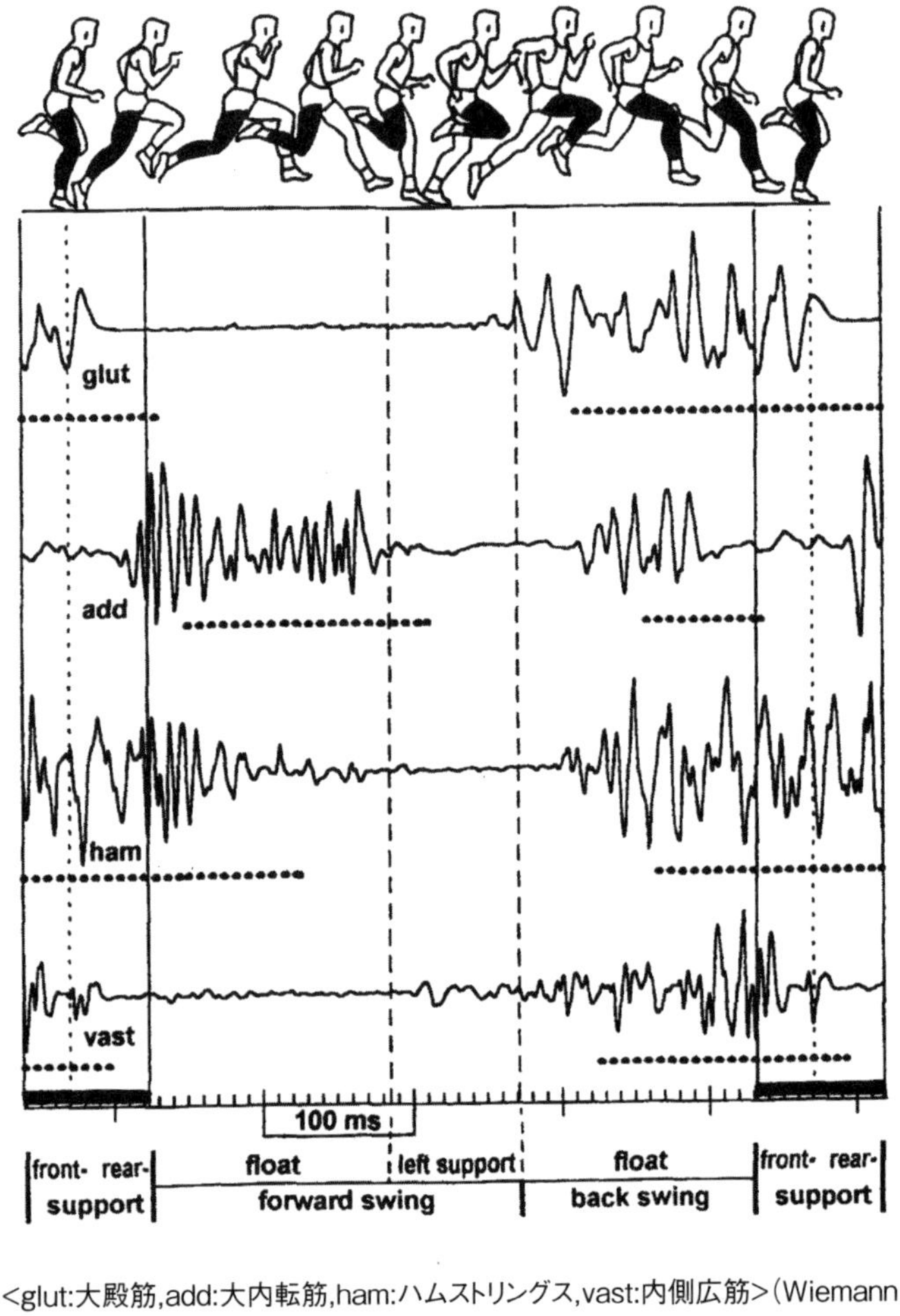

<glut:大殿筋,add:大内転筋,ham:ハムストリングス,vast:内側広筋>（Wiemann & Tidow, 1995）

に作用するハムストリングスや大殿筋を補助して、屈曲位から伸展への移行に作用していると考察しています。

同様に、走運動中の筋活動を記録し、股関節屈曲・伸展への関与について述べているWiemann and Tidow（1995）の研究を見てみましょう（図1）。

大内転筋の離地直後のスウィング前半の活動については、大腿筋膜張筋の外転作用や、縫《ほう》工筋《こうきん》の外旋作用を抑えながら、股関節屈筋群と共同して股関節の伸展を減速し屈曲への移行につなげているとし、さらに屈曲が進んで膝関節が大腿骨の真下に来たときには、骨盤の起始と大腿骨の相対的な位置関係から屈曲の作用を失って活動を休止するとしています。後方スウィング局面における活動は、大殿筋と共同して股関節伸展に作用すると同時に、大殿筋の外転作用を中和する作用があると考察しています。

走速度と内転筋活動

松尾ら（2011）は表面筋電図により、ジョグから秒速10m前後での走運動中の内転筋（長内転筋、大内転筋）活動を記録しました。このとき、内転筋の活動は走速度が増加すればするほど増加していました。局面ごとに比較してみると、遊脚期において、長内転筋は股関節の屈曲が大きくなった局面、伸展が大きくなった局面のどちらにおいても活動を増加させていることが明らかでした。大内転筋も同様の傾向を示しましたが、伸展域での活動は長内転筋ほどではなく、屈曲域つまり股関節の伸展に対してより積極的に動員されていることが明らかとなりました（図2）。

彼らの研究で明らかとなった長内転筋と大内転筋の差異は、二筋の起始の配置、すなわち長内転筋がより腹側で恥骨結合寄りに、大内転筋がより背側坐骨結節寄りに位置していることとよく対応しています。

大内転筋（とくに表面筋電図の記録が可能な表在の部位）は大殿筋と類似した配置で、股関節の伸筋として作用しやすい位置にあります。それに対して、長内転筋は、直立位で、ほぼ大腿骨と同じ前額面《ぜんがくめん》内に収まっているため、屈曲位では伸筋として、伸展位では屈筋として作用しやすいと考えられます。この構造的な特徴が、股関節0°を境にして両側で活動を増大する背景にあると解釈できます。

※

図2　走運動中の股関節角度と内転筋活動量の関係（松尾ら,2011）

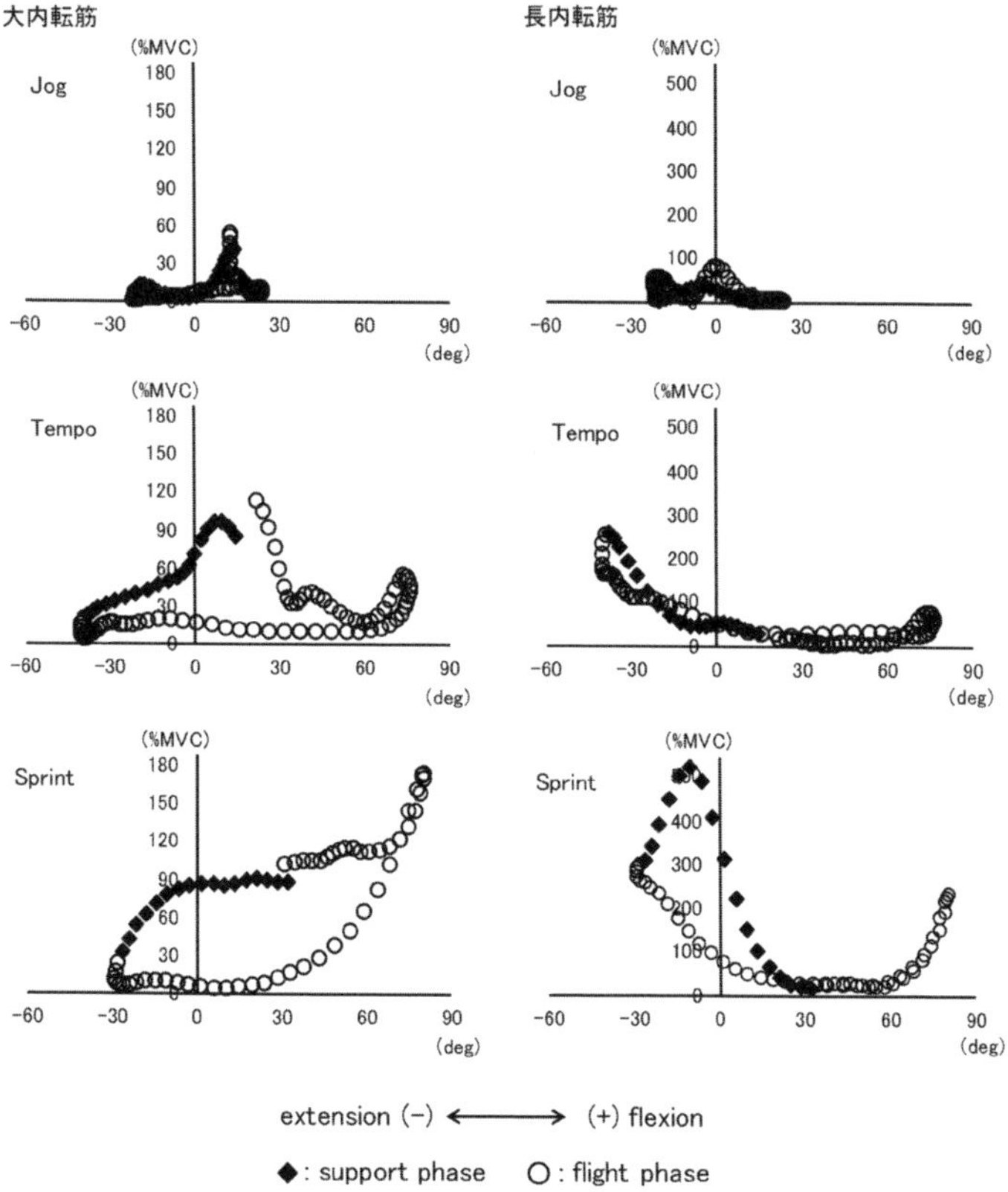

横軸に股関節角度、縦軸に筋活動量（%等尺性最大収縮）をプロットした。走速度の増加（ジョグ→テンポ走→スプリント）とともに筋活動は増加するが、長内転筋においては、屈曲が深い局面でも、伸展が深い局面でも活動量が大きくなっていることがわかる。

ここまでに述べた、走運動中の筋活動に関する報告に共通するのは、離地直後のスウィング局面における活動や屈曲位から伸展への切り替えに関与し、可動域の両端（深い屈曲・伸展位）で活動が顕著であることからわかるように、内転筋が股関節の大きな変位からの回復に作用しているという点です。この点は内転・外転、内旋・外旋に関しても同様であることが予想されます。

内転筋の中でも表面電極によって活動電位が導出可能な長内転筋と大内転筋の表在の部分は、大部分の筋線維の走行が大腿骨の長軸に沿っており、股関節の屈曲・伸展の速度を大きくする上では必ずしも効率がよいとはいえません。しかし、このような構造は、股関節の伸展・屈曲モーメントを生む力成分と同時に、大腿骨を股関節に向かって引き込み安定化させることに適しています。

この点については、本書の「インナーマッスルのはなし（その1）」において『Shunt muscle』として取り上げました。興味のある

走運動中の筋活動に関する報告に
共通するのは、
内転筋が股関節の
大きな変位からの回復に作用しているという点。

方はそちらもご覧ください。

内転筋のはなし その4
―内転筋を鍛える―

筋量的にも走行面でも都合のよい構造

ここまで、内転筋の解剖学的特徴から、運動への関与についてお話ししてきました。前節の最後にも述べましたが、走運動中の内転筋筋活動に関する報告に共通するのは、離地直後のスウィング局面における活動や屈曲位から伸展への切り替えに関与し、可動域の両端（深い屈曲・伸展位）での活動が目立つということでした。

これらのことから予想されるのは、内転筋は伸展・屈曲・外転・外旋等を含む股関節の大きな変位からの回復に作用しているということです。このことを物語るように、内転筋の支配神経である閉鎖神経の障害を有した人には、歩行において下肢の分廻《ぶんまわ》し動作が見られたという報告もあります。

自由度が高く関節可動域の大きな肩関節の安定に、いわゆるインナーマッスル（回旋筋腱板《かいせんきんけんばん》）が重要な役割を果たしていることはよく知られています。股関節は肩関節に比べて、骨頭を受けるソケットにあたる寛骨臼《かんこつきゅう》部分のはまり込みが深く、強力な靭帯《じんたい》の関与もあるものの、肩関節と同様に、自由度の高い球関節です。しかも移動運動においては、可動域の限界に近い肢位で高速の運動や、切り返しの鋭いさばきにおいては、質量が大きい下肢を骨盤に安定してつなぎ止めておかなければなりません。

また、大きな衝撃に耐える支持局面においては、下肢に対して体幹を制御する働きが求められます。実際は片側支持で片側を操作する局面も多いため、さらに内転筋にかかる負荷は大きなものになるでしょう。

すでにお話ししたように、内転筋群は、豊富な筋量を有するとともに、大腿骨の長軸と平行に近い筋束も多く、股関節（大腿骨頭）を寛骨臼に向かって常に押し付けるような力を効率よく出せると考えられます。すなわち屈曲・伸展・外転・回旋、いかなる変位に対しても、素早く股関節を求心位に

内転筋群は、いかなる変位に対しても、
素早く股関節を求心位に保つ上で、
筋量的にも走行の面でも都合のよい構造をしている。

保つ上で、筋量的にも走行においても都合のよい構造をしているといえるでしょう。

内転筋を傷めるのは？

筆者がこれまで内転筋に強い筋肉痛を感じた経験としては、久しぶりの高負荷パラレルスクワット後（主に大内転筋）や、強い開脚前屈ストレッチ、サイドランジの後（主に長短内転筋）に経験があります。前者は、大内転筋に明らかなエキセントリック収縮を強います。後者は限界まで筋腱複合体を伸長したり、その姿勢でブレーキをかけた結果でしょう。

やり投げのクロス局面あるいは投げ局面において右利きの右脚で起こるのは、長内転筋の肉離れです（図1）。野球の投手でも同様の傷害が起こります。この傷害が起こると、痛みも鋭く、突っ張り感も強いため、投げ技術の心臓部ともいえる、いわゆる腰の回転や下半身の先行に関わる運動が大きな制限を受け、もう、どうにもこうにも投げが成立しなくなってしまいます。

内転筋に関わる障害としては、とくに女子の長距離走の競技者に多く見られる恥骨周辺の疲労骨折が挙げられます。この障害は、骨塩量の問題等、内分泌的な素養も大きく関わってくることがよく知られていますが、複数回受傷する例も多く見られます。頻回にわたって下肢の往復や支持の運動を繰り返すなかで、筋の付着部や骨が細くなっている部分に大きなストレスが加わっているものと推察されます。

腰の回転にも大きな役割!?

内転筋は、股関節の回旋において重要な働きを有しています。そのため、いわゆる「腰の回転」と呼ばれる骨盤の回旋動作においても、大きな役割を果たしていることが予想されます。実際に股関節の回旋を制限したまま腰を回そうとすると、内転筋群の突っ張りによって、著しく骨盤の回旋が制限を受けることを実感することができます。

内転筋が関与する「腰の回転」についてやり投げの例で見てみましょう。

図1は、助走してきたやり投げの競技者が、投げ局面に向けて右足接地して踏み込んでいく様子を模式的に示しています。このとき、右の股関節が外旋位の限界に至ってしまうと、この外旋可動域の制限によって、骨盤の水平回旋は大きく制限を受け止まってしまいます。

実際の投げにおいては、図1のように、右側の長内転筋は引き伸ばされながら強く働き、最終的に骨盤の回旋に先立って股関節を内旋し、いわゆる「下半身の先行」を生み出す上で重要な役割を果たします。

一方の左側ですが、図1においては、股関節は外旋されながら踏み出していく様子がわかります。この直後、左足が接地した瞬間から投げの主要局面となりますが、左足接地において伸長位で張力を出している長内転筋は、左大腿骨に向かって骨盤を引き出す働きをし、左股関節のブレーキによる効果とも相まって、骨盤の急激な左回旋（上から見て半時計回り）に作用することがわかります。

内転筋のトレーニング

直接的に内転筋を動員させるウェイトトレーニング手段としては、伝統的にサイドランジが用いられてきましたが、サイドランジは確かに内転筋の動員を感じやすい方法です。また、伸長域でのトレーニングとしても効果的でしょう。このような「内転」作用に注目した直感的なものに加えて、内転筋群の解剖学的な特徴や先行研究の知見から、内転筋が積極的に作用するのは伸長域での作用、エキセントリック（伸張性の収縮）な作用、素早い下肢の操作

図1　槍投げの踏み込みから投げと内転筋の関与

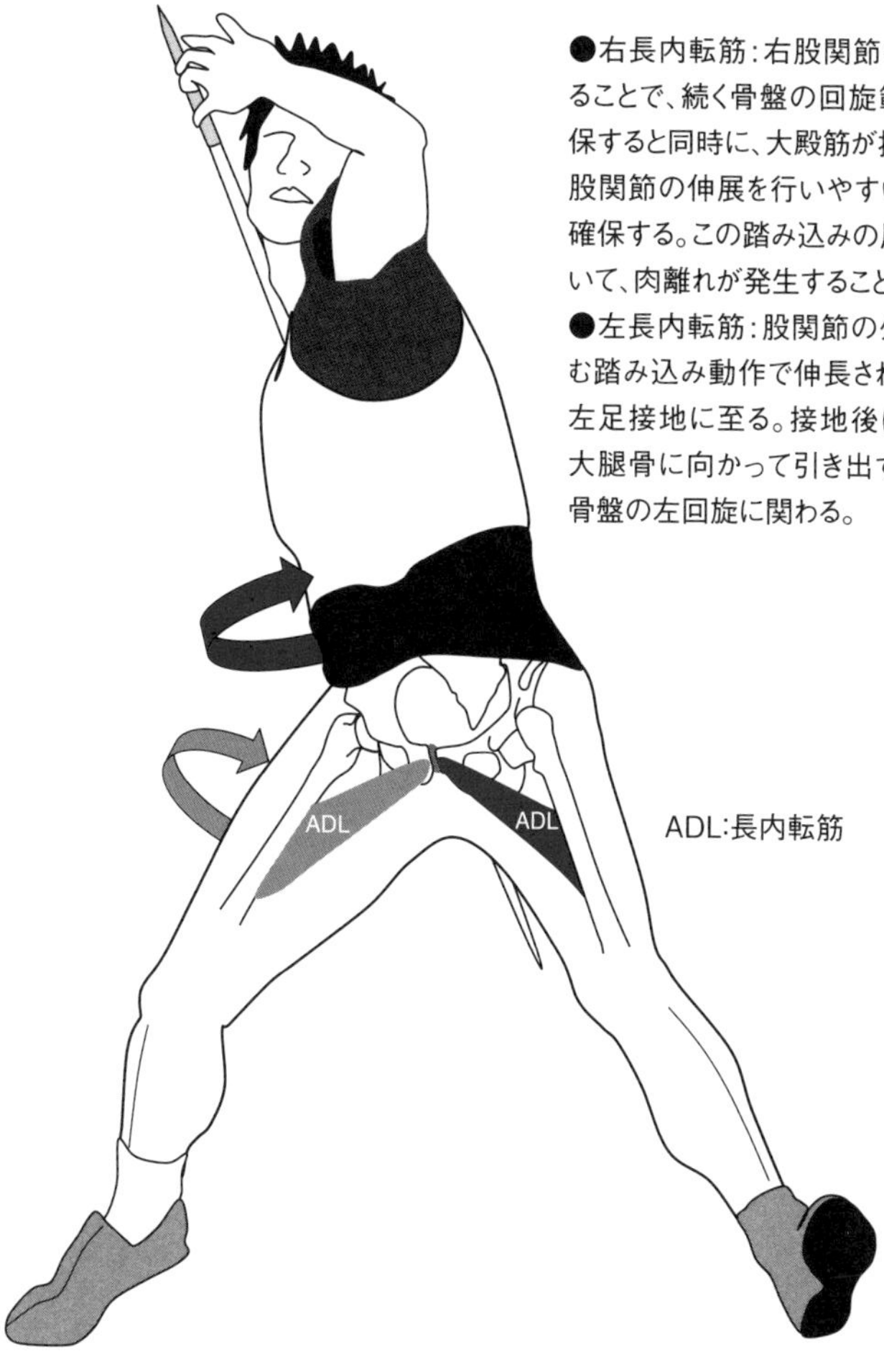

●右長内転筋：右股関節を内旋することで、続く骨盤の回旋範囲を確保すると同時に、大殿筋が持続的に股関節の伸展を行いやすい姿勢を確保する。この踏み込みの局面において、肉離れが発生することがある。
●左長内転筋：股関節の外旋を含む踏み込み動作で伸長されながら、左足接地に至る。接地後は骨盤を大腿骨に向かって引き出すことで、骨盤の左回旋に関わる。

に関わる場面であるとまとめることができます。このような視点から、内転筋が動員されやすいと予想される運動の特徴を具体的に挙げると――、

（1）深い屈曲位からの伸展・深い伸展位からの屈曲

（2）素早い下肢の往復、切り返し運動

（3）内転・外転、伸展・屈曲にかかわらず大きな股関節変位からの回復や骨盤の安定への要求

という視点が挙げられます。

（1）に関していえば、比較的大きな段差でのステップアップ（図2）や、レッグランジ（バックワードランジやウォーキングランジを含む）、骨盤の回旋をコントロールしながら行う前後方向のランジ種目はとくに有効でしょう。

（2）の視点からは、通常の走動作でも速度が高くなればなるほど内転筋の動員は高まると考えてよいでしょう。内転筋にさらに大きな刺激を与えるためには、大きなストライドと力強い推進を含んだ、オーバーストライド走やスピードのあるバウンディング、階段を用いた大股走などに効果が期待できます。

図2 ステップアップ運動と内転筋

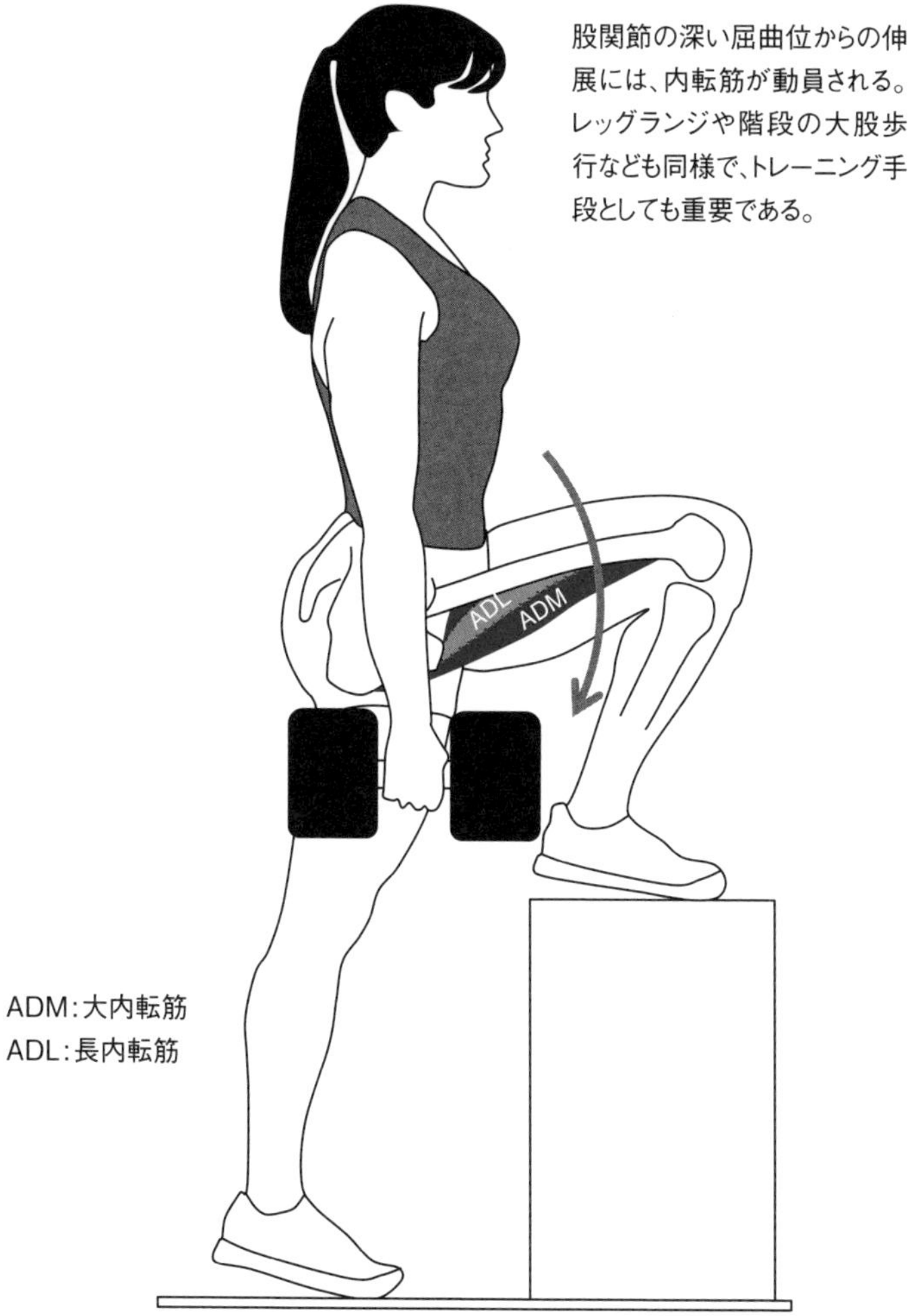

股関節の深い屈曲位からの伸展には、内転筋が動員される。レッグランジや階段の大股歩行なども同様で、トレーニング手段としても重要である。

さらに、走速度に対して股関節の屈曲・伸展の素早さや左右脚の「挟み込み」動作をより強調した練習、たとえば走速度を維持したまま狭いストライドでの疾走を強制するバードリルなどのストライド制限走（図3）は、激しく振り回される下肢に対して、股関節の求心位を保持する内転筋の作用への要求がとくに高まる運動です。実際に行ってみるとわかりますが、内転筋や恥骨結合部に圧迫を感じるほどです。

また、ウェイトトレーニングにおいても素早いスプリットステップ（前後開脚による支持と、脚の入れ替え動作）を用いるような方法が有効でしょう。このような視点は、走運動においてほとんどエキセントリック局面で作用している腸腰筋《ちょうようきん》に代表される股関節屈筋群のトレーニングとしても重要と考えています。

（3）の視点からは、古典的なサイドランジや横方向のステップを含んだランジ系の種目、横向きのスキップ、槍投げの助走に代表されるクロス走、高速のカリオカのようなシャッフル系の種目、あるいは方向変換を含む運動が有効でしょう。

前述のやり投げの例のように、投げに代表される骨盤の力強い回旋を伴う運動には、内転筋が深く関わっています。そのような視点から、トレーニング手段としても有効な方法がた

図3 素早い下肢の切り返し運動(バードリル)

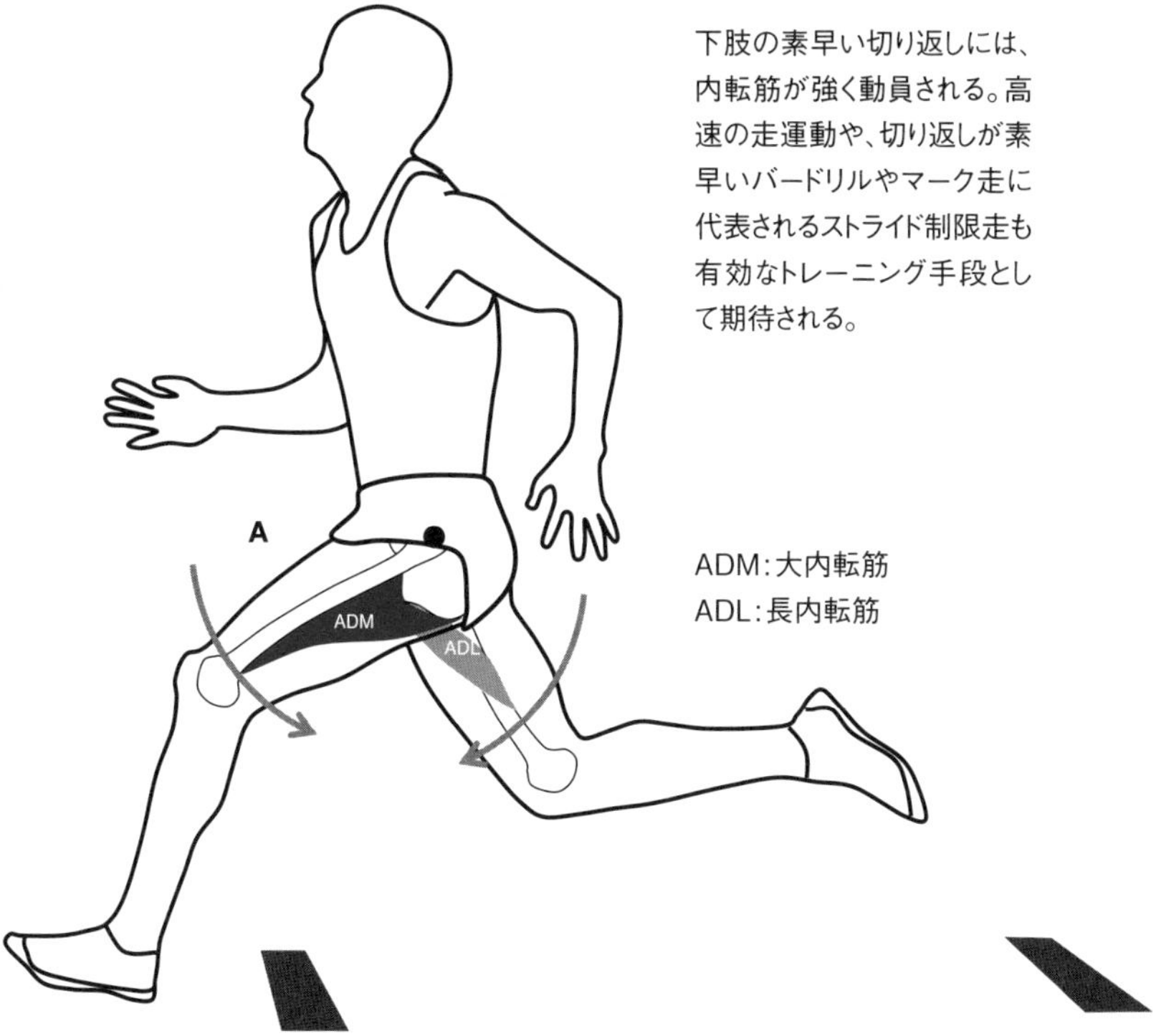

下肢の素早い切り返しには、内転筋が強く動員される。高速の走運動や、切り返しが素早いバードリルやマーク走に代表されるストライド制限走も有効なトレーニング手段として期待される。

ADM:大内転筋
ADL:長内転筋

内転筋が積極的に作用するのは伸長域での作用、
エキセントリック(伸張性の収縮)な作用、
素早い下肢の操作に関わる場面である。

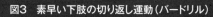

くさん存在することが予想されます。

なお、骨盤の回旋と内転筋群を含む股関節周りの筋群の作用との関係については、Chapter3「股関節のはなし」をご覧ください。

Chapter 3

股関節のはなし

股関節のはなし その1
―股関節の構造と周囲の筋群―

股関節《こかんせつ》は、われわれの体幹と下肢との接点であり、大きな筋群に取り囲まれた関節で、皮下深くに位置します。そのような背景もあり、膝関節や足関節と比較しても、骨同士のつながりを表面的に認識しにくいために、構造的なイメージはほかの関節よりも乏しいのではないでしょうか。

その一方で、この関節が発揮できる力は非常に大きく、ほとんどの全身運動の起点となっていることは説明するまでもないでしょう。また、関節自体の可動域・運動の自由度も大きいため、まさにエネルギーの発生源となる関節ということができます。

股関節の運動は、質量の大きな体幹を上下左右に移動させるだけではなく、体幹の長軸周りの回旋についても非常に大きな役割を果たしています。このような背景もあり、この関節周辺に起こる傷害も数多く報告されています。

股関節の特徴とは？

■典型的なBall & Socket型の関節

骨盤と大腿とを連結する股関節はいわゆる球関節であり、下肢をコントロールする強大な筋群が数多くこれをまたいでいます。股関節は大腿骨の大腿骨頭（Ball）と骨盤の寛骨臼《かんこつきゅう》（Socket）との間に形成される球関節で、骨によるはまり込みの深い典型的なBall & Socket型の関節です。比較的骨同士のはまり込みが浅い肩関節とは異なり、骨性の大きな臼蓋《きゅうがい》が関節の安定を保つ構造に特徴があります（図1、図2）。

股関節を形成する大腿骨の近位端《きんいたん》の構造は複雑で、骨頭と骨幹がほとんど直接つながれた形状の上腕骨などと異なり、骨頭と骨幹との間に長い頸部《けいぶ》が介在している点が大きな特徴です。この頸部があることでさまざまな筋にモーメントアーム（てこの腕）を提供し、多様な動きが可能になっています。

その反面、頸部は常に大きな曲げ、圧縮、せん断といった力学的なストレスにさらされま

図1　股関節と骨盤（後方より）

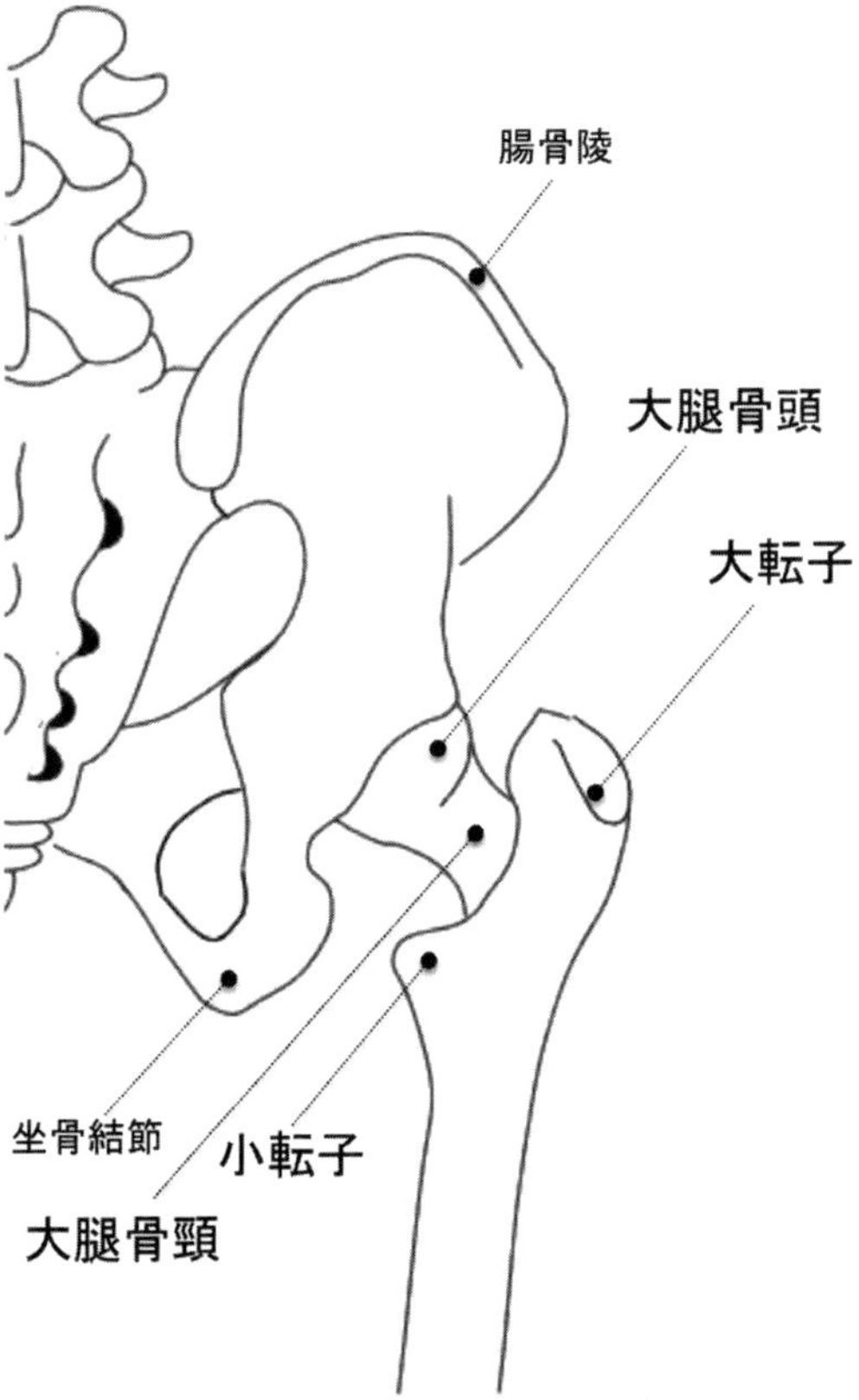

大腿骨の近位端は大腿骨頭、大転子、小転子が大きな突起として目立つ。骨頭は頸部によって骨幹とつながっている。大転子は外転筋群や外旋筋群に付着を与え、小転子は腸腰筋に付着を与える。いずれも大きな張力にさらされている。

図2 股関節の靱帯

上:右股関節前額断面前方より
下:右股関節前方より

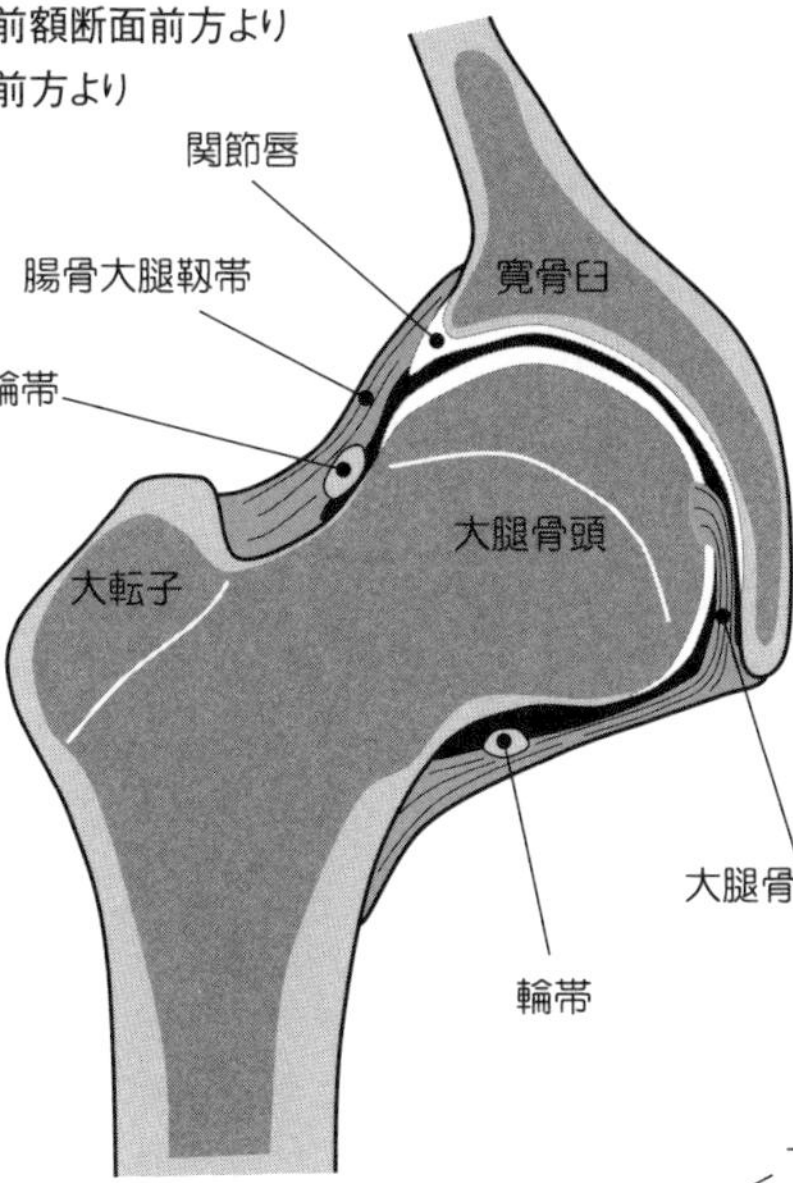

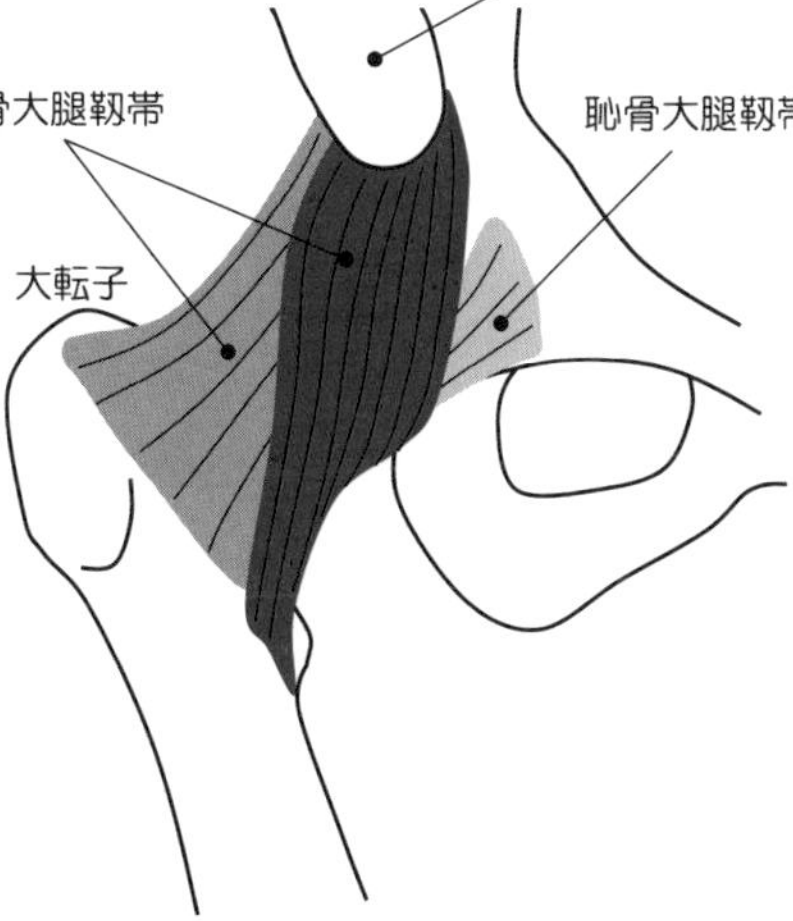

す。さらに、大腿骨頸部は関節包内にあるため、その周りを覆う外骨膜がありません。外骨膜は骨をつくる重要な組織ですが、その存在を欠く大腿骨頸部では骨折が治癒しにくいという厄介な問題があります。無月経などが原因で骨の強度が下がりやすい女子の長距離ランナーなどでは疲労骨折の好発部位となります。大腿骨の頸部が疲労骨折を起こすと、たとえば片脚立位から小さく跳びはねるような動作でも痛みが強く、不可能になることがあります。

お年寄りの転倒などが原因で発生する大腿骨頸部の骨折も非常に大きな問題です。とくに骨の強度が下がりやすい女性の受傷が多いことが特徴です。受傷すると多くの場合、寝たきりを余儀なくされ、半年から一年後に受傷前の歩行能力を回復できる人は半数に満たないといわれています。大腿骨頸部の受傷がきっかけで全身の筋力が低下してしまったり、全身の骨の強度がさらに低くなってしまったり、生活の質の低下から元気をなくしてしまうような事例も多いようです。

転倒などが原因で発生する大腿骨頸部の受傷がきっかけで
全身の筋力が低下してしまったり、
全身の骨の強度がさらに低くなり、
生活の質の低下から元気をなくしてしまうお年寄りも少なくない。

■大転子と小転子

近位端の外側に目立つ大きな出っ張りである大転子があります。大転子は骨盤の外側皮下にはっきり触れることのできるランドマークで、形態計測の重要な計測点としても知られています。大転子には強大な外転筋である中殿筋《ちゅうでんきん》をはじめとして、複数の外旋筋など多くの筋が付着しています。大転子が大きく張り出していることで筋が作用しやすい状態が確保されていますが、その反面、転倒等でここをぶつけることで、大腿骨頸部の骨折が起こったり、大転子自体の骨折が起こることがあります。

骨盤と下腿を結ぶ腸脛靱帯《ちょうけいじんたい》が大転子との摩擦で炎症を起こすような事例（外側型の弾発《だんぱつ》股《こ》：ばね股）も多く見られます。機能的な重要性と裏腹に傷害も起こりやすいことがわかります。

大腿骨には、よく目立つ骨頭、頸部、大転子とともに大きな骨の突起があります。それは小転子です。筆者は初めて大腿骨を観察した際に、よく知っていた大転子ではない大きな出っ張りに、ここには何が付着しているのだろうと興味を持った覚えがあります。一般的に骨の大きな突起には強い筋が付着していることが多く、踵骨隆起《しょうこつりゅうき》にアキレス腱しかり、脛骨《けいこつ》粗面《そめん》に大腿四頭筋（＝膝蓋靭帯《しつがい》）しかり、大転子に中殿筋しかりです。小転子には、比較的細い腱に非常に大きな張力が集中するであろう腸腰筋《ちょうようきん》が付着していると知って、なるほどと納得したものです。

この部位も付着している腸腰筋の腱が乗り上げて摩擦することで起こる内側型の弾発股（ばね股）が生じることがあります。強い症状でなくても、股関節屈曲の深い姿勢からさらに屈曲しようとするときに、股関節の奥深くに「ポキン」という音あるいは衝撃を感じる人は多いのではないでしょうか。

■強固な靭帯で補強

普段あまり意識することはありませんが、股関節は非常に強い靭帯で補強されています（図2）。股関節は直立位から屈曲方向（膝を持ち上げる・立位から前屈する）への可動域が大きく、過伸展方向への可動域が小さいことは経験的によく知られていると思います。これは腸骨から股関節の前面を大腿骨に至る腸骨大腿靭帯によるところが大きいようです。さらに大腿骨頭の前面は、腸腰筋によって覆われています。外転（いわゆる「股を開く」動作）方向への制限には恥骨大腿靭帯が関わっています。

このような構造から、肩関節（肩甲骨と上腕骨の関節）で比較的よく見られる外傷性の脱臼は、股関節ではほとんど見られません。その一方で先天的な臼蓋《きゅうがい》の形成不全などによる問題は、運動においてはさまざまな制限を生みやすく注意が必要です。

過伸展方向への可動域の狭さは、われわれの姿勢制御や運動において重要な意味を持っています。これは膝関節にもいえることですが、過伸展方向への可動域制限のおかげで、われわれの直立姿勢の安定は少ないエネルギー、少ない制御の努力の元で実現されています。想像してみてください。もし、われわれの股関節が過伸展方向へも屈曲方向と同じように可動域を持っていたらどうでしょうか。

直立位付近で油断すると、後ろに倒れてしまう体幹を支えるためにさまざまな力学的、制御的な努力が必要になるでしょう。これも元気なときはよいのですが、長時間にわたる立位での作業や疲労状態における運動などには相当な努力や注意が必要になることでしょう。元を辿れば四足で立っていたところから二足になり（これは系統発生のことだけではなく、個体発生についても同様のことがいえます）、股関節が屈曲位から伸展位へと伸ばされてきたことが背景にあるといえるでしょうが、文字通り「うまくできている」ことが実感されます。

大腿骨頭の中央に付着し、寛骨臼《かんこつきゅう》との間を結ぶ大腿骨頭靱帯は大きな関節内靱帯ですが、膝関節の十字靱帯ほど関節の制動には関わっていないようです。その背景には、股関節には前述した深い骨のはまり込みが確保されている点が挙げられます。大腿骨頭靱帯は、実際は大きな軟骨面を持ち、頸部からの栄養血管も乏しい大腿骨頭に栄養を供給する血管を骨頭の先端に導く役割が大きいようです（図2）。

股関節をまたぐ筋（図3）

・**股関節の屈筋**：腸腰筋は強力な股関節の屈筋で、主に腰椎から起こる大腰筋《だいようきん》と骨盤の内側面から起こって大腰筋と合流する腸骨筋《ちょうこつきん》、さらに小腰筋《しょうようきん》からなり、大腿骨頸部の前面を回って小転子に付着しています。大腰筋は牛や豚などの食肉においてはヒレ肉（ヘレ、フィレ）と呼ばれ、脂肪や腱の組織の少ない高級な肉として知られています。ヒトにおいても筋《きん》束《そく》が長く、強力な股関節屈筋です。

・**股関節の伸筋**：大殿筋は骨盤の後面から起こり、大腿骨近位後面に付着します。殿部の筋

図3 右股関節周辺の筋群

右股関節を左下図のように切断した断面図。多くの筋群がその周囲に位置することがわかる。

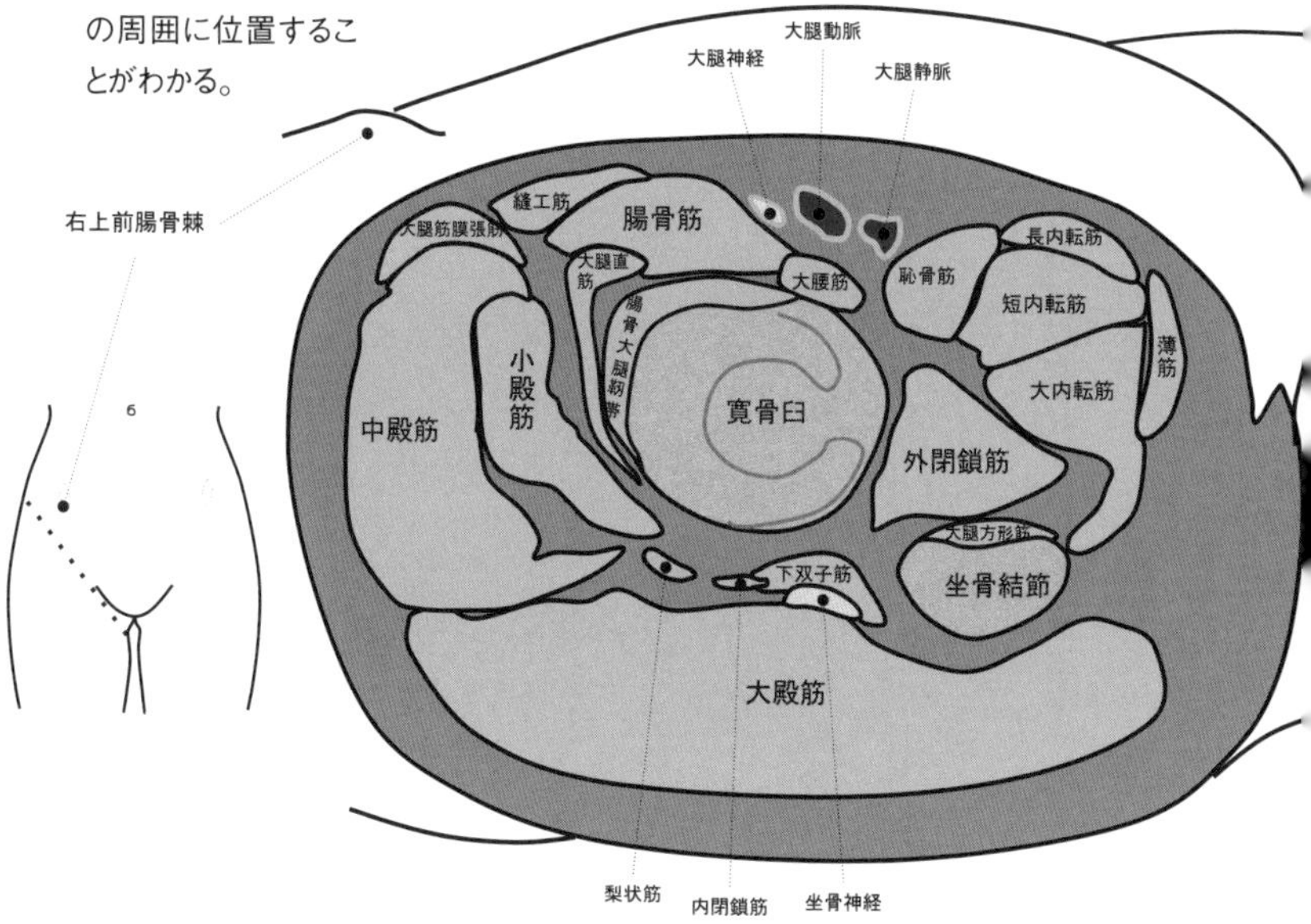

群では最も表層に位置し、殿部のふくらみの大部分を占めます。最大の股関節伸筋であり外旋にも作用します。比較的長い筋束をもって骨盤と大腿骨を結びます。

・**外転筋群**（中殿筋・小殿筋）：中殿筋は腸骨の後面（外側面）から起こり、大転子に付着する最大の股関節外転筋です。小殿筋は中殿筋の深層にあり、中殿筋とほぼ同様の作用を有しています。大転子と腸骨稜《ちょうこつりょう》の間にある、殿部の高い位置にある外側への張り出しは、これらの筋によるものです。

外転筋群はとくに片脚立位における側方安定性（ラテラルバランス）に重要な役割を果たし、片脚立位において股関節の内転により、反対側の骨盤が落ち込むことを防ぐ作用があります。歩行や走運動時の片脚支持期や跳躍の踏切動作においては、支持脚側の中殿筋が強い張力を発揮して衝撃に耐え、逆に中殿筋の筋力が弱い場合、この機能が弱まり、動作中の左右のバランスが悪くなったり、膝が内側に入った膝関節外反を伴う支持動作になってしまうことがあります。

片脚支持に伴う中殿筋の発達は二足歩行の象徴ともいわれ、二足歩行の発達とともに、中殿筋の付着となる腸骨翼《ちょうこつよく》（いわゆるこしぼね）が左右に大きく発達してきました。そのため、ヒトの二足歩行の発達過程を化石の形態から分析する際にも一つの重要な手がかりとして活用されています。

・**内転筋群**：この筋群についてはすでに「内転筋のはなし」で取り上げました。坐骨結節から恥骨結合に至る骨盤の下端から始まり、大腿骨の後面に（薄筋《はっきん》のみは膝関節をまたぎ脛骨に）付着する一群の筋を内転筋群と呼びます。恥骨筋、短内転筋、長内転筋、大内転筋、薄筋がこのグループに分類されます。

筋群は全体として大腿内側の大部分を占め、脚の付け根内側（恥骨結合から坐骨結節を結ぶ曲線）を底面とし、大腿骨の内側膝関節寄りを頂点とする半円錐形に配置されています。名前の通り、股関節内転の主働筋ですが、股関節の肢位によって股関節の屈曲・伸展・回旋にも重要な役割を果たしています。

個々の筋についての詳細は、次節以降で触れていきたいと思います。

股関節のはなし その2

―腸腰筋のはなし①―

謎多き、腸腰筋……

股関節の強力な屈筋としていわずと知れた存在の腸腰筋《ちょうようきん》ですが、股関節の周囲を観察すると、表在する大殿筋や中殿筋といった股関節の伸筋、外転筋群、あるいは内転筋群が、量的にも視覚的にも幅を利かしているのに対して、屈筋群は比較的目立たない存在です。股関節屈曲に関わるとされる筋の中で表在して視覚的に明らかで、かつ比較的意識されるのは、大腿直筋と縫工筋《ほうこうきん》、腿上げ姿勢でレリーフが明らかとなる大腿筋膜張筋《だいたいきんまくちょうきん》ではないでしょうか。

一方で、近年の研究によってその重要性が明らかにされてきたにもかかわらず、その位置や走行に関して、今ひとつ理解されていないのが腸腰筋でしょう。かなり強力な動力源であるはずなのになぜなのでしょうか。その背景には、腸腰筋（ここでは大《だい》腰筋《ようきん》と腸骨筋《ちょうこつきん》の複合体として扱います）が、体表からは非常に触れにくい深層に位置することがあると思います（図1）。普段、意識してトレーニングしているという人に質問しても、正確にどこを走行しているか答えられないことがよくあるのです。

とくに大腰筋については、四足獣に比べて、直立二足歩行のヒトにおいて著しく発達していることが知られています。なんと直立二足歩行を訓練した猿回しのニホンザルにおいても大腰筋が発達しているという報告もあります。

ヒトとサル（ニホンザル、バブーン、オランウータン）の大腰筋の筋線維タイプを比較した研究（Kimura, 2002）では、ヒトの大腰筋ではサルの大腰筋に比べてTypeI線維の比率が最も大きかったと報告されています。TypeI線維はいわゆる〝遅筋〟線維であり、持久的な能力が高い筋線維です。下肢のコントロールとともに、直立位で不安定に

近年の研究によって
その重要性が明らかにされてきたにもかかわらず、
その位置や走行に関して、
今ひとつ理解されていないのが腸腰筋である。

図1　腸腰筋と周囲の筋群

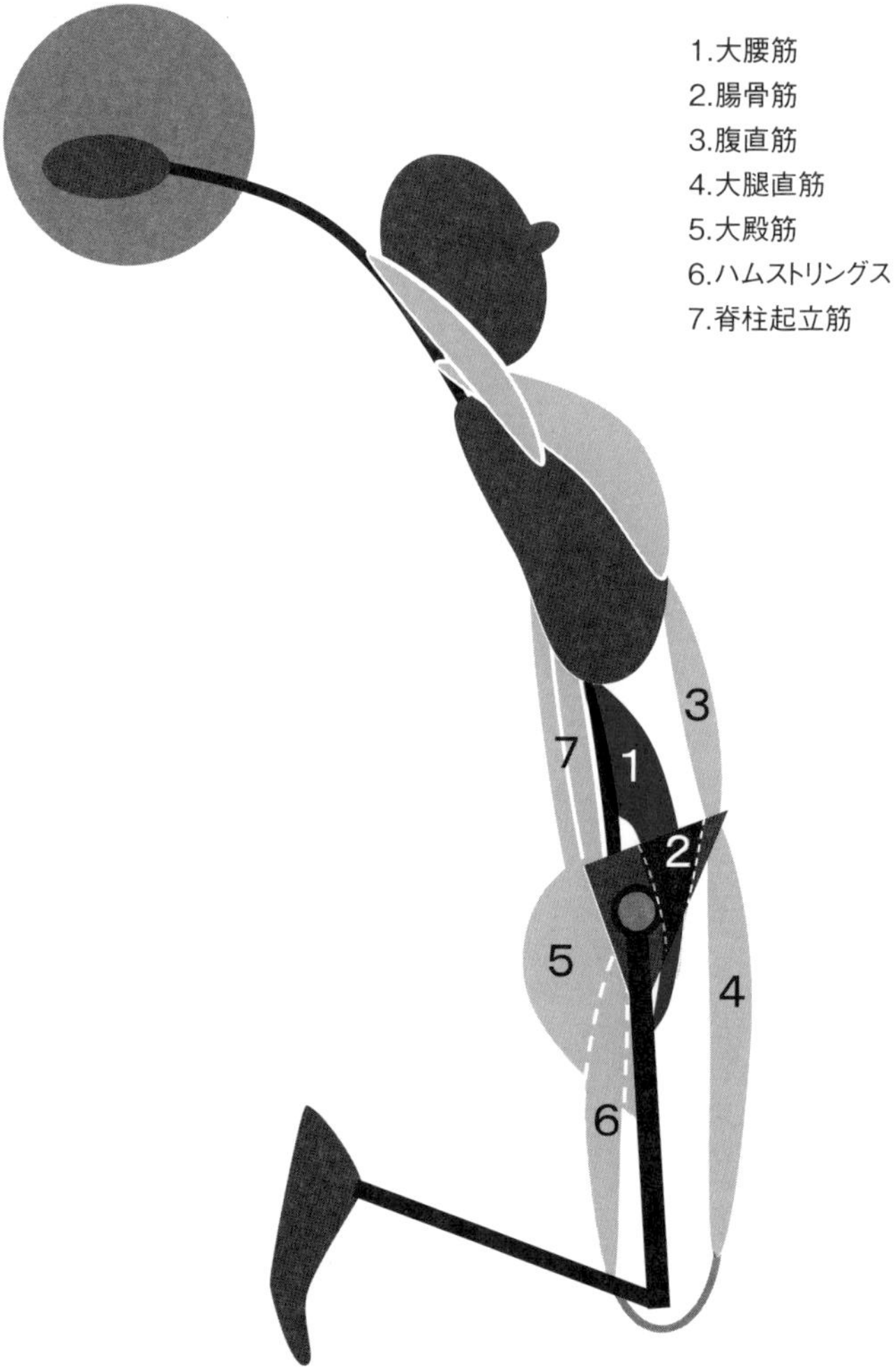

なった体幹のコントロールへの要求が高まったのでしょうか。腸腰筋ではつまり、二足での移動様式が、大腰筋への機能的な要求を大きくしているということがいえそうです。

スプリントの指導現場では、この筋の重要性は早くから注目されていました。1990年代終盤から2000年代前半にかけて短距離走で世界を席巻したモーリス・グリーン（Maurice Greene）が〝深腹筋〟のトレーニングを重視しているとして大きな注目を集めたことで、その重要性が再認識され今日に至っているといえるでしょう。

さらに、同時期に高齢者の転倒予防の視点から、この筋の重要性がさまざまなところから聞こえてくることとなりました。実際に〝公益財団法人 健康・体力づくり事業財団〟のホームページには、「大腰筋を鍛えよう」という見出しの記事で一般向けに以下のような記述が見られます。

「大腰筋は、大腿骨と背骨をつないでいる筋肉で、直立姿勢を保持するときや太ももを引き上げるときに働くものです。この筋肉が衰えると、重い足を十分な高さまで上げることができなくなります。つま先も下がってしまい、〝すり足〟気味になります。すると、ちょっとした段差にもつまずきやすくなり、転倒・骨折が起きやすくなります。（〜中略〜）大腰筋は人間の体を立たせたり歩かせたりするための中心的な筋肉ですので、鍛えることにより、転倒を予防できるほか、腰痛の予防・改善にも役立ちます」

つま先の下垂《かすい》との関係の背景は定かではありませんが、日常生活においても重要な役割を果たしていることは間違いないでしょう。

腸腰筋はどこにあるのか？

腸腰筋は、筋束の比較的長い強力な股関節の屈筋で、主に腰椎から起こり下前外方に走行する大腰筋と、腸骨の内側面から起こって大腰筋と合流する腸骨筋からなります。大腰筋と腸骨筋の合一した腱は大腿骨頸部の前面を回って小転子に付着しています（図2）。その走行は腰椎に沿って後腹壁の中を真っ直ぐ下った後、股関節を越える際にほぼ直角にカーブしていることがわかります。

ところで、腸腰筋の筋腹やその収縮を実際に触れることができるでしょうか。腸腰筋を直接触れるには、大腿三角で大腿動脈の拍動を触れ、その深層にあると考えると見つけやすいと思います（図3）。熟練した施術者は、腰部外側に手を当てて、大腰筋の起始部に近い部

図2　腸腰筋の走行

最も下位の胸椎およびすべての腰椎から起こる大腰筋と、腸骨翼の内側から起こる腸骨筋は、合一して大腿骨背側の小転子に付着する。

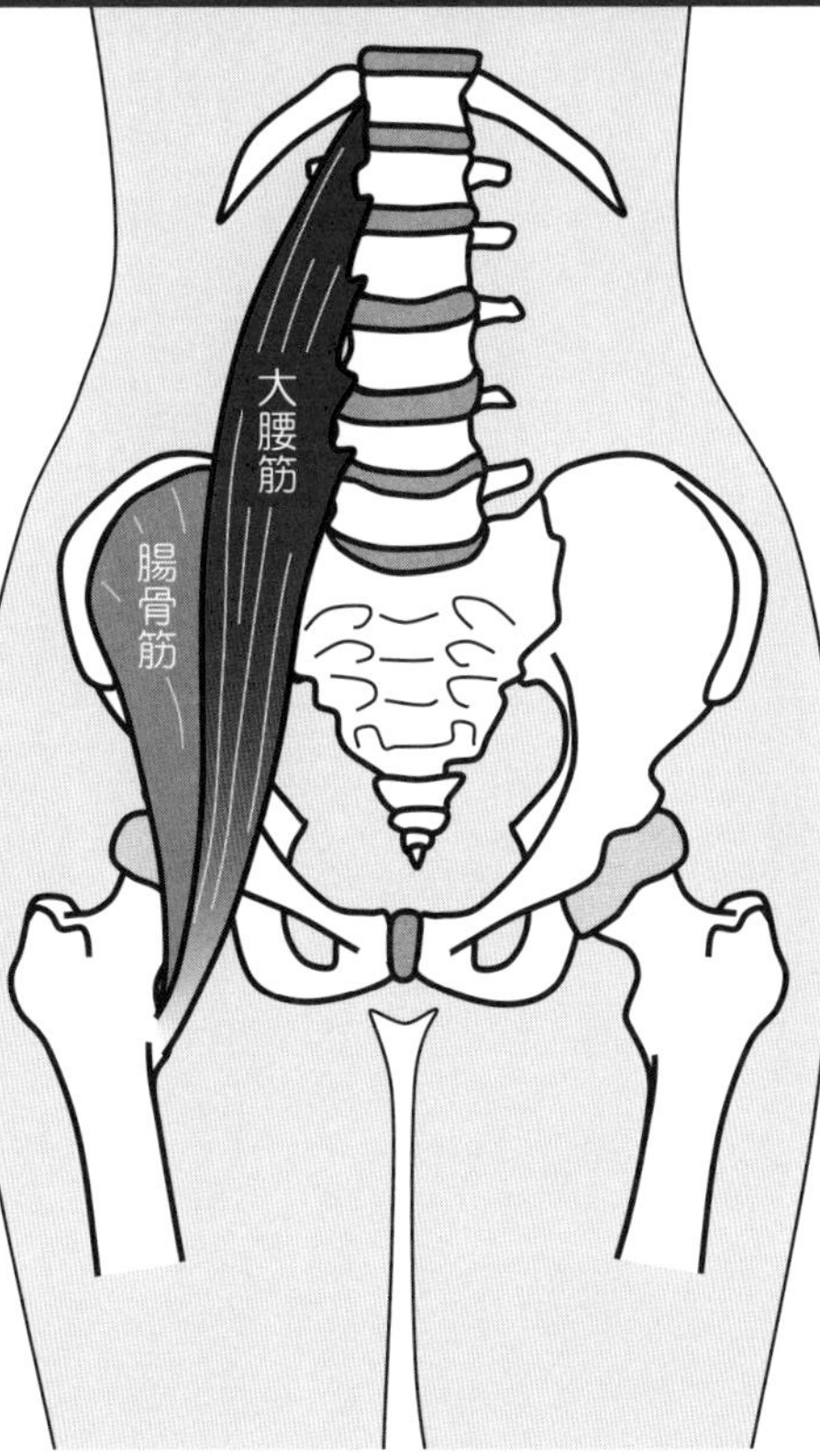

腸腰筋は、筋束の比較的長い強力な股関節の屈筋。
主に腰椎から起こり下前外方に走行する大腰筋と、
腸骨の内側面から起こって大腰筋と合流する腸骨筋からなる。

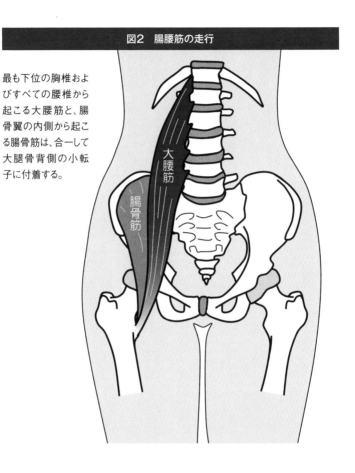

分にアプローチすることができます。ほかの腰部筋群との位置関係を体幹の水平断面図で示しました。大腰筋が後腹壁に埋まって腰椎の椎体に隣接して位置することがわかります（図4）。当然、筋腹全体をつかむことは不可能ですが、腰部・腹部の筋群がリラックスした状態で注意深く触れていくと、それらしき筋の輪郭に触れることが可能です。

前節でも少し述べましたが、大腰筋は牛や豚などの食肉においてはヒレ肉と呼ばれ、脂肪や腱の組織の少ない高級な肉として知られています。ヒトにおいても筋束が長く、強力な股関節屈筋です。筋束が長く、筋線維の走行が比較的筋の全長と平行に近いことから、筋全長では大きな速度を出すのに適しているといえるでしょう。さらに自由下肢の基部にごく近い位置に付着部を持っているため、少ない短縮量で大きな下肢の動きを生み出せる〝ギヤ比の大きな〟構造を持った筋ということができるかもしれません。

腸腰筋の作用——回旋には諸説あり

大腿骨頭の前方を通過する走行から、股関節の屈曲の作用を有していることは容易に想像がつきます。教科書的な腸腰筋の作用は、やはり股関節の屈曲です。大腰筋に関しては、下

図3 大腿三角における腸腰筋

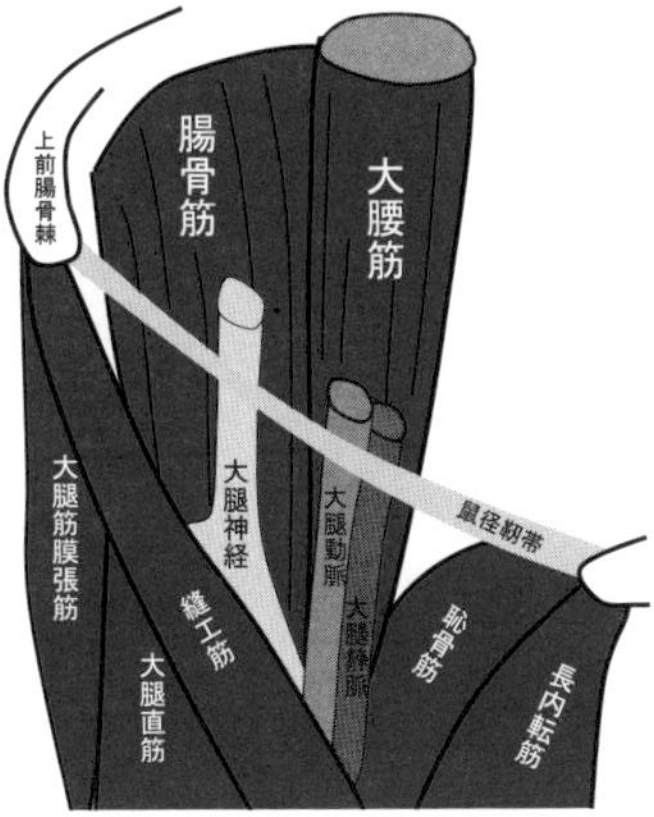

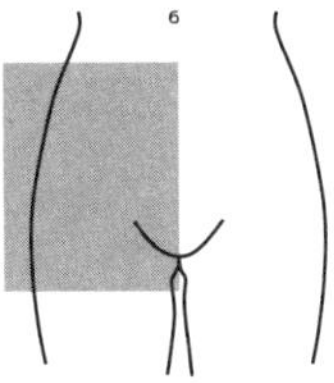

大腰筋は鼠径部では上前腸骨棘と恥骨結合の中間付近、大腿動脈の奥に位置する。

図4 腸腰筋の位置（第3腰椎レベル）

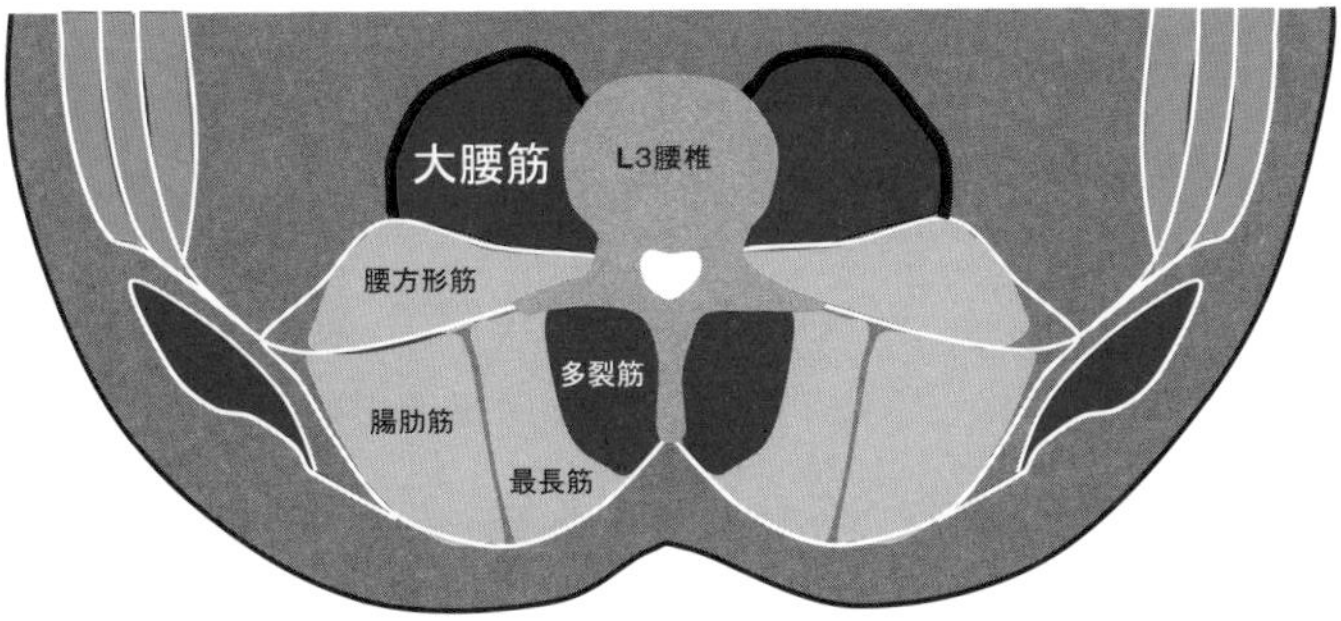

大腰筋は背側から見ると脊柱《せきちゅう》起立筋《きりつきん》や腰方形筋《ようほうけいきん》の深層に位置し、後腹壁に埋まるように腰椎に隣接している。

肢と脊柱を直接つなぐ唯一の筋として、下肢と脊柱のコントロールに同時に関与していることは間違いないでしょう。

実際に、走行中の筋活動を埋入《まいにゅう》電極によって記録した研究では、股関節屈曲作用に対応した筋活動のみならず、脊柱の左右バランスに関わるような活動も観察されました。さらに大腰筋の筋束のうち、肋骨突起（横突起）から起始する背側の部分は腰椎の伸展作用を持っているということも明らかにされています。大腿骨頭前方を下降し、後方に回り込んで小転子に付着することから、股関節の回旋への関与も予想されます。

回旋については諸説ありますが、Skyrme et al.（1999）による、ヒト屍体の股関節を大腰筋と腸骨筋と股関節の関節包を残した状態にし、直接筋腹を引っ張ってこの筋の作用を確認する方法を用いた研究で明らかになっていることは、直立位では腸腰筋の張力はほぼ股関節の回旋を生まず、純粋に股関節を屈曲するということです。股関節90°度屈曲位では、わずかな外旋作用を示します。外旋作用が最も顕著に現れるのは、股関節を外転位にした状態です。

たとえば、400m走の最終局面で「膝が割れる」状況が起こりますが、股関節内旋・内転の主働筋である内転筋の疲労をきっかけとして外旋を抑制する筋の張力が減少すると同時に、股関節が外転位をとれば、腸腰筋が下肢の振り戻しに作用する際に外旋が大きく出やすいと予想することができます。疲労困憊の状態でも正確に推進力を得る上では、推進動作中の股関節を内転位、そして外旋方向に逃がさない内転筋の作用が非常に重要になることが予想できます。

大腰筋に関しては、一流のスプリンターでその横断面積が非常に大きいことが報告されています。次節では、腸腰筋に関する機能解剖学的な新しい知見と、ダイナミックな運動中の作用について詳しくお話ししていきたいと思います。

股関節のはなし その3
―腸腰筋のはなし②―

筋疲労による「ふるえ」

前節から腸腰筋に注目して話を進めてきました。ところで皆さん、腸腰筋に疲労を感じたことはありますか？　そしてその疲労はどの辺りに感じましたか？　思い立って、自分のオフィスの机の下面に大腿の前面を押し当て、アイソメトリック的に股関節の屈曲を行ってみました。筆者の場合、その結果は骨盤の深部から殿部腰仙部《ようせんぶ》にかけて鈍いだるさを感じることとなりました（身体深部の感覚は、かならずしも正確に知覚刺激の発生源の位置と対応しないことがあるように思います）。

それにも増して驚いたのは、腸腰筋が疲労してきたときに、股関節の屈曲トルクを維持しようとしているのか、大腿直筋が不規則に関与しようと努力している（この表現は正確ではありませんが）ことが感じられたことです。

筋は疲労してくると、運動単位の活動に「群化《ぐんか》」が起こり、張力発揮に揺らぎが生じます。それとともに「ふるえ」を示すようになります。これは股関節屈曲に限ったことではありません。前述の股関節屈曲動作中、このふるえが起こっているときに大腿部を触れてみると、大腿直筋がなんとか張力を補償しようと不規則にビクビク活動していました。このとき膝関節は90°屈曲位にしていたのですが、下腿にもこの活動が影響し足部が不規則に揺れていました。

実際の運動中も、疲労の極限状態ではこれに似た状況が起こっているのでしょうか。またダイナミック、サイクリックな運動では状況が異なるかもしれません。簡単な実験ですので、ぜひお試しください。本節では、腸腰筋に関する機能解剖学的な比較的新しい知見と、ダイナミックな運動中の作用について詳しくお話ししていきたいと思います。

大腰筋の二つの筋束

詳しい解剖学的な筋束構成の分析から、大腰筋には、脊柱の横突起（肋骨突起）から起始する筋束（横突起部：図1A）と、椎体側部から始まる筋束（椎体部：図1B）があることが知られています。いずれの筋束も股関節に対しては屈曲に作用しますが、脊柱への作用については部位ごとに違いが見られます。脊柱への作用に関して、横突起部は腰椎の前後回転軸の後方を走行するため、腰椎の伸展（前弯の増加）に作用します。逆に椎体部は腰椎前後回転軸の前方を走行するため、腰椎の屈曲（前弯の減少）に作用します。

Park et al.（2012）の報告では、下肢骨盤を固定した状態で胸郭にさまざまな方向への負荷をかけた際の大腰筋の活動を詳しく観察しています。その結果として示された内容は興味深いものです。右側の横突起部が最も大きな活動を示したのは、右側屈と伸展を同時に行う「右斜め後方」への伸展動作で、これは脊柱起立筋の活動と類似したものでした。

そのほかに右の横突起部が大きな活動を示したのは、体幹の伸展動作でした。一方、右側の椎体部が最も大きな活動を示したのは右側への側屈で、そのほかにも右側屈と屈曲を同時に行う「右斜め前方」への屈曲動作でした。椎体部は横突起部とは対照的に、伸展ではほとんど活動を示しませんでした。これらの結果は、それぞれの筋束が持つ走行の特徴を反映したものであるといえそうです。

図1 大腰筋の起始と作用 (Park et al., 2013を参考にした模式図)

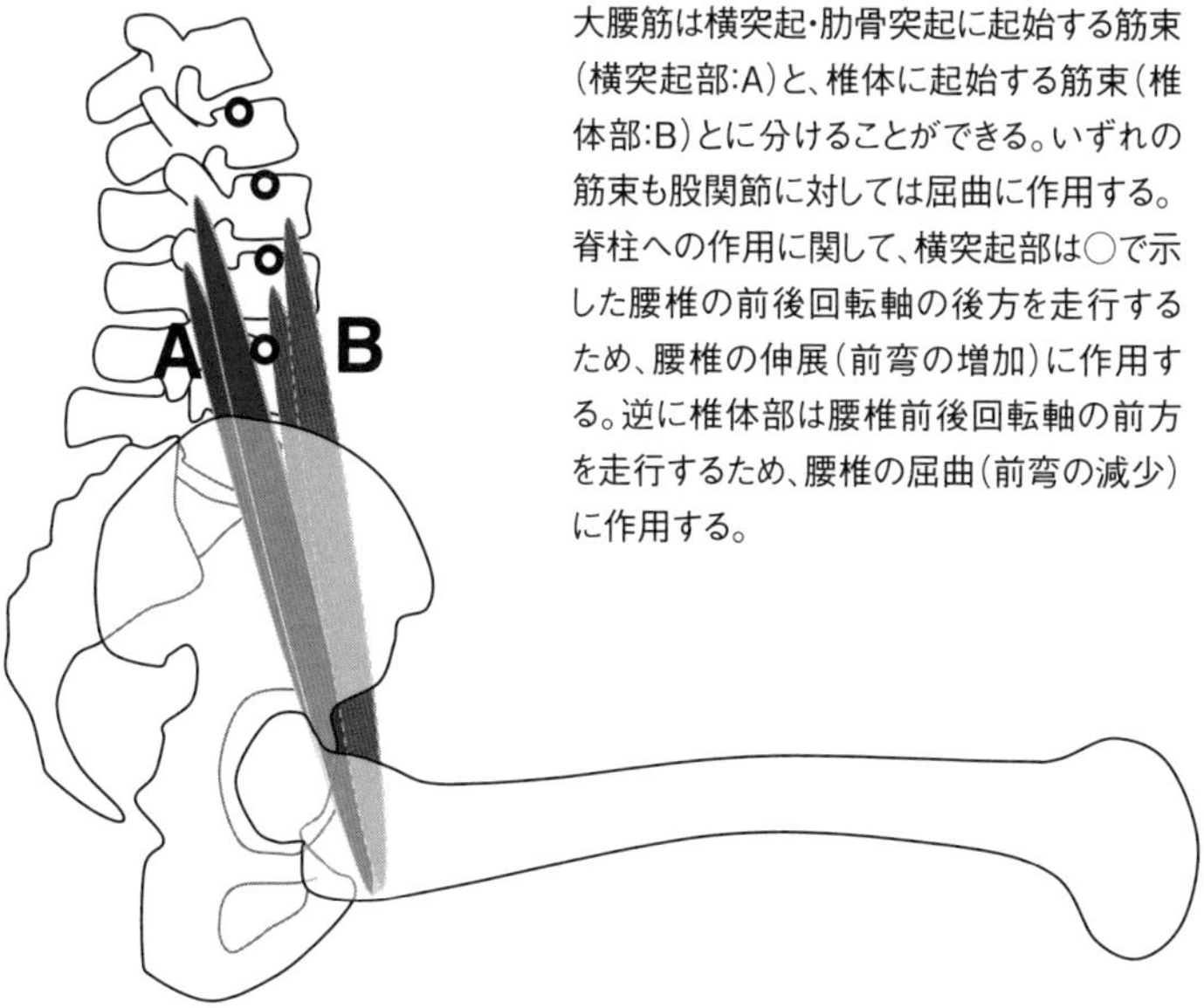

大腰筋は横突起・肋骨突起に起始する筋束(横突起部:A)と、椎体に起始する筋束(椎体部:B)とに分けることができる。いずれの筋束も股関節に対しては屈曲に作用する。脊柱への作用に関して、横突起部は○で示した腰椎の前後回転軸の後方を走行するため、腰椎の伸展(前弯の増加)に作用する。逆に椎体部は腰椎前後回転軸の前方を走行するため、腰椎の屈曲(前弯の減少)に作用する。

大腰筋には、
脊柱の横突起(肋骨突起)から起始する筋束と、
椎体側部から始まる筋束があることが知られている。

またPark et al.（2013）によると、横突起部は股関節屈曲動作よりも体幹伸展動作において、より大きな活動を示しました。加えて、横突起部が股関節の角度よりも腰椎や骨盤の姿勢（弯曲・傾斜）の影響を強く受けると報告しています。

座位を保持している状況において大腰筋の活動を観察すると、横突起部、椎体部ともに腰椎後弯姿勢よりも腰部を真っ直ぐにした姿勢において活動が増加しています。腰椎を軽い前弯姿勢にした際、椎体部では真っ直ぐの姿勢と活動量に差は見られませんでしたが、横突起部ではさらに活動が大きくなりました。股関節において要求される出力のみならず、体幹の力発揮や腰椎の姿勢によって大腰筋の活動が影響を受けることは非常に興味深い事実です。

ランニング中の腸腰筋の活動

大腰筋に関しては、一流のスプリンターでその横断面積が非常に大きいことが報告されています。ただ、この筋が疾走中実際にどのような活動をしているのかについて表面から計測を行うことは難しく、表面電極によるランニング中の筋電位の導出を報告している研究もありますが、その結果は疑わしいといわざるを得ません。そんななかで、ワイヤ電極を用いてウォーキングおよびランニング中の腸腰筋活動を記録した研究にAndersson et al.（1997）の報告があります。

この研究において、腸骨筋の電位は鼠径部《そけいぶ》に3～4㎝の深さに、大腰筋の活動は第三から第四腰椎付近から深く8・5～12・5㎝刺入した電極で記録されました。図2は、そのワイヤ電極から得られた、秒速4ｍでのランニング中の筋活動を示しています。

ここからわかることは、大腰筋、腸骨筋ともに股関節の屈曲開始よりもかなり早い段階、すなわち股関節が伸展している局面から活動を開始していることです。さらに大腰筋には腸骨筋とは異なり、もう一つの独立したバースト（活動のまとまり）があることがわかります。著者らはこの大腰筋にのみ観察された独立したバーストに関しては、体幹の安定に関わるものであろうと考察しています。

ここでまず注目したいのは、股関節の屈曲に関わって腸腰筋が活動する状況です。実際には、筋の電気的な活動開始から張力発揮の開始までには数十ミリ秒の遅れがありますが、それを考慮しても腸腰筋活動のかなりの部分が股関節伸展局面、すなわち腸腰筋の伸張局面に見られるということです。

図2　ランニング中の右側腸腰筋活動（Andersson et al., 1997を一部改変）

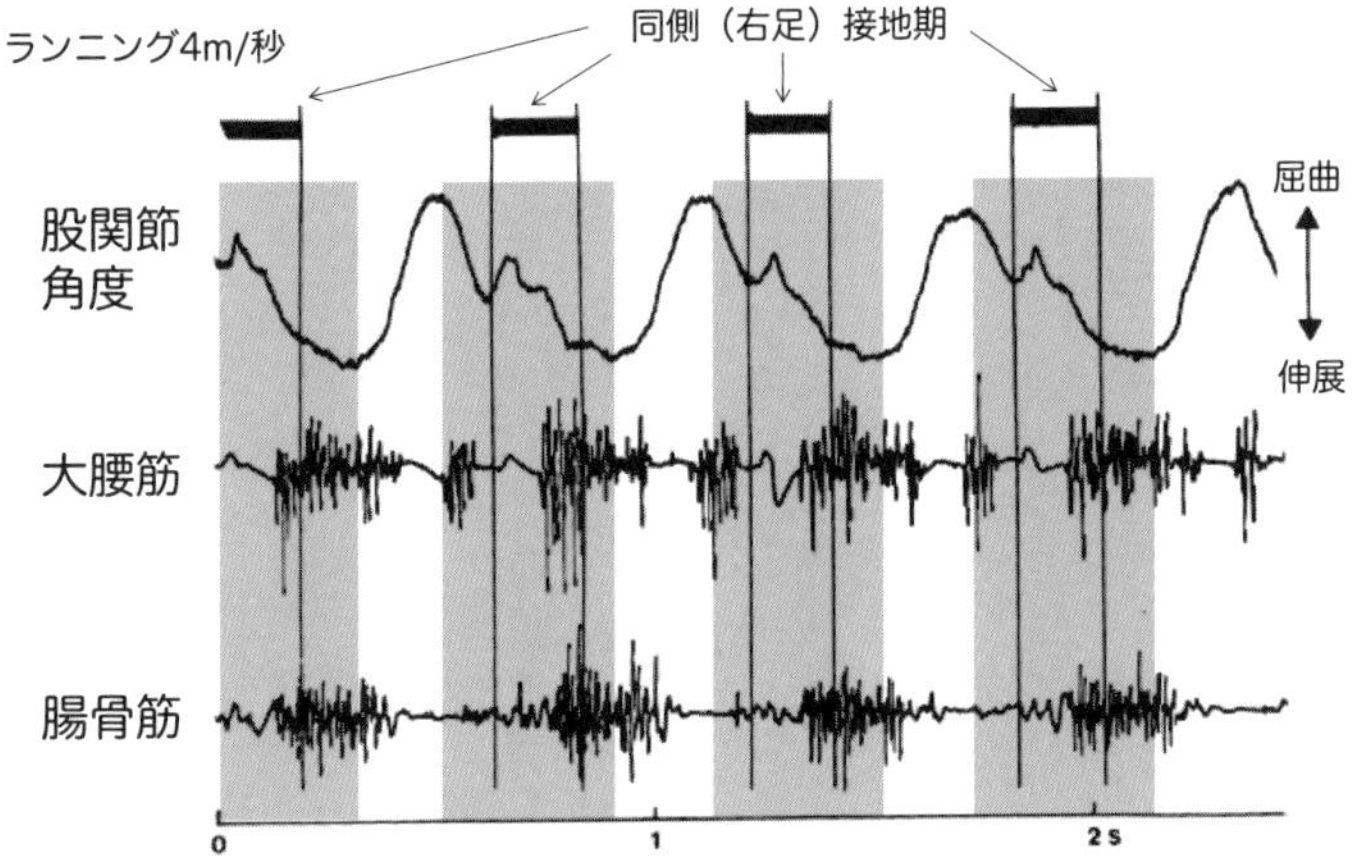

網掛け部分は股関節伸展局面。大腰筋、腸骨筋ともに大部分の活動が伸展局面に見られる。大腰筋にのみ接地直前に独立した活動が見られる。

大腰筋は、
一流のスプリンターでその横断面積が
非常に大きいことが報告されている。
走運動中の腸腰筋活動のかなりの部分が
股関節伸展局面に見られる。

股関節伸展運動中の活動は腸腰筋の活動はエキセントリック、しかもランニング中の股関節最大伸展位周辺ですから、腸腰筋は伸張域（筋腱全長がよく引き伸ばされた状態）での活動であると推察されます。

さらに高い走速度における活動について、秒速5ｍのランニングでは、筋活動のタイミングは秒速4ｍとほぼ同様。秒速6ｍについては腸骨筋のみの報告ですが、少し活動開始タイミングの平均値は早まっているようです（統計的に有意ではありません）。

Andersson et al.（1997）の研究では秒速6ｍが最大の走速度です。さらに速度の高いランニングにおける筋活動については、技術的な問題で正確に直接計測することが困難です。しかし、画像計測に基づいて算出された関節トルク（主働筋、拮抗筋の張力や靱帯の張力などを総合した正味の関節回転力）のデータや、それに基づいて数学的な筋骨格モデルを用いた研究では、推定値が得られており、それらからはおおむね前述の内容と同様のことがいえそうです。

トレーニングへの示唆

腸腰筋の主な作用は「膝を持ち上げること」とよく言われます。実際はどうでしょうか？　確かに「膝を持ち上げる」＝「股関節屈曲が腸腰筋の主要な作用」ですから、この点は疑いのないところです。ただ、たとえばランニングにおける作用についてみてみると、前述のように腸腰筋の活動はエキセントリック、しかもランニング中の股関節最大伸展位周辺ですから、腸腰筋は伸張域にあると考えられます。したがって、これらを反映したトレーニング姿勢、負荷を考える必要があります。

腰椎の姿勢の影響を考えると、腸腰筋を意識したエクササイズ中に骨盤前傾のコントロールが重要になりそうです。これはトレーニングの効果を高めるためにも、傷害を予防する上でも留意すべき視点でしょう。

さらに、大腰筋は脊柱と自由下肢を直接つなぐ唯一の筋であり、脊柱のラテラルバランスにも関わる筋です。ランニング中にその構造とよく対応した活動を示していることを改めて認識する必要があります。この点から考えても体幹の側屈は一つの選択肢となるでしょう。

次節では、これらを踏まえたトレーニング動作について考えてみます。

股関節のはなし その4
―腸腰筋のトレーニング―

腸腰筋の構造的な特徴や機能的な特性などから、トレーニングの方法について考えてみたいと思います。

本節で紹介するトレーニング動作は、決して特殊なものではありません。むしろ陳腐ともいえるものですが、それなりに「腸腰筋を使う」ことを考える上で、きっかけとなり得るものだと考えます。とくに「伸張域」での活動と「エキセントリック収縮」という視点を大切に代表的なものを紹介します。

これらのエクササイズは、筋活動を実際に計測して検証したものではないため、実際に効果を発揮するかどうかは、興味をお持ちいただいた皆さんそれぞれで検証をお願いします。

ランニング

高速のランニングを意識したトレーニングとして、最も専門性の高い方法はやはりランニングそのものといえるでしょう。実際、前節ですでに述べたように、腸腰筋のランニングにおける作用についてみてみると、腸腰筋の活動はエキセントリック（伸張性）、しかもランニング中の股関節最大伸展位周辺での活動ですから、腸腰筋は伸張域にあってしかもエキセントリックな負荷。この状況に対応したトレーニング姿勢、負荷を考える必要があります。

筆者の経験としては、スプリントでもバードリルに代表されるようなストライド制限を含む種目において、腸腰筋の負担は大きくなる印象があります。

いわゆる「腹筋運動」について

腸腰筋に負荷をかける際、最も注意が必要なのは強い股関節屈曲の負荷が腰椎の前弯を強める恐れがあるということです。前節でも述べましたが、腰椎の姿勢の影響を考えると、腸腰筋を意識したエクササイズ中に骨盤前傾のコントロールが重要になります。これはトレーニングの効果を高めるためにも、傷害を予防する上でも留意すべき視点です。いわゆる「腹筋運動」において、膝関節を屈曲位で行うことが推奨される背景には、このような事情があります。

さらに、いわゆる「脚挙げ腹筋」で強い負荷をかけた際に、腰が抜けるような感覚に襲われたことはありませんか？　急激な股関節屈曲を、体幹の安定を無視して要求すると、腸腰筋や大腿直筋等の腰椎前弯や骨盤前傾を強める筋群が急激に張力を発揮することで、準備が整っていない脊柱に急激な変形が起こり、危険な状況になる可能性があります。

これを避ける方法として最も重要なのは、腹壁の筋群（腹直筋《ふくちょくきん》や腹斜筋《ふくしゃきん》、腹横筋《ふくおうきん》）をしっかり作用させることですが、もう少し安心して股関節屈曲負荷の大きな運動を行う方法として、骨盤の傾斜をコントロールする方法があります。具体的には、図1の「片脚起き上がり（腹筋）」のように、右側の股関節に屈曲の負荷をかける場合であれば、左側の股関節を屈曲位にし、骨盤の前傾を抑える方法です。左脚を挙上することで骨盤に過剰な前傾が生じず、腰椎の前弯が過剰になることを抑制できます。

すなわち負荷を両側同時にかけるのではなく、片側にかける方法がお勧めです。この方法

図1　片脚起き上がり（腹筋）

片脚のみを腹筋台に固定し、体幹と自由脚は一体になって動作する。負荷を持ち、動作の切り返しを鋭くすることで、固定された側の股関節に強いエキセントリック収縮を加えることができるが、骨盤は自由脚が屈曲位にあるため、極端に前傾しにくい。

図2　ランジ姿勢のサイドベンド

股関節が伸展されている側の腸腰筋が伸張域にある状態で側屈を行う。ウォーキングランジとの組み合わせや素早いステッピング（踏み替え動作）との組み合わせもよい。

急激な股関節屈曲を、
体幹の安定を無視して要求すると、
準備が整っていない脊柱に急激な変形が起こり、
危険な状況になる可能性があるので注意！

であれば、負荷付きで反動付きのエキセントリック局面を含む爆発的な股関節屈曲であっても比較的安全に行うことができるでしょう。

バーベルを用いた方法

大腰筋は脊柱と自由下肢を直接つなぐ唯一の筋であり、脊柱のラテラルバランスにも関わる筋です。ランニング中にその構造とよく対応した活動を示していることを改めて認識する必要があります。この点から考えても体幹の側屈は一つの選択肢となるでしょう。

図2は、頭上に負荷を支持しながらランジ姿勢で体幹の側屈を行うエクササイズです。股関節が伸展されている側の腸腰筋は伸張位にありますが、ここに側屈を加えることで、伸張域で大腰筋を動員できると考えます。負荷については、最初は上肢を挙上する程度の負荷から、メディシンボールやバーベルプレートなどを用いて行うとよいでしょう。この方法はスタティックに行ってもよいですし、姿勢と負荷に慣れたならばウォーキングランジと組み合わせたり、素早いステッピング（踏み替え動作）と組み合わせてダイナミックに行ってもよいでしょう。

図3は、シシースクワットです。身体の前面、胸部から腹部、股関節、大腿の前面の筋群に伸張域で一気に負荷をかけることができるエクササイズです。一見危険そうに見えますが、股関節や膝関節を局所的に屈曲するのではなく、腹壁の筋群をしっかり収縮させながら身体全体を大きな弓のように使うことで、腰椎の過剰な前弯が抑制され、比較的安全に行うことができます。

ここではたとえば、腹直筋の張力が上がれば恥骨結合が引き上げられ、骨盤の前傾が抑制されますが、腹部筋群の関与は単に腹圧を上げるだけではな

図3 シシースクワット

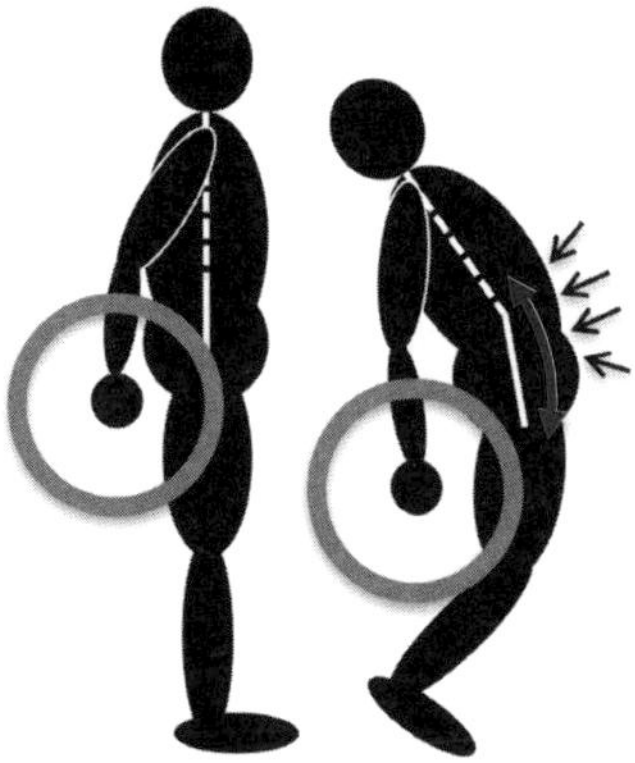

全身を弓のようにしならせて行うが、腹壁の筋群の伸張と緊張を大切にすることで、過剰な腰椎の前弯を抑制できる。

図4 レッグランジ

股関節が伸展されている側の腸腰筋が伸張域で活動する。ウォーキングランジやバックワードランジ（後方への大股歩行）を取り入れたり、スピードを変化させて行ってもよい。

く、骨盤の姿勢のコントロールにも深く関わっていることが実感できます。

レッグランジ（図4）は、前方に差し出した脚の大腿部や股関節の伸筋をトレーニングするエクササイズとしてよく知られていますが、伸展位にある後方の下肢に関わる腸腰筋には伸張とともに大きな負荷がかかっていると考えられます。通常の前方へのレッグランジの踏み出しのスピードをさまざまに変化させたり、ウォーキングランジ、バックワードランジ（後方への大股歩行）それぞれにおいて、腸腰筋は比較的伸張域での活動（エキセントリック／コンセントリック）が求められることになるでしょう。

腸腰筋のストレッチング（おまけ）

腸腰筋をストレッチするときにも、注意が必要なのは、腰椎の前弯のコントロール、すなわち骨盤のコントロールです。図5では、施術者が片側の手で骨盤を押さえながら大腿を持ち上げ、股関節を過伸展位にしています。この骨盤を押さえる手が腰椎のところに配置された場合は、腰椎の前弯が強くなり過ぎ、被術者は不快感や不安を訴えるでしょう。

ただし、この方法は比較的施術者の筋力を要するため、場合によってはプロレスの「片エビ固め」のような方法も有効です。この場合も、相手の〝ギブアップ〟を目指すのであれば、施術者は腰部に乗ればよいのですが、腸腰筋のストレッチングを安全に行うためには骨盤の上に乗り、腰椎の前弯を避けながら股関節を伸展位にもっていけるようにしましょう。その際、腹部にバスタオルや薄いクッションなどで圧を加えるのも有効です。

もう一つの方法は仰向けで行う方法（図6）です。被術者はテーブルの端から下肢を外に出したよ

腸腰筋をストレッチするときの注意点は、
腰椎の前弯のコントロール、すなわち骨盤のコントロールである。

図5　腸腰筋のペアストレッチ（うつぶせパターン）

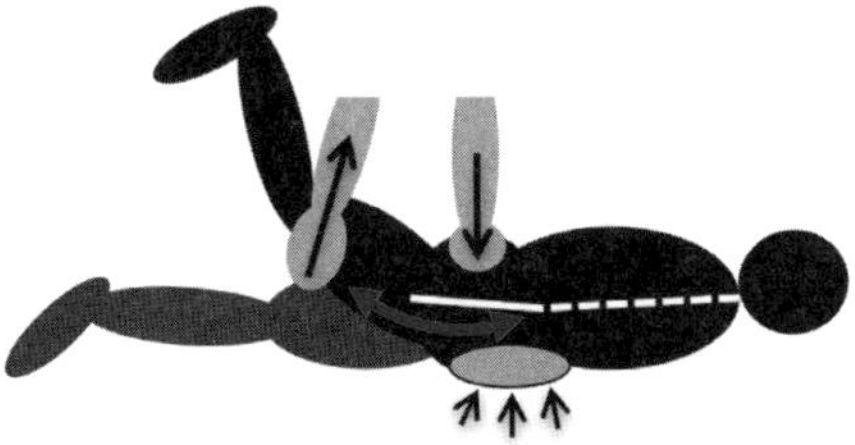

骨盤をコントロールし、腰椎の前弯を最少に抑えながらストレッチする。腹部にクッションなど入れて腹部の圧を上げてもよい。

図6　腸腰筋のペアストレッチ（仰向けパターン）

テーブルなどの端を利用して行う。ストレッチする反対側の股関節を屈曲位に保ち、骨盤の前傾をコントロールすることで、腰部への負担を軽減できる方法。

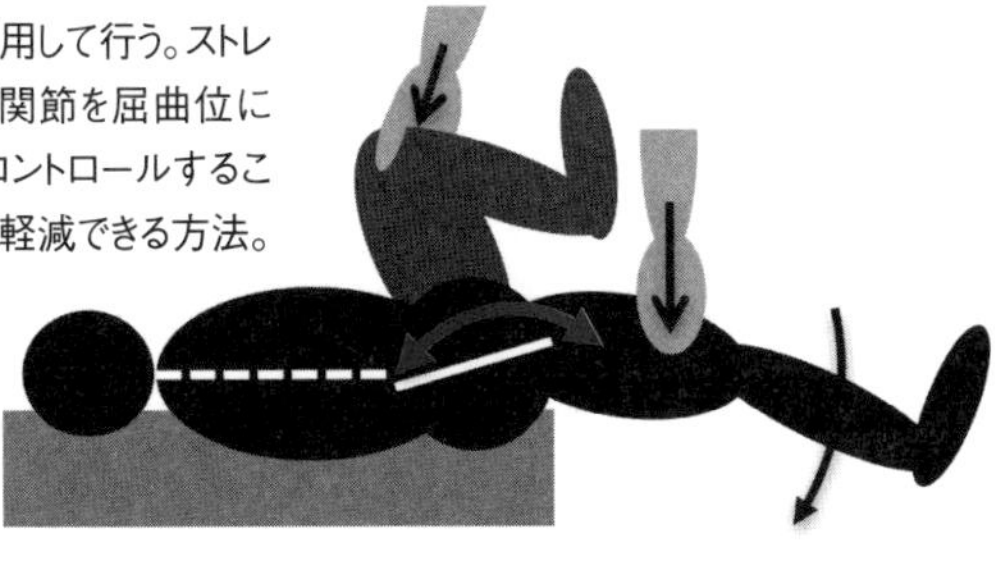

うな姿勢になります。施術者はストレッチしたい側と逆の股関節を屈曲位にし、これによって骨盤の傾斜をコントロールします。図6のように施術者は右手で被術者の左下肢を、左手で右下肢を操作し、骨盤の前傾、すなわち腰椎の前弯が過剰にならないよう配慮しながら、股関節の伸展を徐々に大きくしていきます。この方法は「片脚起き上がり（腹筋）」やレッグランジにおける骨盤のコントロールと同様の仕組みで、股関節が屈曲位にある側の下肢によって骨盤の過剰な前傾が抑制されています。

これらのストレッチングにおいて、被術者の腹圧を高めてみることで、少し腸腰筋の伸びる感覚が変化するように感じます。腹圧を高めたときは、腰椎の前弯が積極的に抑制され、椎体に付着を持つ部位が選択的に伸ばされているのかもしれません。

Chapter 4

ハムストリングスのはなし

ハムストリングスのはなし その1
―ハムストリングスの構造と作用―

ハムストリング〝hamstrings〟とは

大腿後面にある、膝関節屈曲に関与する筋群をハムストリングスと呼びます。英語の語源を辿ると〝ham〟には、広く知られた「食用の豚もも肉」の意味とともに、「膝を屈曲する」という意味もありました。それに腱や靱帯を表す〝string(s)〟を組みあわせて〝hamstring〟という言葉が構成されたようです。

ヒトのハムストリングスは外側にある大腿《だいたい》二頭筋《にとうきん》と、内側浅層にある半腱様筋《はんけんようきん》、内側深層にある半膜様筋《はんまくようきん》によって構成されます（図1）。膝の屈筋としての印象が強いハムストリングスですが、半腱様筋、半膜様筋と外側の大腿二頭筋のうち長頭は坐骨結節に始まり股関節をまたいでいるため、股関節に対しては伸展に作用します。したがって、立位でお辞儀を

図1　右大腿後面の筋群

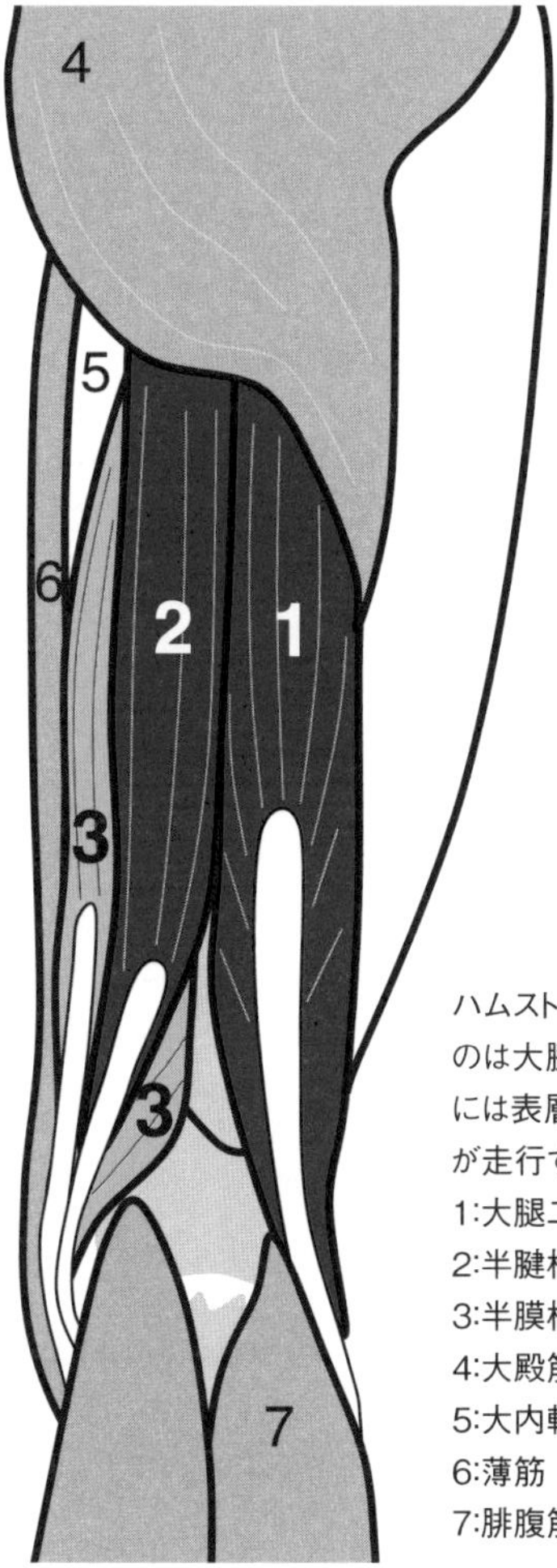

ハムストリングスのうち、外側に表在するのは大腿二頭筋長頭が位置する。内側には表層に半腱様筋、深層に半膜様筋が走行する。

1:大腿二頭筋(外側ハムストリングス)
2:半腱様筋(内側ハムストリングス表層)
3:半膜様筋(内側ハムストリングス深層)
4:大殿筋
5:大内転筋
6:薄筋
7:腓腹筋

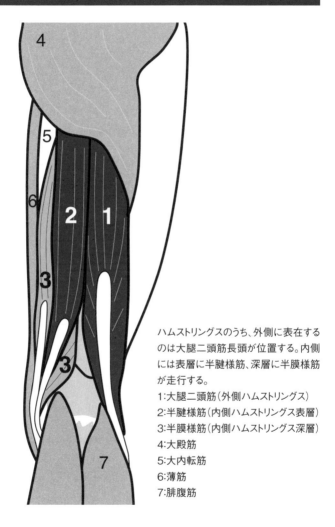

した姿勢を保持するには、脊柱起立筋や大殿筋とともに、ハムストリングスによる股関節伸展の力も重要となります。

このように、ハムストリングスは股関節伸展と膝関節屈曲に同時に作用するため、高速の疾走やジャンプ、大きな歩幅での移動、上り坂や前傾姿勢での推進において、膝関節の姿勢をコントロールしながら地面に対して股関節の伸展力を伝達するキック動作や、下肢全体のスウィング動作に重要な役割を果たしています。

ハムストリングスは意識しづらい？

大腿前面に位置し、毎日目にし、触れる機会も多く膝関節の抗重力活動に直接関わる大腿四頭筋《だいたいしとうきん》と比べ、一般の方が日常生活でハムストリングスを意識する機会は比較的少ないかもしれません。一般の方がその存在を強く意識するのは、たとえば立位体前屈のような、膝関節を伸展したまま前屈姿勢をとるときでしょうか。多くの人では膝関節伸展位においてハムストリングスは股関節屈曲可動域の制限要因となります。

一方、この筋群が痙攣《けいれん》すると強烈な痛みを伴います。これもこの筋群を感じる機会でしょう。このような特徴の背景にも、やはりハムストリングスの二関節性が影響しています。ハムストリングスが股関節屈曲の制限となるのは、膝関節が伸展位に近い状態だけで、ひとたび膝関節が深く屈曲されると、股関節を屈曲してもハムストリングスに緊張を感じることはありません。

では痙攣はどうでしょうか？　筋の痙攣にはさまざまな原因が考えられます。肩甲下筋《けんこうかきん》のところでもお話ししていますが（279ページ）、短縮域での強い収縮が一つの要因と考えられます。二関節筋では両端の関節が筋の全長変化に関わりますので、極端な短縮状態が生じやすいように感じます。

また、ハムストリングスは肉離れの好発部位としても知られています。この肉離れにも二関節性が大きく関与していると考えます。ハムストリングスの肉離れはスプリンターをはじめとしてサッカー選手やラグビー選手など、高速の疾走が競技パフォーマンスと深く関わる競技者を悩ませる非常に大きな問題です。ちなみに〝hamstring〟という単語には、動詞として「使い物にならなくする、無力にする、挫折させる」という意味もあります。ひえぇ〜。ちょっと怖いですね。

ハムストリングスを構成する筋群

大腿二頭筋は、大腿後面の外側を占める大きな筋で、寛骨《かんこつ》最下端の坐骨結節から起こり股関節をまたぐ長頭と、大腿骨後面に起始し膝関節のみをまたぐ短頭が太い停止腱に合一して、下腿外側の腓骨頭に停止します。膝関節に対しては、屈曲に作用すると同時に外旋の作用も有しています。椅子に腰掛けた姿勢で、下腿を回旋させるように足の向きを変えてみましょう。つま先を外側に向ける（下腿を外旋させる）ときに、二頭筋の太い停止腱が緊張することがわかります。長頭は股関節をまたぎますので、股関節の伸展にも作用します。

半腱様筋は坐骨結節から起こり、脛骨《けいこつ》の近位内側《きんいないそく》に停止します。大腿後面内側の最も表層に位置する索状の筋肉で、その名の通り、長い停止腱を有しています。停止腱は断面が丸く、膝関節屈曲位で張力を発揮した状態で、体表からもはっきりと触れることができます。同じく大腿後面内側に位置し、筋腹、停止腱ともに扁平な半膜様筋に隣接して触知することができます。

半膜様筋は、半腱様筋の深層に位置しますが、扁平で幅が広いため、半腱様筋の辺縁の皮下に直接触れることができます。この点については図1で双方の位置関係について確認してください。半腱様筋の遠位端（膝関節側）は縫工筋《ほうこうきん》、薄筋《はっきん》とともに鵞足《がそく》を形成します。構造から明らかなように股関節の伸展と、膝関節の屈曲、および膝関節内旋の作用があります。半膜様筋の遠位端は深鵞足とも呼ばれます。

大腿二頭筋とは反対に、内側のハムストリングスは膝関節屈曲位で下腿の内旋（つま先を内側に向ける動作）に作用します。椅子に腰掛けた姿勢で、下腿の前面、つま先を内側に向ける（下腿を内旋させる）ときに、内側ハムストリングスの停止腱がはっきり緊張することがわかります。このとき膝の内側で、最も表層に触れる断面の丸い細い腱が半腱様筋で、それよりも深層にある扁平で幅の広い腱が半膜様筋です。平面的な図からは理解が難しいですが、実際に触れてみると両者の位置関係が理解しやすくなります。解剖に関しては、正解は我々の身体の中にあるのです。

平面的な図からは理解が難しいが、
実際に触れてみると位置関係は理解しやすくなる。
正解は我々の身体の中にある。

大腿に〝monofunctional〟二関節筋は存在する?

いずれも坐骨神経支配で、腰椎椎間板ヘルニアに代表される坐骨神経の絞扼《こうやく》障害の際に、慢性的な痛みが生じることがあります。「ハムストリングスが痛いと思って、ストレッチングやマッサージなどを重ねても、一向に改善しない」「ハムストリングスが痛いには痛いが、ここが痛いと局所的に痛みの場所を特定できない」「腰痛の既往がある」「坐骨神経伸展のテストに反応がある」といった条件に思い当たるふしがある場合は、坐骨神経症状を疑ってみる必要があります。

ちなみに内側のハムストリングスと大腿二頭筋の長頭は、膝関節では屈曲、股関節では伸展に関わるため下肢全体に対する両端の作用が異なる〝bifunctional〟(二つの作用を持った)二関節筋として取り扱われます。この点は大腿前面にある大腿直筋も同様です(股関節屈曲&膝関節伸展)。

それでは、質問です。「大腿に〝monofunctional〟(単一機能的な)二関節筋は存在するでしょうか?」。その答えは「ある」で、縫工筋がそれに当たります。縫工筋は上前腸骨《じょうぜんちょうこつ》棘《きょく》から起こり、大腿前面を斜めに横切り、鵞足に停止する細長い筋で、全身の筋肉の中でも最も長い筋線維を有している筋ともいわれています。この筋は股関節と膝関節の両方をまたぐ二関節筋です。

ここまで述べたように、大腿に位置するほかの二関節筋が、一方の関節には屈筋として、他方の関節には伸筋として作用するのに対して、縫工筋のみは股関節に対しても膝関節に対しても屈曲に働く点で特殊です。おそらくこの構造と作用が影響し、素早い下肢のさばきが求められる素早い動きの練習などで、この筋を使いすぎると筋肉痛になり、この痛みが根強く残りなかなか取れないのです。そのような事例に多く遭遇しています。

最後はハムストリングスの話ではなくなってしまいましたが、こんなことも筋の働きを思い浮かべながら考えてみていただけるとありがたいです。

図2には、大腿の二関節筋について代表的なものを模式的に示し、bifunctionalなものとmonofunctionalなものを対比しました。

図2　大腿の二関節筋

・ハムストリングスは股関節伸展／膝関節屈曲

・大腿直筋は股関節屈曲／膝関節伸展の作用を有し、伸筋・屈筋両方の作用を持っているbifunctionalな二関節筋である。一方で、縫工筋は股関節と膝関節いずれに対しても屈曲に作用するmonofunctionalな二関節筋である。

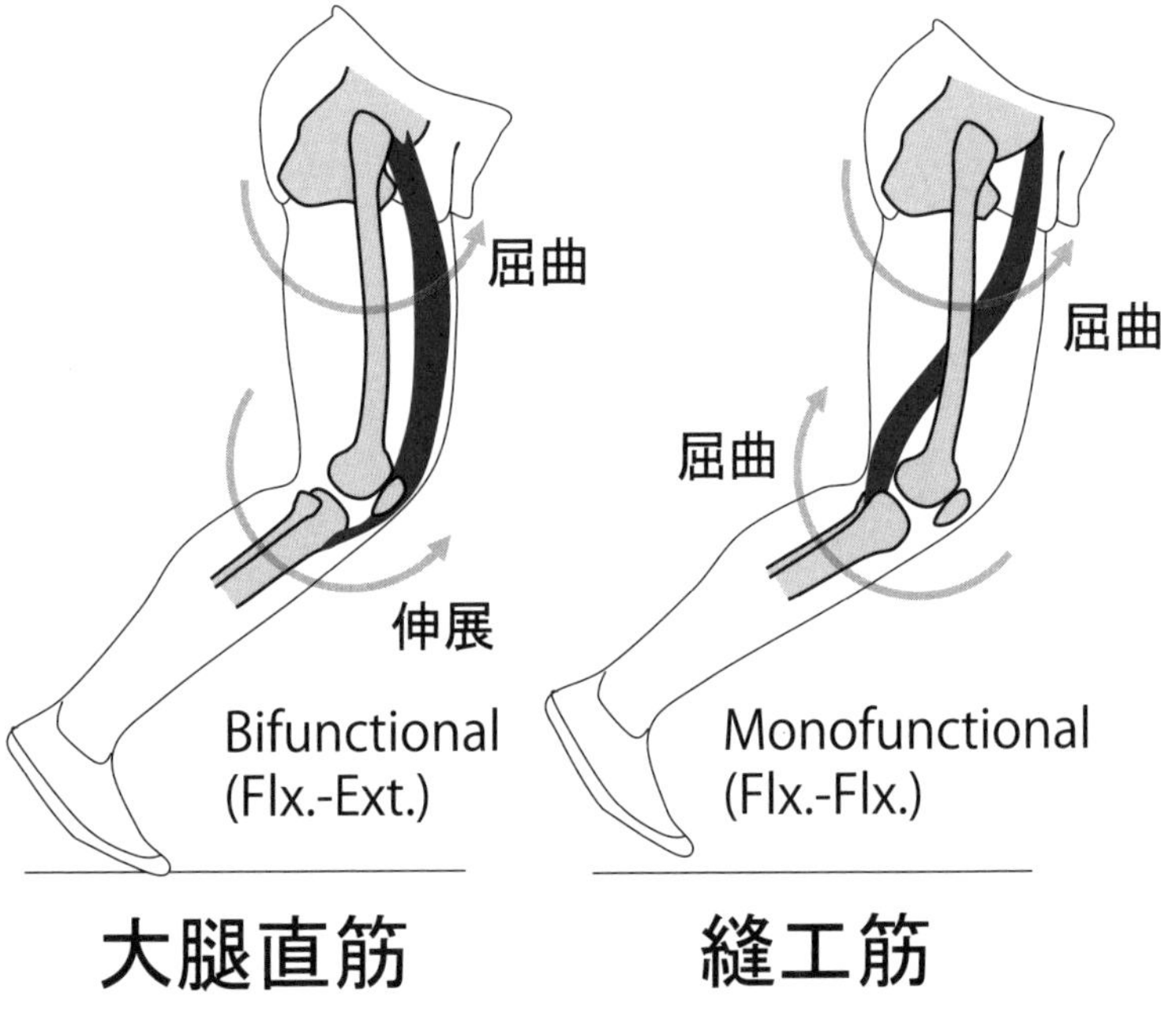

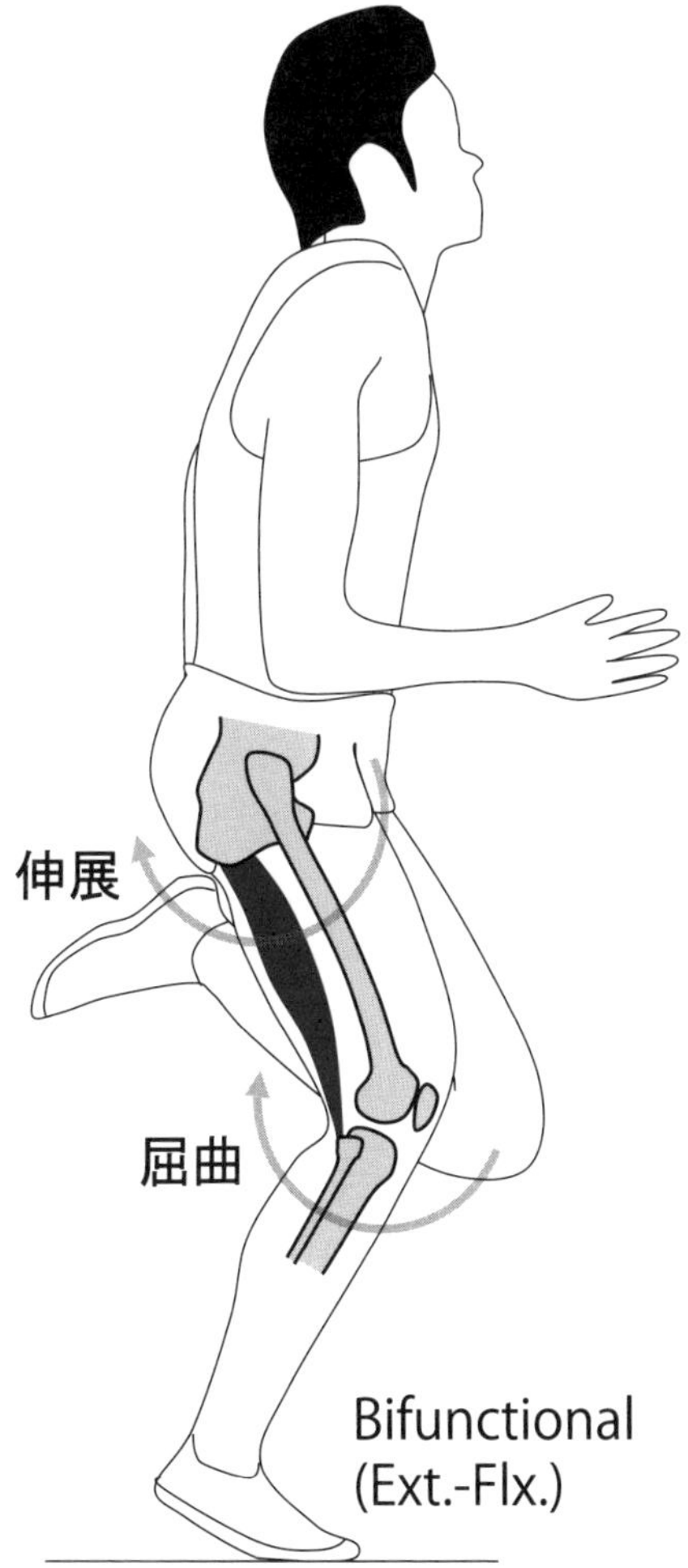

ハムストリングス

ハムストリングスのはなし　その2
―肉離れ―

アスリートを悩ます重大な傷害

ハムストリングスを取り巻く問題で、とりわけトレーニングとの関連が深く意識されるのは、動作中に起こる肉離れです。その病態はさまざまで筋・筋膜の部分損傷もあれば、完全断裂、あるいは筋間の血管や結合組織の損傷の場合もあり、それによって症状も予後もさまざまです。いずれにしてもハムストリングスの肉離れは、スプリンターをはじめとして、多くのラグビー選手やサッカー選手に突発的に発生し、彼らを悩ます重大な傷害です。

さまざまな予防策が提案されていますが、根絶というわけにはいかないようです。しかし、この肉離れを予防し、あるいは受傷した場合であっても予後を改善する上で、トレーニングの果たす役割は非常に大きいといえるでしょう。このような視点から、肉離れのメカニズムを理解し、機能解剖学的な視点からトレーニングのアイデアにつながる議論を進めたいと思います。

ところで、ヒト以外にハムストリングスの肉離れを起こす動物をご存じでしょうか？ イヌ・ネコの肉離れは聞いたことがありません。競走馬の「屈腱炎《くっけんえん》」というものがハムストリングスの肉離れに相当するものではないか？ と思い調べてみたのですが、これはアキレス腱炎、あるいはアキレス腱の部分断裂にあたるもののようです。そういう意味ではヒト特有といえそうなこの傷害、一体どのようにして起こるのでしょうか。

肉離れは圧倒的に二関節筋に多く発生する

大腿前面では広筋群よりも大腿直筋、ふくらはぎではヒラメ筋よりも腓腹筋《ひふくきん》、ハムストリングスでは大腿二頭筋短頭よりも長頭や半膜様筋というように、肉離れが発生するのはほとんどの場合、二関節筋といってよいでしょう。肉離れになる要因が、単に強い張力や変形であれば二関節筋に肉離れの発生頻度が高いことは説明できません。関与する二関節両方の変位に影響を受けて筋の長さが変化するため、筋長の変化が急激に生じる可能性があるなど、コントロールしきれない外力の影響を受けやすいのかもしれません。

比較的たるんだ状態から一気に張力が増加するような状況も、二関節筋で圧倒的に起こりやすいといってよいでしょう。ただ、一つ不思議なのは半腱様筋にはほとんど肉離れが起こらないことです。より深層に隣接する半膜様筋における発生は度々報告されますが、半腱様筋についてはほとんど報告されません。一体、背景にはどのような秘密があるのでしょうか。このことについては、筋自体の構造（筋構築、神経支配など）とともに肉離れの発生メカニズムそのものとの関係が深いのではないかと考えています。

ハムストリングス肉離れの受傷機転

多くの場合、全力に近い高速の疾走中に突然、大腿後面に「衝撃を感じ」たり、「プチッと切れる感じ」がするほか、「筋がねじれるような感じ」「ググッと動いた」「つったような感じ」などと表現されます。

このような疾走中の事例は、急な加速やリズムの切り替え時、フィニッシュやバトンパスで前傾をかけた瞬間など、特徴的な場面で発生する例も相当数あり、何か違和感があるという前兆を感じている例も多いようです。これらを取り巻く要因としては絶好調、追い風、筋力の不足、疲労、同じ部位受傷の既往、他の部位の怪我などさまざまですが、これらの要因が絡み合ったときに、受傷のきっかけが生じるのです。

ハムストリングス肉離れの病態

奥脇（2017）は、いわゆる肉離れを状態によって大きく3種類に分類しています。Ⅰ型はいわゆる「筋間損傷」にあたるもので、筋の栄養血管のみの損傷とみられるものです。この場合、意外にもストレッチ痛は少なく、治癒も比較的短時間で進むことが多いのが特徴です。Ⅱ型は筋線維自体や腱膜の損傷を含むものです。筋力低下、ストレッチ痛が顕著となり、治癒にも時間がかかります。Ⅲ型は筋腱の完全断裂で、もはや断裂した筋は張力を発揮できなくなり、外科的な処置が必要になることも

絶好調、追い風、筋力の不足、疲労、
同じ部位受傷の既往、
ほかの部位の怪我などの要因が絡み合ったときに、
受傷のきっかけが生じる。

あります。受傷後に受傷部位にはっきりとした陥凹《かんおう》や変形を触れる場合は、大きな断裂を想定する必要があります。

余談になりますが、これとよく似たものとして、成長期に見られる骨盤の裂離骨折が挙げられます。成長期には骨の中心部と辺縁部（骨端）との間に成長軟骨が残存し、強度が低い部分が残っている場合があります。ハムストリングスの場合は、筋の張力によって、この成長軟骨を境に坐骨結節が引き剝がされてしまうような事例があります。ハムストリングスではありませんが、縫工筋などが起始する骨盤の上前腸骨棘でも、成長期において疾走中の裂離骨折が発生することがあり、著者も複数の事例を直接目にしました。

原因となる動き・力

疾走中の肉離れについて飯干ら（1990）は、ハムストリングス肉離れの受傷経験のあるスプリンターと、受傷経験のないスプリンターの疾走動作（スタートダッシュ5歩目）を比較し、両者の違いを報告しています。少し古い報告ですが、これを凌ぐような系統的で詳細な研究にその後、出合いません。この報告によると、受傷経験者の動作の特徴として、

「（1）下腿の振り出しが大きく接地が遠いこと」「（2）体幹の前傾が深い傾向にあること」「（3）接地中の膝関節屈曲が深いこと」を挙げています。

図1に飯干ら（1990）が報告した知見を元に「肉離れの原因となる動作」を模式的に示しました。ハムストリングスの二関節性から考えると、下腿の振り出し、体幹の前傾はともにハムストリングスをより伸張域で操作することにつながります。膝屈曲の深さは一見ハムストリングスの伸張には関係ないように思えますが、推進局面での膝伸展が大きくなることでハムストリングスの急激な伸張につながるようです。そのほかにも飯干ら（1990）は接地期前半の股関節伸展トルクが受傷経験のある者で大きいことを明らかにしています。

これと関連して小林ら（2007）は疾走中の筋活動（50m地点）を観察し、接地期後半及び遊脚後半において、肉離れを経験していない側に比べ経験側ではハムストリングスの筋活動の水準が高いことを報告しています。地面を捉える際の力発揮のタイミングやアクセントによっても損傷へのリスクは変化するようです。

それでは、一体肉離れはどの局面で起こっているのでしょう。疾走以外の場面で起こるハムストリングス肉離れについては、比較的多く目にするものとして、ストレッチング中の伸

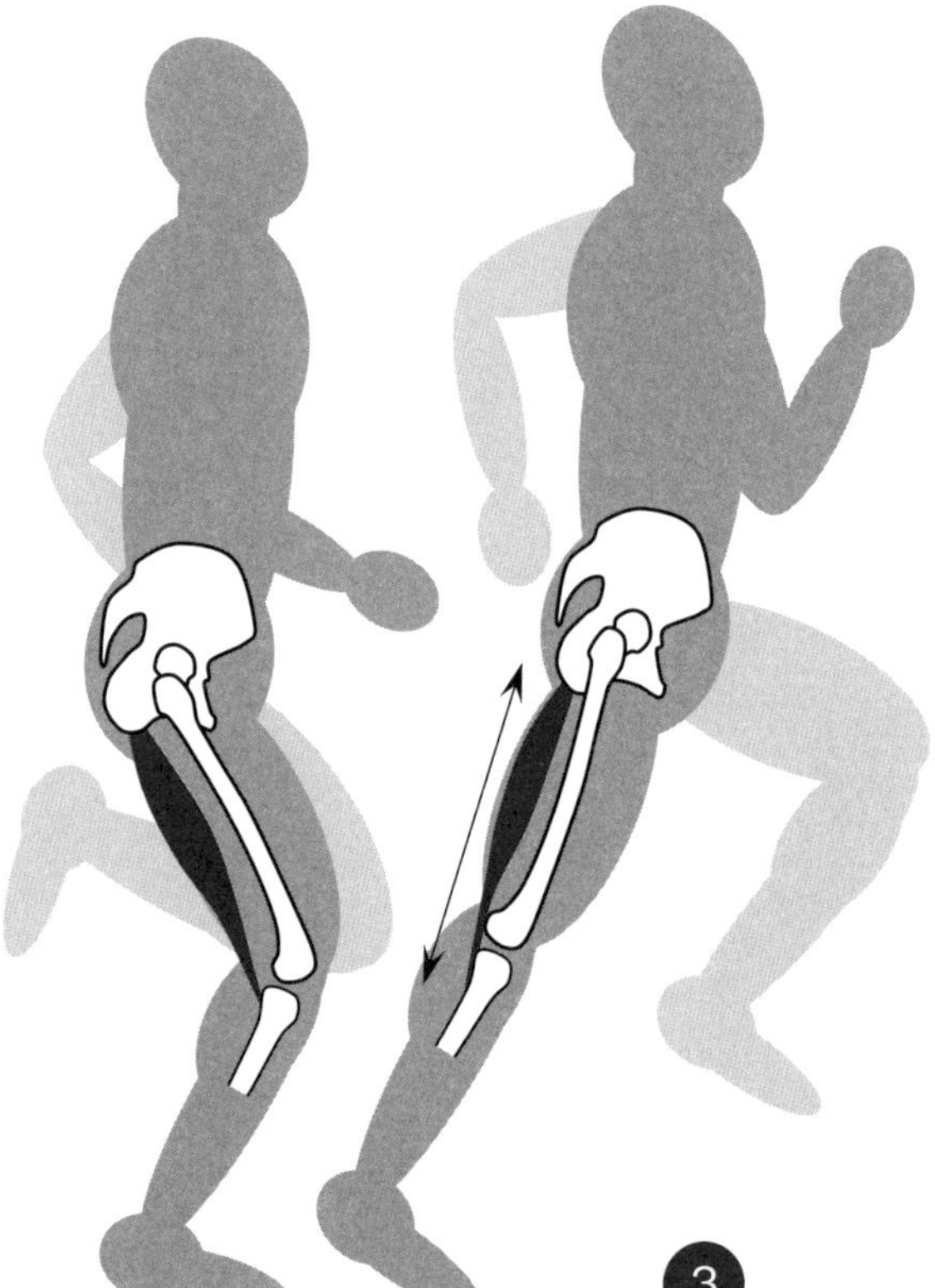

3

接地中の
膝屈曲が深い

図1 肉離れの原因となる疾走動作

飯干ら:スタートダッシュフォームと肉離れのバイオメカニクス的研究.体育学研究34:359-372,1990.より筆者作成

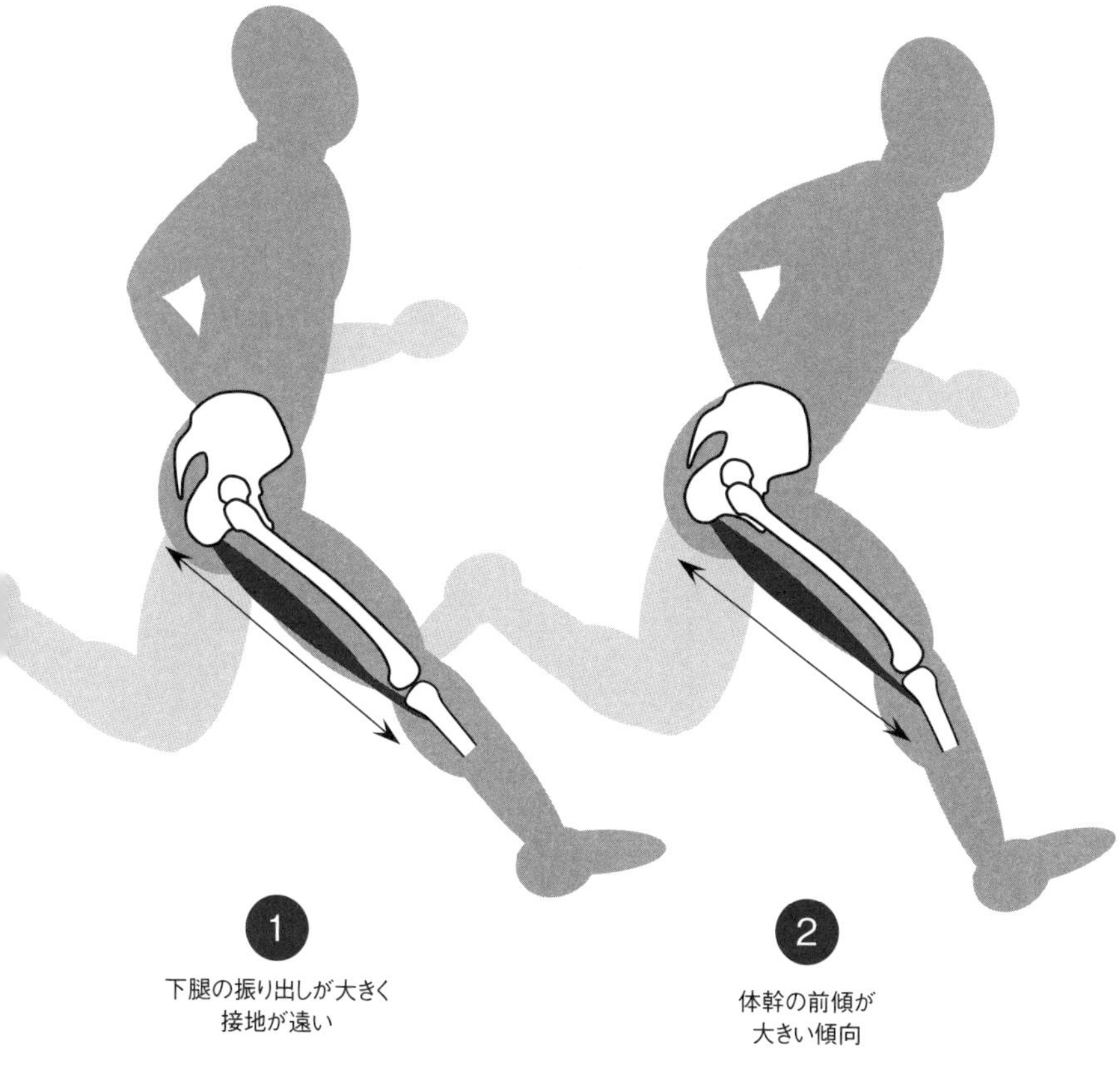

ばし過ぎ（オーバーストレッチ）によるものがあります（図2a）。腱膜の伸張に余裕がないときにさらに引き伸ばして発生するわけですから、筋膜の損傷を伴い、治癒に比較的時間を要することが多いように感じます。同じようなオーバーストレッチの事例としては、体幹が前屈位にある状態で後方からコンタクトを受けたり、開脚を強制されるような状況が挙げられます（図2b）。しかしながら疾走中に、同じようなオーバーストレッチが頻繁に起こっているようには思えません。

受傷者からの聞き取りによると、疾走中のハムストリングス肉離れが発生したと認識されている局面については、動作速度が大きくサイクリックなものであることも影響してか、はっきりこの局面と確定的にいえない例も見受けます。比較的はっきり認識されている例では大きく二局面あり、一方は接地期後半「接地中に地面を蹴って推進しようとしている局面」、一方は離地期後半「接地前に下腿を前方に振り出した、あるいは振り出した下肢を接地に向けて引き戻そうとしたとき」とされることが多いようです。

詳しいメカニズムについては、受傷時の力学的な指標を取り扱った研究がほとんどなく、推測の域を出ないのですが、状況証拠から考えられる仕組みについて議論を進めていこうと

図2 ハムストリングスのオーバーストレッチによる損傷の例

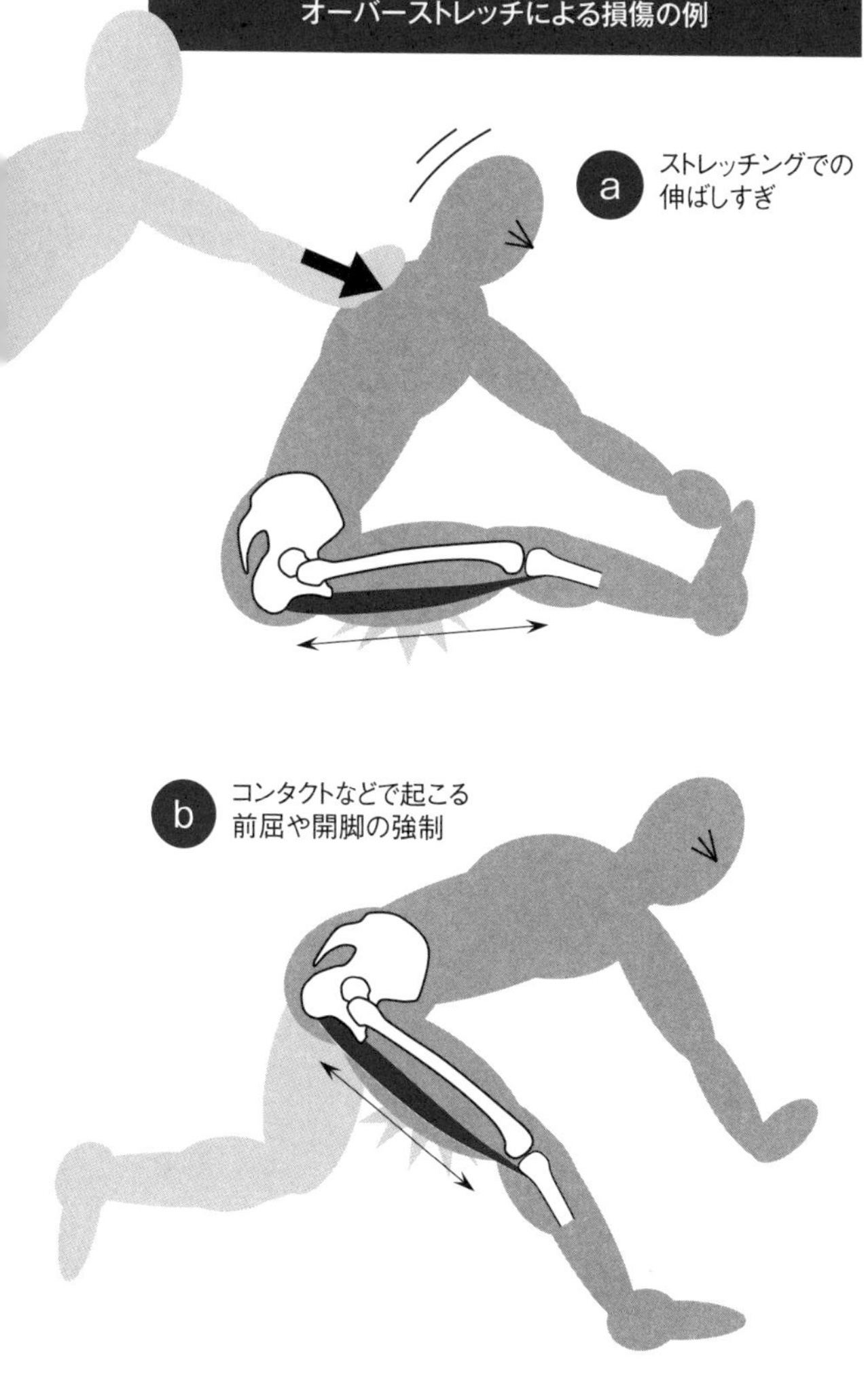

思います。より詳しい議論については、次節に譲ろうと思います。

ハムストリングスのはなし その3
―疾走中の肉離れはどのように起こるのか?―

憎っくき肉離れ

中学生の頃、「肉離れ」というからには、筋肉が骨から剝がれ離れてしまうのだろうと思い込んでいました。やがて人の噂を聞き、実態を観察し、詳しい勉強をするなかで、肉離れの正体が筋や腱膜の断裂だという知識も身につけました。画像診断の発達に伴って、筋間の結合組織や栄養血管の損傷も相当数含まれるということも耳にするようになり、筆者の中学生の頃の印象と肉離れの実態に関する認識は大きく異なるものになりました。

昔話ついでに、もう30年も前のことです。当時大学1年生だった筆者のもとに、小中高の親友が訪ねてきました。大学受験で1年間浪人した彼は、受験生として筆者の在学する大学を目指して準備、トレーニングを重ね、満を持して受験に臨んだのです。大志を抱いての挑戦となった試験ですが、あろうことか実技試験中のハムストリングス肉離れで、結果的には脚を引きずっての試験となってしまい、目的を達成することは叶いませんでした。思うように走れなかったと失意に打ちひしがれる彼を見ながら、やりきれない気持ちになったことを今も鮮明に思い出します。

それ以来、絶好調の大学4年生が最後のインカレ最後のリレーの1走で肉離れを起こして動けなくなったり、トップアスリートが繰り返す肉離れに悩まされたりする光景を間近で目にしてきました。そのたびに肉離れのことを恨めしいなと思いながらも、日常的に非常に大きな張力を発揮している筋が、なぜ突然損傷してしまうのか？　ということに関して、メカニズムの観点から大きな疑問を抱くようになったのです。

本節では主にスプリントに関して、肉離れのメカニズムについて私見を述べたいと思います。「私見」とした理由は、関連した先行研究は散見されるものの、「実際の受傷時のデータはほとんどない」「取り扱っている走速度が低い」「ハムストリングス張力の実測が難しい」などの理由から、メカニズムを推定する決定的な参考資料が見当たらないからです。

ハムストリングスの"張力の不思議"

Schache et al.（2010）の報告（張力に関しては実際のスプリントの動作計測データをもとにモデルで推定）によると、ハムストリングスに大きな張力がかかる局面は、遊脚の中期以降から、立脚の中期あたりまでです。筋自体や周辺組織の損傷には、筋の張力の高まりが深く関わっているはずですから、やはり肉離れが発生する局面は、この辺りに集中すると考えるのが自然です。

前節の繰り返しになりますが、競技者の主観として報告される疾走中のハムストリングス肉離れが発生したと認識されている局面は、大きく二局面あり、一方は遊脚期後半「接地前に下腿を前方に振り出した、あるいは振り出した下肢を接地に向けて引き戻そうとしたとき」。一方は接地期「接地中に地面を蹴って推進しようとしている局面」で、いずれも前述のハムストリングスの発揮張力が大きくなる局面と対応しています。

しかしながら、ハムストリングスの張力が大きくなるレッグカールやペダリング中にハムストリングスが断裂する例は、ほとんど見かけません。このような運動においても相当の張力が発揮されているはずですが、一体どういうことでしょうか。スプリント特有の状況があるのでしょうか。

遊脚期のメカニズム

遊脚の振り戻しの局面で、膝関節周りの関節力の影響を受けて下腿が振り出される仕組みについて、すでにChapter1「筋はなくとも関節は動く」でお話ししました。図1にはその様子をもう少しわかりやすく模式的に示してみました。接地に向けて下肢全体を振り戻そうとする力は、膝関節を後方に引っ張る「関節力」として強く作用します。この関節力は下腿の重心から離れた膝関節側を後方へ引き戻しますので、下腿はこの力を受けて図中のように時計回りに回転することになります。

この動きは結果的に膝関節を急激に伸展する力となりますが、それを減速するためにハムストリングスのエキセントリックな収縮が動員されます。ただし、この関節力による膝伸展のモーメントは急激に、膝周りの筋活動とほぼ関係なく起こるわけですから、コントロールしきれないような状況が生じることがあります。しかも、ほかの股関節伸展筋群の貢献は少なからずあるにせよ、ハムストリングスは下肢の振り戻しに向けて動員されるわけですが、

図1　高速疾走中の大腿振り戻しと関節力による膝の伸展

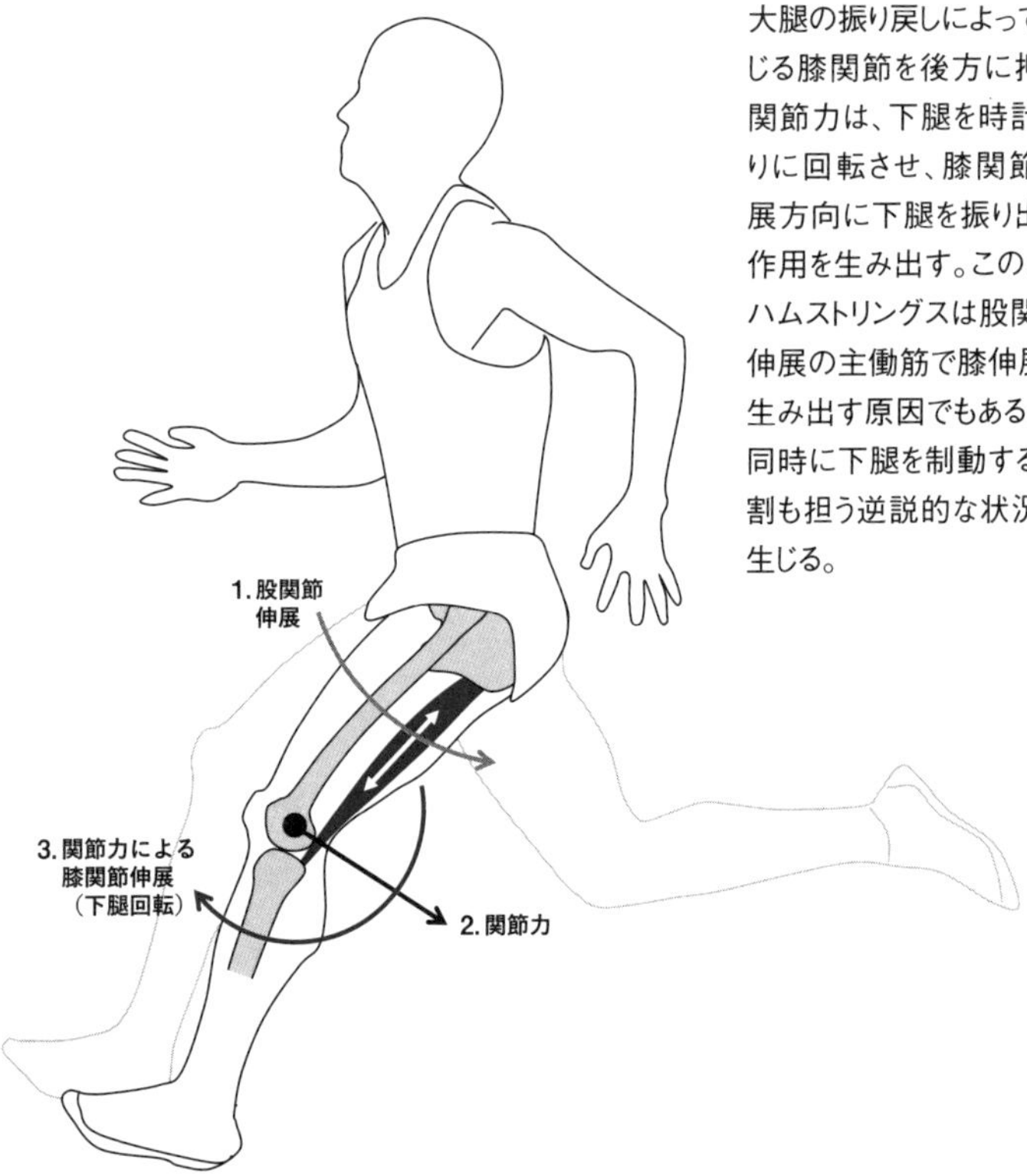

大腿の振り戻しによって生じる膝関節を後方に押す関節力は、下腿を時計回りに回転させ、膝関節伸展方向に下腿を振り出す作用を生み出す。このときハムストリングスは股関節伸展の主働筋で膝伸展を生み出す原因でもあるが、同時に下腿を制動する役割も担う逆説的な状況が生じる。

ハムストリングスは下肢の振り戻しに向けて動員されるが、
「自身が強く働くほど
外力によって急激に引き伸ばされる」可能性がある。

「自身が強く働くほど外力によって急激に引き伸ばされる」可能性があるという、コーディネーション的には非常に特殊な逆説的な状況に置かれます。通常は作用すれば、それに応じた関節変位が得られることを見越した動員とそのコントロールがなされるはずです。

運動系が受ける外力が予測よりも大きく、外力に負けて収縮がエキセントリックになってしまうような場面は、われわれの日常でもよく見られることです。トレーニングにおいては、わざと負荷を大きくしたり、自発的な出力を制限してエキセントリックな筋収縮を誘発する場面もしばしば見受けられます。しかし素早く下肢を操作する場面で要求される動作においては、特殊な状況が起こり得るのではないでしょうか。このようなコントロール上の混乱は、ハムストリングスの肉離れの大きな特徴であり原因であると考えます。

疾走の速度が高まれば、関節力の影響はますます大きくなり、コントロールが難しい状況も頻繁に生じる可能性があります。

接地期のメカニズム

立脚期においても、急激なハムストリングスの張力増大については、関節力の関わりが大きいと考えています。前節で述べた飯干らの研究によると、立脚期に膝関節屈曲が大きいことがリスクファクターの一つに挙げられていました。

筆者はこのような仮説を立てています。立脚期、積極的に推進しようと股関節の伸展が行われる際、股関節の伸展トルクは膝関節を後方に押す関節力を生みます（図2）。この関節力は大きな荷重を受けたクローズドキネティックチェーンにおいて、前傾していた下腿を起こす作用を持ちます。この動きが膝関節を伸展し、ハムストリングスに急激な張力増加が生じるという見立てです。

いくつかの報告を総合すると、スプリントの接地期ではハムストリングスの筋腱全長が増加する局面は見られないようです。しかしながら、ほとんどのハムストリングスは股関節と膝関節の両方をまたいでいますが、相対的に股関節周りよりも膝関節周りのモーメントアームが大きいため、股関節が伸展中でも膝の伸展が急激であれば、ハムストリングスの張力増加は大きく、筋腱全長の変化には表れない腱の伸張は起こっていてもおかしくありません。

遊脚の振り戻し同様、少し緊張にゆとりのある筋が、関節力の影響による下腿の回転→膝伸展で、急激にピンと引き延ばされる状況は、単に張力が大きい状況よりも断裂が起こりや

図2 高速疾走中接地期の股関節伸展と関節力による膝の伸展

股関節伸展によって生じる膝関節を後方に押す関節力は、下腿を時計回りに回転させ、膝関節伸展方向に下腿を起こす作用を生み出す。このときハムストリングスは股関節伸展の主働筋であるが、強く作用するほど関節力による膝の伸展も強くなるという逆説的な状況が生じる。

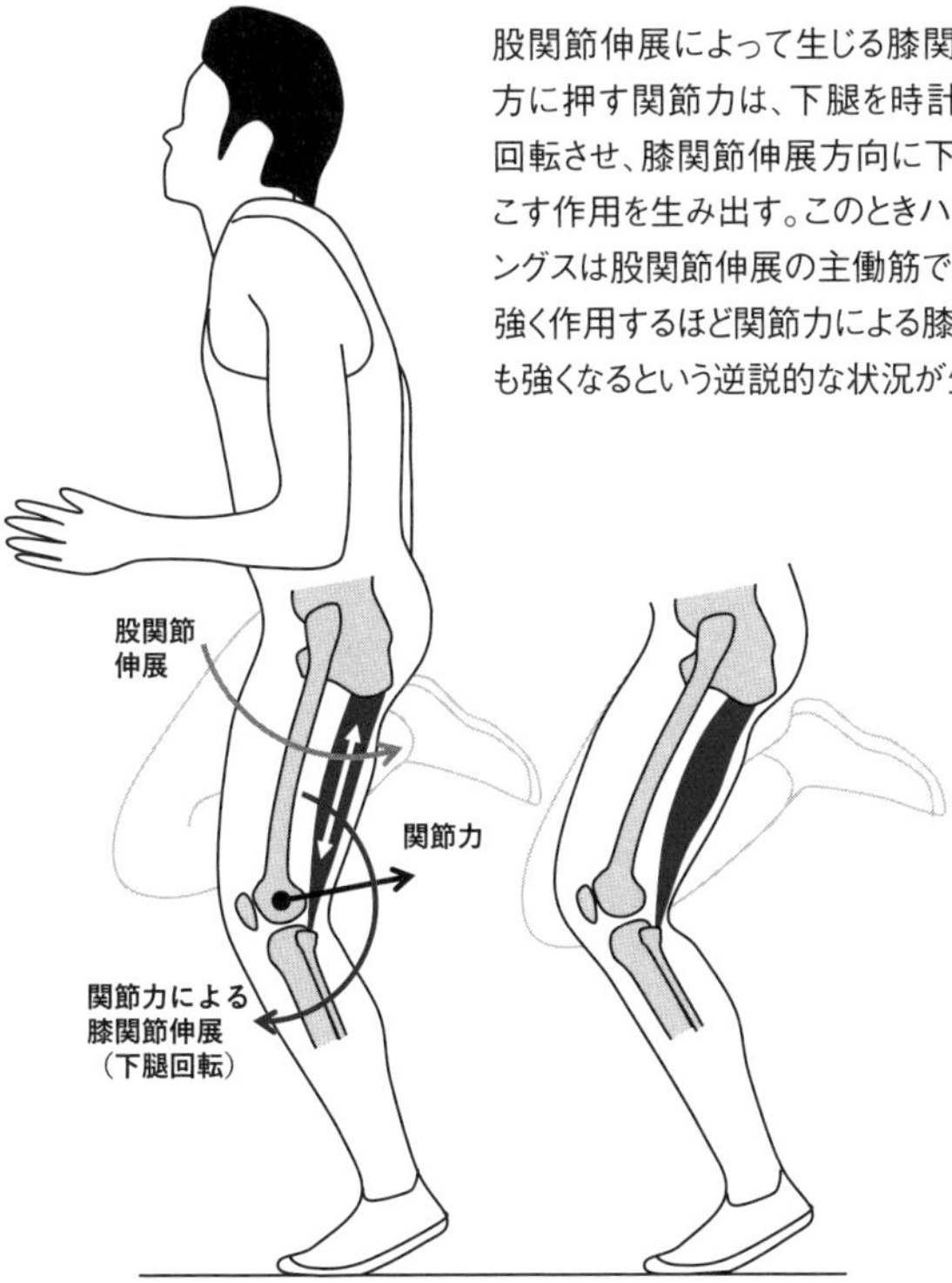

少し緊張にゆとりのある筋が、関節力の影響による
下腿の回転→膝伸展で、
急激にピンと引き延ばされる状況は、
単に張力が大きい状況よりも
断裂が起こりやすい状況だと考える。

すい状況だと考えます。また、走幅跳びの踏切で発生する肉離れに関しても、スプリントにおける接地期と同様のメカニズムが背景にあると推察します。

私の肉離れ経験

筆者自身は3％くらいの上り坂走を行っていて、ハムストリングスの肉離れを受傷したことがあります。そのときは接地後乗り込みに行くところで〝プチッ〟という感覚がありました。サーフェスがわずかに不整だったこともあり、足の加重が空振った（乗るはずのタイミングで乗れなかった）ような感覚とともに、膝関節が後方へ抜けてしまった一歩でした。幸い、筋間の損傷にとどまり、10日前後で症状は消えました。

一方で腓腹筋については、スタートダッシュで筋腱移行部の大きな損傷を経験しました。これは非常に長引き、まともに走れるようになるのに3ヵ月以上かかりました。スタートダッシュの2歩目、これも体重を乗せて股関節の動きで推進しようとしているところで膝が伸びて（後方へ抜けて）しまった瞬間でした。今思うとアキレス腱でなかっただけラッキーだったと思います。

Chapter 5

足のはなし

足のはなし その1

―足の構造と作用―

Foot と Leg

われわれの日常生活で耳にする「あし」「足」という言葉は何を表すものでしょうか？「あの人は長い足をしている」という場合、Footを想像する人は少ないでしょう。もしこの事例が、Foot ではなくLegを指しているとすれば、本来「長い脚」とするべきですが、日常目に触れる文章の中では厳密に区別されないことが多くあります。

『実用日本語表現辞典』において「足が長い」を調べると「脚部が普通の人よりも長さのあるさま。多くの場合は身体的な美しさの要素とされる。」という説明文が登場します。当然、この場合の「足」は「脚（Leg）」のことを指しています。犬や猫、馬や牛といった四足獣のFootはたいてい長いのですが、ヒトを指して「あの人の足（Foot）は長いよ」とはめったに言いません。そのような事例・状況も少ないでしょう。

解剖学的には、足と脚は区別して記述されるべきですが、実態は必ずしもそうではないといえそうです。Footについては「足部（そくぶ）」あるいは「足（そく）」と意図的に表現することで、誤解を防ぐことができます。同様に「手」「首」などの言葉も曖昧に用いられているように見受けられますが、ぜひ皆さんもこの機会に確認してみてください。

閑話休題――改めて本節で取り扱うのは足（Foot）です。足はヒトの二足歩行を支える基底面《きていめん》となり大地と接している部位です。ヒトの足の特徴とはどのようなものでしょうか。われわれヒトの足は、ほかのほ乳類と比較しても独自の進化を遂げてきたといわれています。

岡田（1983）は、動物の形態は、そのロコモーション（移動運動）により規定されているところが大きいとし、ヒトの場合もその例外ではなく、脊柱、骨盤、下肢の形態はバイペダリズム（二足歩行）に対応する特殊化を示しているとしています。一体、どこが特殊なのでしょうか。

ヒトの足、動物の足

踵骨《しょうこつ》が大きく、中足骨《ちゅうそくこつ》がしっかりして、地面との接触面積が相対的に大きいヒトの足は、動物の中では特殊だといわれています。確かにイヌやウマの踵骨は細く、中足骨も細長く、地面と接触しているのは「足指（足趾）」の部分のみです。ウサギやリスなどのげっ歯類の足は地面との接触面積が大きいですが、細長い足です。

このように特殊なヒトの足ですが、なんとゾウの足によく似ているというのです。この事実を、人類学の研究者が執筆された論文で知ったときには筆者自身も大いに驚きました。この類似の背景には機能的な要求の共通点があることが予想されますが、はて、どういうことでしょうか。

ちなみに、ゾウの後ろ姿をご覧になったことがありますか？　ゾウの後肢《こうし》は、全体としては大きな荷重に耐えるため真っ直ぐで、後ろ姿は太いズボンをはいたヒトにそっくりです（馬場,1999）。ゾウの動きまで議論することは難しいので、日常的な要求に注目してみましょう。ゾウは巨大な体幹と頭部を4つの足で支えますが、ヒトのそれは操作性に優れ、空間

図1　足部骨格における動物種間の形態比較（ウマ・ヒト・ゾウ）

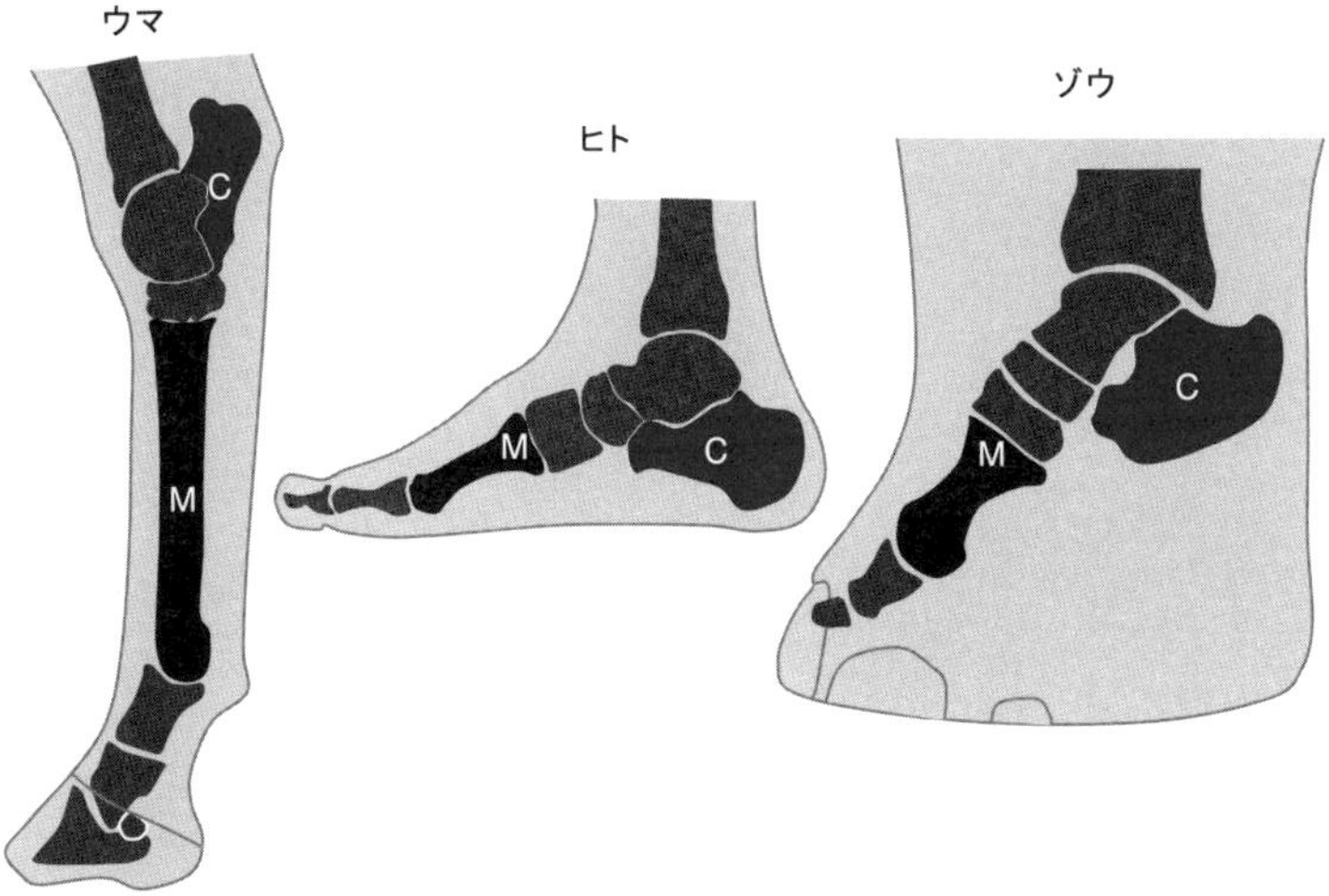

<C：踵骨；M：中足骨>軟部組織のシルエットの中にある、色の濃い部分が骨格を模式的に表したものである。ヒトとゾウの足部骨格の形状について、頑丈な踵骨、太短い中足骨などの特徴に類似点を見いだすことができる。

地面との接触面積が相対的に大きいヒトの足は、
動物の中では特殊だといわれており、
なんとゾウの足によく似ているという。

に解放された上肢を含む全身を2つの足で支えなければなりません。ここで改めて、ヒトとゾウの足に対する要求の共通点とは何でしょうか？　それは、日常的に大きな過重に耐える必要性であることがわかります。

図1は、左からウマの足（後肢の末端）、ヒトの足とアフリカゾウの足（後肢の末端）です（紙幅の都合でスケールはまちまちです）。外観のシルエットの中にある、濃い色で示した部分が足部の骨の配列を模式的に示したものです。指の先端で接地するウマにおいては、足部は全体に細長い形状を呈し、とくに中足骨に当たる部分が長いことがわかりやすい特徴です。加えて、直接地面と接することなく、屈筋の腱に付着部を与え、テコの腕となるウマの踵骨はいくぶん細長い形状です。

それに比較して、ヒトとゾウでは中足骨、踵骨はともに太短く、足部の骨格全体の形状はよく類似しています。ゾウの足では踵部に非常に分厚い結合組織のクッション（ゾウほどではないがヒトにもあります）があり、踵の位置が高くなっています。そのため、骨の配列が傾斜し、ちょうどヒトがハイヒールを履いたような状態です。

両者を比較すると、やはり大きな踵骨と太短くて頑丈な中足骨、そして骨の配列がアーチ状になっていることもウマと異なり両者に共通する特徴です。大きな踵骨は、踵で荷重を支え、衝撃に耐えることを可能にしています。前足部への荷重の通り道となる中足骨も、ゾウ、ヒトともに通常の立位でも、さらに移動運動中にはとくに大きな負荷を受けることが予想されます。

骨のアーチ状の配列は、それ自身が大きな荷重に強い構造であることが知られています。ヒトの足部における、このような荷重に対して強い構造は、形態のよく似た霊長類の中でも特殊なものです。この事実からも改めて直立二足歩行の影響の大きさがわかります。

足の骨

ヒトの足の骨について詳しく見てみましょう。

図2は、足部の骨の配置を足背側《そくはい》から見たものです。足部は、小さい不規則な形状の足根骨《そくこんこつ》、各指に対応し足の甲の広い範囲を占める中足骨、指骨《しこつ》によって成り立っています。

足根骨は7個あり、近位（踵側）に距骨《きょこつ》と踵骨、中位には舟状骨《しゅうじょうこつ》、立方骨《りっぽうこつ》、そして遠位（足指側）に内側、中間、外側3つの楔状骨《けつじょうこつ》が並んでいます。これらの骨は生体では互い

図3　足部の骨の連結

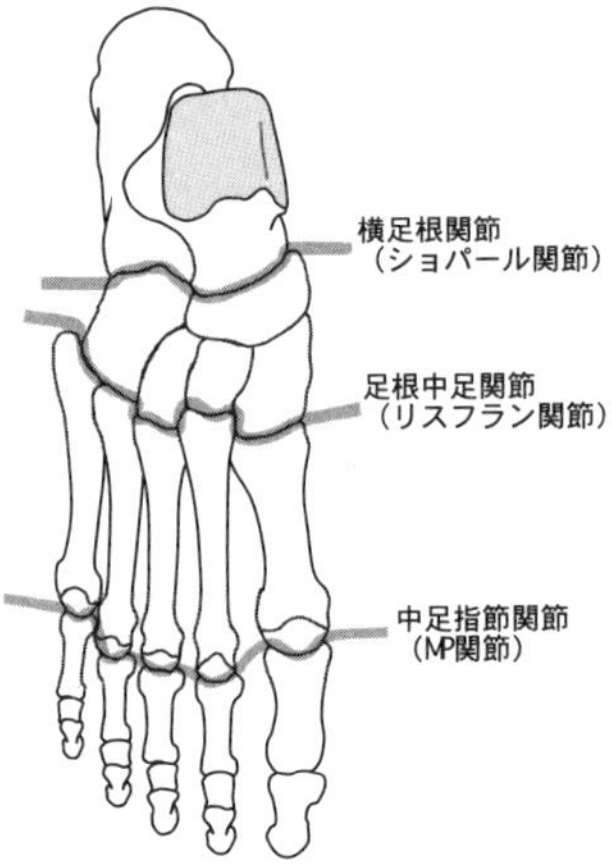

骨の並びを区切る境界にもそれぞれ名称がついている。

図2　足部の骨

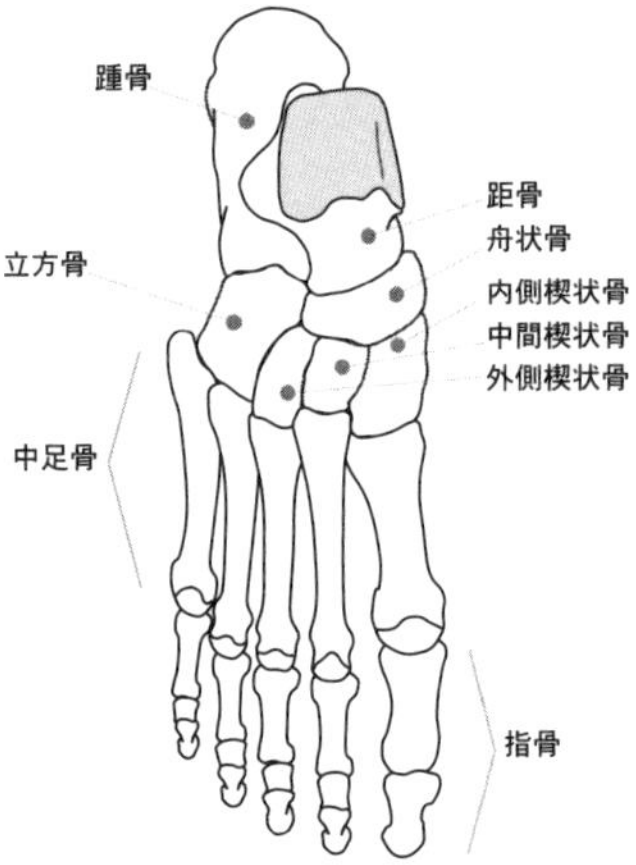

右足を足背方向より

数多くの小さな骨の組み合わせにより構成されている。

図4　足部の縦アーチ

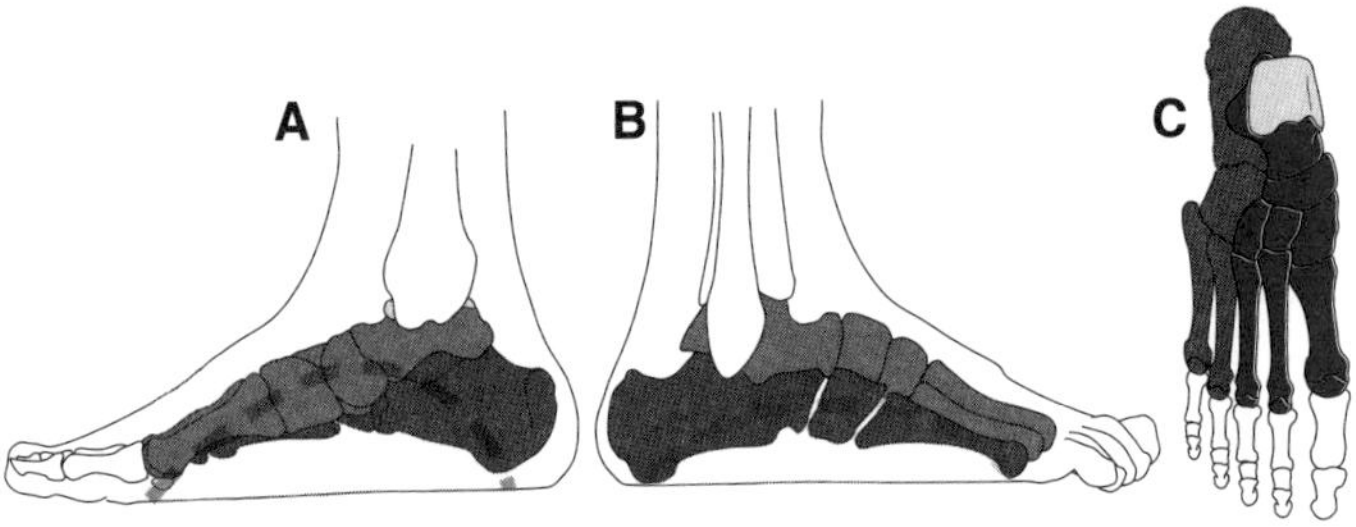

A：内側縦アーチ（内側の第1から第3中足骨→楔状骨→舟状骨→距骨）
B：外側縦アーチ（第4から第5中足骨→立方骨→踵骨）
C：足背側から見た縦アーチの骨配列

に靭帯によって結合されていますが、そのつながりによって可動性の大きい部分と小さい部分があります。

踵骨は踵の隆起を形成し、前述したように二足歩行を行うヒトに特有の大きく頑丈な構造です。下腿の脛骨《けいこつ》と直接接し、距腿関節《きょたいかんせつ》（足関節）をつくる距骨は、多くの複雑な関節面を持ち、踵骨との関節（距踵関節《きょしょう》）、舟状骨との関節（距舟関節《きょしゅう》）を形成します。意外かも知れませんが、この距骨に付着する筋はありません。図には示されていませんが、指の屈筋腱の一部にみられる種子骨《しゅしこつ》も足部の骨に入ります。

足根骨を遠位と近位に分ける距舟関節、踵立方関節《しょうりっぽう》は、合わせて横足根関節《おうそくこん》（ショパール関節）と呼びます。遠位の列は、さらに遠位にある中足骨との関節（リスフラン関節）を形成しています。中足骨《ちゅうそくこつ》（Metatarsal bone）と指骨《しこつ》（Phalangeal bone）の間の関節は、それぞれの頭文字を取ってMP関節（Metatarsophalangeal Joint）と呼びます（図3）。

足のアーチ構造

足部には、足指から中足骨を通って足根骨に至る縦アーチ構造があります。このアーチ構造には内側アーチ、外側アーチがあり、荷重に対して足の構造や内部の組織を保護したり、変形によって衝撃やバランスの崩れを吸収したり、移動運動においては板バネのように作用して弾性的にエネルギーを溜め込み、地面を蹴る力を高めるなどの働きがあります（図4）。

内側縦アーチは、内側の3足指から中足骨、楔状骨を経て、舟状骨、距骨に至ります。いわゆる「土踏まず」を形成し、推進の力や着地の際の荷重の主な通り道となります。そのため強くて太い中足骨を備えていますが、疲労骨折などの障害の好発部位でもあります。同様に楔状骨と距骨頭の間に挟まれて大きな負荷を受ける舟状骨も、障害が発生しやすく治癒しにくい部位として知られています。

外側縦アーチは内側と比べると高さも低く、外側の2足指を受けた中足骨は立方骨と関節し、距骨を介さず踵骨につながり

アーチ構造には内側アーチ、外側アーチがあり、
荷重に対して足の構造や内部の組織を保護したり、
変形によって衝撃やバランスの崩れを吸収したり、
さらに移動運動においては
地面を蹴る力を高めるなどの働きがある。

ます。

横アーチは、縦アーチと直交する方向（前額面内）のアーチ構造で、立方骨、楔状骨と中足骨によって形成されます。頂点は中間楔状骨にあります。横アーチの保持には、足根骨と中足骨に関わる靱帯の作用とともに、アーチを横切る母指外転筋や長腓骨筋が関与しています。

アーチを含んだ足部の静的な安定機構、動的な安定機構、筋の作用については、引き続き次節以降においても述べていくこととします。

足のはなし その2
―静的支持機構―

足部の縦アーチ構造には内側縦アーチ（第1～第3中足骨→楔状骨→舟状骨→距骨→踵骨）、外側縦アーチ（第4・第5中足骨→立方骨→踵骨）があり、荷重に対して足の構造や内部の組織を保護したり、変形によって衝撃やバランスの崩れを吸収したり、弾性的にエネルギーを溜め込み、地面を蹴る力を高めるなどの働きがあることは、すでに前節でお話ししました。そこで、本節では足部の静的な安定機構についてお話ししようと思います。

足アーチの静的支持機構

足部アーチにおける骨の並びは、それ自体が石組みのアーチ橋のようであり、アーチ構造を保持する基本となっています（図1）。このアーチ構造の静的な保持に筋活動が関わっているかどうかの議論は、かつて活発になされました。数多くの研究者によって議論されましたが、Basmajian（1985）のまとめによると、正常の足部に関していえば静的な保持においてはアーチ構造そのものと同時に、それらを結び付ける靭帯が中心的な働きをし、筋の作用は必ずしも必要ないとしています。しかし大きな負荷がかかる局面やバランスの微調整のような要求に対しては、筋もそれらを補助するように関与すると考えられています。

骨の配列の構造とともに重要な静的支持機構は靭帯です。そして、足部を内側縦アーチの頂上で支えているのが底側踵舟靭帯《ていそくしょうしゅうじんたい》（スプリング靭帯）。この靭帯は踵骨の載距突起《さいきょとっき》と舟状骨の下面とを強く結び付けています。踵骨の上に乗っている距骨のうち、載距突起より前方に出っ張って、舟状骨と軟骨同士を接している距骨頭《きょこっとう》を下から支えているのも、このスプリング靭帯です。載距突起と舟状骨の間には骨性のつながりはなく、距骨頭はこの靭帯の上に乗っています。

スプリング靭帯と同様に、外側縦アーチをその頂上で結合しているのは短足底靭帯《たんそくていじんたい》（底側踵立方靭帯《ていそくしょうりっぽうじんたい》）で、踵骨と立方骨の下面をつなぐ非常に強力な靭帯です。短足底靭帯の浅層には足底で最も長い靭帯である長足底靭帯《ちょうそくていじんたい》があり、深層では踵骨と立方骨を、浅層では

図1　ヒトの足部骨格と石組みのアーチ橋との比較

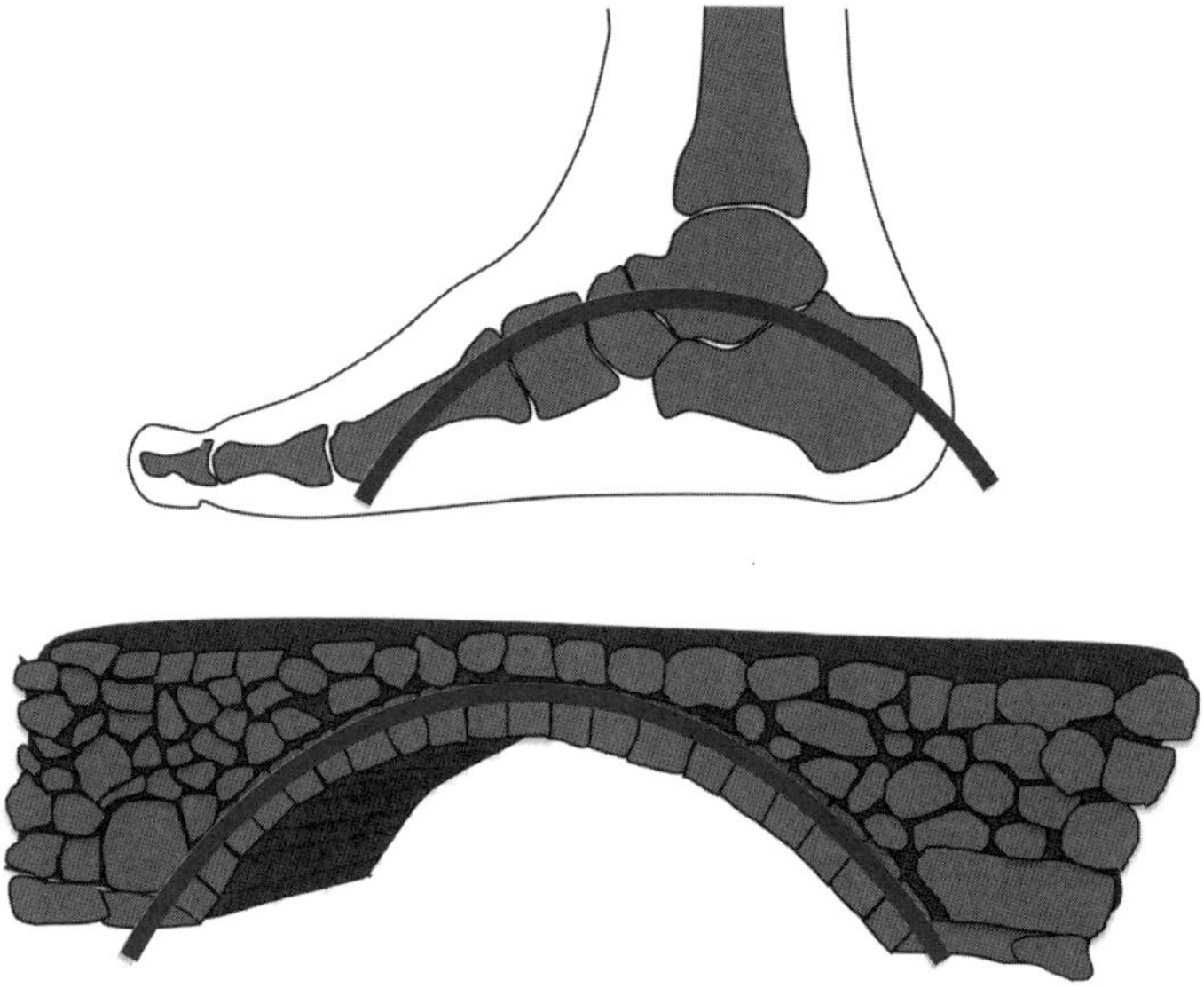

足部構造の静的な支持には、骨の配列自体も重要な役割を果たしている。この構造は靱帯やほかの支持機構によって補強される。

足部アーチにおける骨の並びは、
それ自体が石組みのアーチ橋のようであり、
アーチ構造を保持する基本となっている。

踵骨と中足骨とを結び付けて外側縦アーチの保持に重要な役割を果たしています（図2）。

踵骨と中足骨頭との間を、最も表層で結びつける固い結合組織のシートを足底腱膜《そくていけんまく》と呼びます（図2）。足指側では、足指の背屈によって付着部が引っ張られるため、この動きが結果的に縦アーチを持ち上げます。この機構をウィンドラス機構と呼びます（図3）。歩行やランニングのpush offの局面では、この機構によりアーチが強くなり、足部のバネが推進に活かされることが推察されます。

足指が屈曲位であったり、リラックスした状態では足底腱膜は弛んでいて、はっきりと触れることができませんが、足指の背屈《はいくつ》に伴って張力が増すため、足底の踵部前端（踵骨隆起の遠位端）あたりから、土踏まず中央で緊張を増す腱膜を明確に触れることができます。

足底腱膜はランナーなどで慢性的な炎症を起こすことがありますが、このような足底腱膜炎においては、その構造に起因して、土踏まずに痛みを感じる例から、踵が痛いと訴える例までさまざまです。適切な処置を怠ると慢性化しやすい障害ですが、タオルなどを使って足指を背屈するストレッチングや、いわゆる青竹踏みのようなストレッチングが効果を発揮することが知られています。

図2　足部縦アーチの静的支持機構(靱帯)

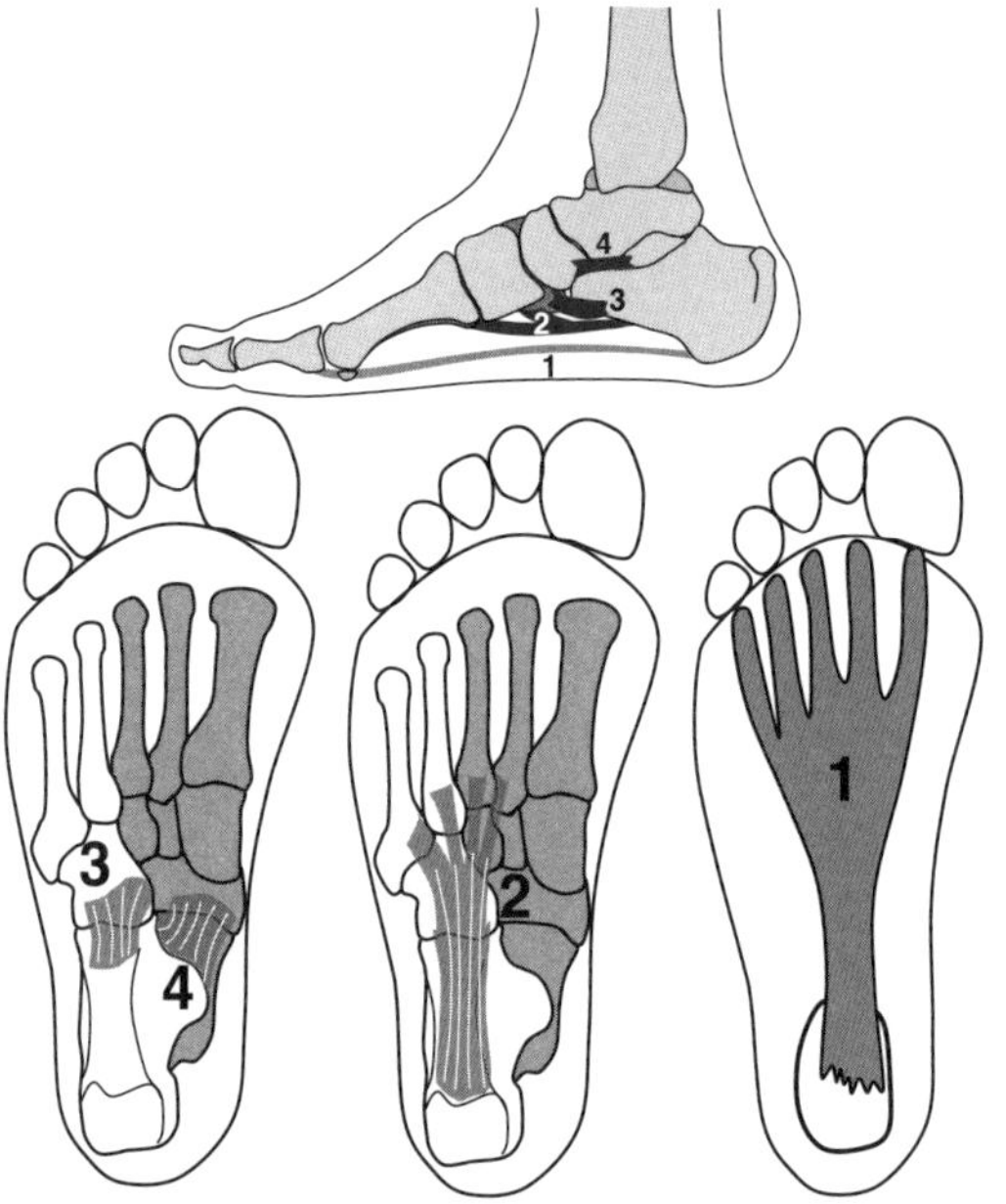

1) 足底腱膜
2) 長足底靱帯
3) 短足底靱帯
　(底側踵立方靱帯)
4) スプリング靱帯
　(底側踵舟靱帯)

スプリング靱帯の走行は後外側から前内側に向かい、前足部回外の制限に有効であることが予想される。

図3　足部ウィンドラス(巻き上げ)機構の模式図

足底腱膜は足指から踵骨をつなぐ膜状の構造である。足指の伸展によって足底腱膜が巻き上げられることで、足部の縦アーチが高くなる。

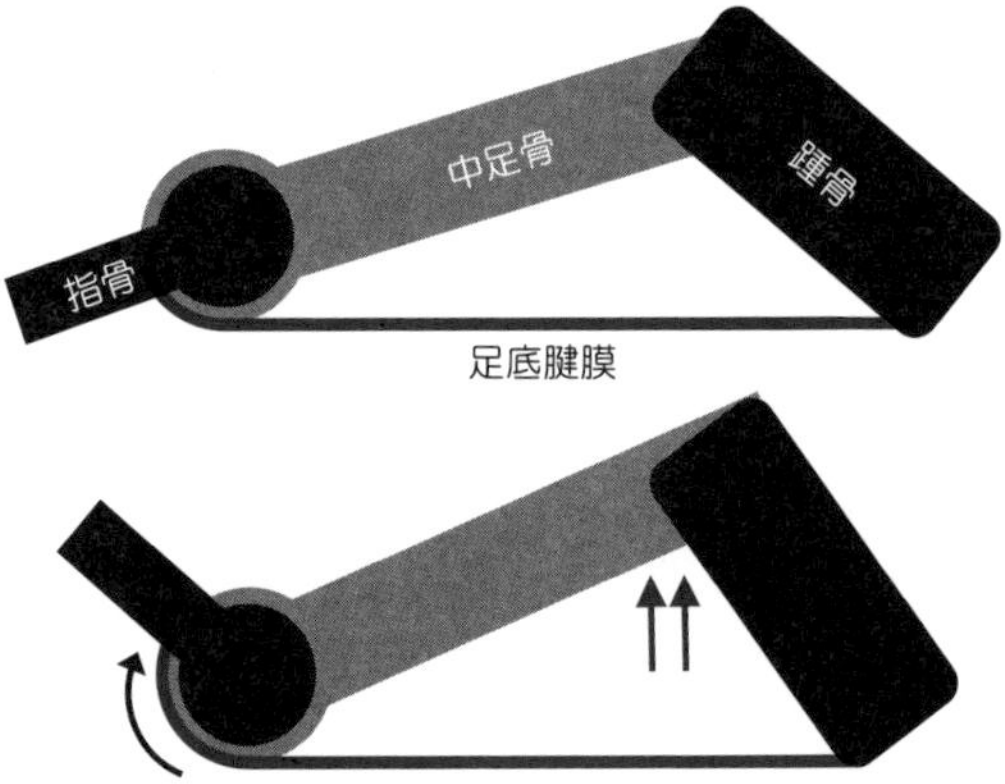

アーチの平坦化

アーチが低下するときに問題となるのは、多くは内側の問題です。前述したように内側縦アーチの頂上に位置する距骨頭の足底側からの支えはスプリング靱帯のみで、骨による支持がありません。このことを初めて知ったときは筆者も驚きました。実際、足部が回内しアーチの低下が著しい人の足をよく観察すると、距骨頭がこの支えからはみ出てこぼれ落ちてしまいそうになっているケースに出くわします。このような例では、スプリング靱帯にはっきりした圧痛を訴える例も多く、内側縦アーチの問題は構造的に起こるべくして起こっているのだなと感じます。

一方で、外側アーチはもともと内側に比べて低く、これがつぶれたという事例をほとんど見かけないのも構造的には納得です。ただし、立方骨の疲労骨折はほとんど見かけませんが、外側の中足骨に関しては疲労骨折の例も多く見られることには注意が必要でしょう。たとえアーチが落ちて苦しんでいる人の足であっても、縦アーチ構造を引き伸ばそうと外力をかけたところで、目に見えてアーチが伸びる様子を確認することは難しいでしょう。ぜひ試してみてください。それくらい、アーチの静的な支持機構は強固なものです。

しかし、ひとたび足部にねじれの負荷が加わると、意外なほどアーチの低下は簡単に起こります。後足部を固定したまま、前足部を回外してみてください。縦アーチが目に見えて平坦化するのがわかります。このような状況が支持中、実際に起こるのが、後足部の回内が起こった場合です。後足部が回内位で荷重を受けた場合、ただでさえ距骨が踵骨から内側へこぼれそうになるのに加えて、前足部が回外位となり、アーチの平坦化が起こります。

Arangioら（2000）による三次元力学モデルを用いて計算を行った研究によると、距骨下関節が中間位にある状態で70kg重程度の荷重をかけ、後足部を5°回内させたところ、前足部が回外位になり、第一中足骨への負荷が大きくなりました。このとき、内側アーチの頂上である距骨頭と舟状骨との間の関節を伸ばすモーメントは47%増加し、舟状骨と内側楔状《けつじょう》骨《こつ》との間の関節を伸ばすモーメントは58%増加しました。

このように、踵骨が内側に倒れたり、距骨頭や舟状骨が内側に落ち込んでくるような状態に代表される後足部の回内は、結果的に内側の縦アーチを伸ばして平坦化させ、内側の支持機構に大きな負担を強います。

ちなみに、同じ実験において後足部を5°回外させた場合には、踵骨と立方骨の間の関節を伸ばすモーメントが55％増加しました。逆に回外によって外側縦アーチの負担が大きくなるわけです。スプリング靱帯の線維走行をよく見ると、後外側から前内側に向かっており、前足部の回外を制限する方向に走っていることがわかります。静的な支持機構の中心となる靱帯が、合目的的に配置されていると仮定すれば、内側縦アーチの保持には、やはり前足部回外のコントロールが重要となることがわかります。

筆者の経験では、実際にスプリング靱帯の走行に沿って貼った前足部の回内を強制するようなテーピング（図4）は、縦アーチの平坦化を効率よく制限します。筆者は、関節の運動を考慮し、機能面からの発想をもとに前足部の回外を制限するテープを競技者の足に貼っていたのですが、あるとき、スプリング靱帯の走行とぴったり一致していることに気づいて〝ハッ〟となった経験があります。

ところで、少し見方を変えてみると、回内位でアーチが平坦化するような足部足関節の特性というのは、地面との接触面積あるいは推進の作用端を確保するという観点から見ると、少々の接地位置のずれへの対応や、カーブ、不整地や斜面を移動する際や素早いブレーキや

図4　前足部の回外を制限するテープ

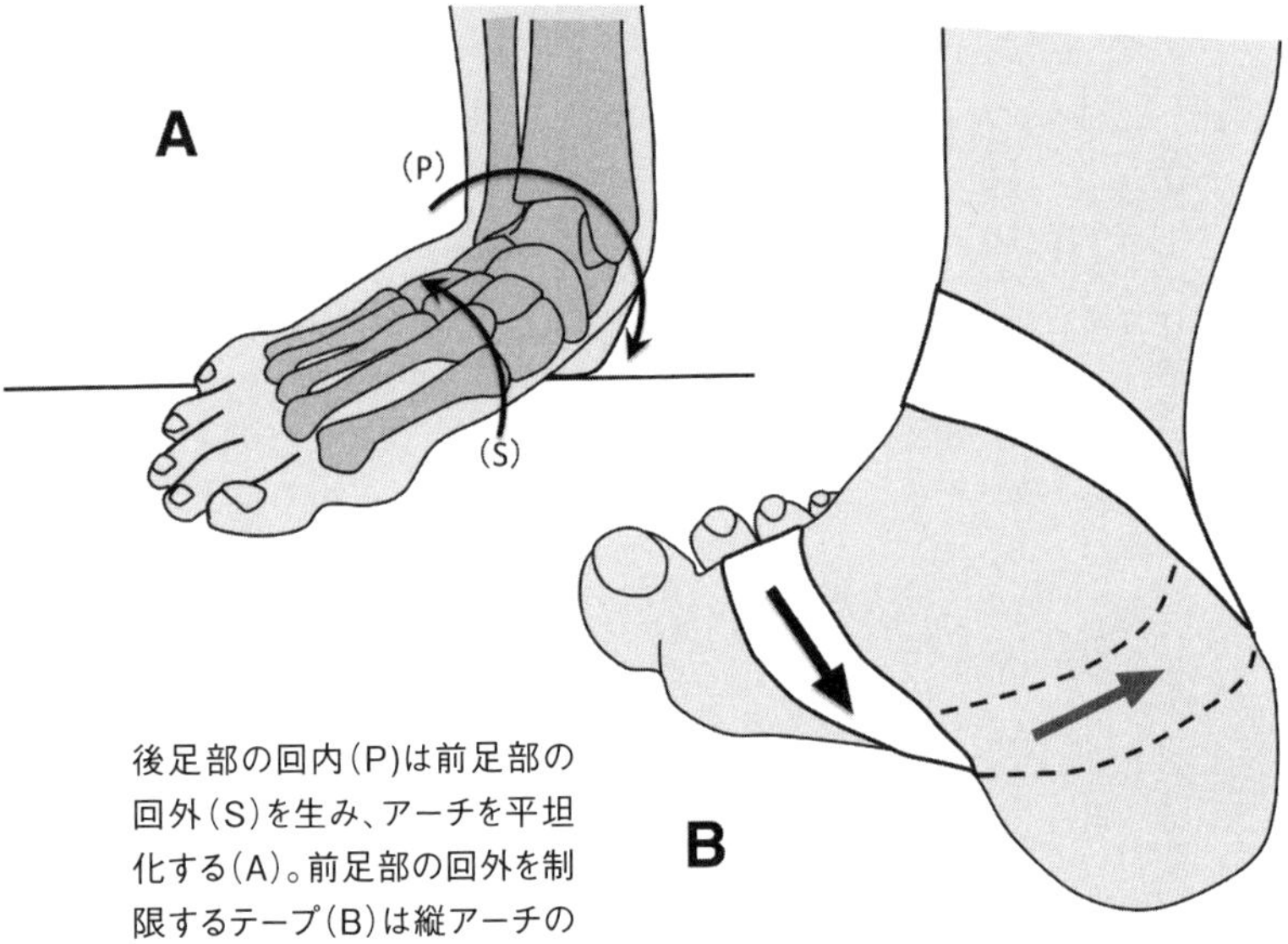

後足部の回内(P)は前足部の回外(S)を生み、アーチを平坦化する(A)。前足部の回外を制限するテープ(B)は縦アーチの平坦化を制限する。内側アーチの下面を通るその走行はスプリング靱帯の走行に類似する。

アーチの静的な支持機構は強固なものだが、
ひとたび足部にねじれの負荷が加わると、
意外なほどアーチの低下は簡単に起こる。

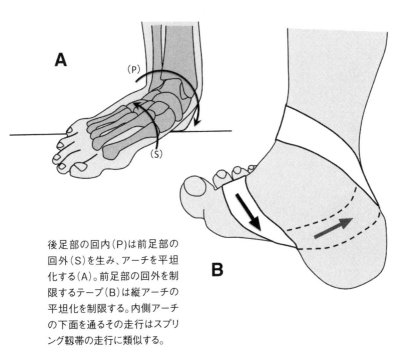

方向変換、側方への推進を効率よく行う上では重要な機能です。そのような視点でも足について観察してみましょう。

足のはなし その3
―動的支持機構―

動的な支持機構の主役は筋

夏の暑い日、一日グラウンドに立った足をシューズと靴下と荷重（110kg超！）から解放した瞬間、みずからの足に対して心から気の毒に思うと同時に、深い敬意を抱きます。立位を保持するだけでも相当な負担ですが、実際には身体と地面とのインターフェイスとなる足部には走ったり跳んだり着地したり……に伴う負荷、変形が容赦なく繰り返されるわけです。

過酷な環境下で大きな負荷を受ける足について、ここまでは骨や靭帯に代表される静的な構造、支持機構について主に述べてきました。本節では、動的な支持機構について取り上げます。

動的な支持機構とは、主に筋のことを指します。筋は神経系のコントロールのもとで張力を発揮することで、剛性や粘弾性《ねんだんせい》を変化させ、出力を地面に伝えやすくしたり、逆に地面からの力を安全、効率的に身体へ入力することを助けることで、足部の過剰な変形を抑制して足を守ったりと重要な役割を担っています。

筋は骨や靱帯といった静的な支持機構と比較してトレーナビリティが高く、形態的にも機能的にも意識やトレーニングによって積極的に状態を変容させることができます。このような意味において、トレーニングについて考えるとき、とくに詳しく知っておきたい部分です。

まず、構造について考えていきましょう。

足部の動的支持機構　―内在筋と外在筋―

足部で作用する筋群は、足部に起始し足部に終わる「内在筋」：intrinsic muscleと、下腿に起始し足部に至る「外在筋」：extrinsic muscleとに分類することができます。内在筋は足指を開く・閉じるなど、足指の細かいコントロールに関わるものが多いのに対して、外在筋は筋力が大きく足指の強い屈曲・伸展や、足関節の外返し・内返しに作用するもので構成されています（図1：足部に関わる筋群の模式図）。

■足部の内在筋

足部の解剖図を見てみると、内在筋について目立つのは、足指のコントロールに関わるものです。足部に起始を持つ足指の屈筋・伸筋、骨間筋、足指の内・外転筋がこれに当たります。これらの筋は、足部に筋腹を持つことになりますので、足底に感じる疲労感は、これら内在筋の疲労に起因するものといってよいでしょう。最も表層の内在筋としては、足背（足の甲）では短指伸筋《たんししんきん》、足底では短指屈筋《たんしくっきん》が挙げられます。

さらに表層で足の側部に起始する筋群として、母指・小指の外転筋が挙げられます（図2：足部の内在筋）。横アーチをつなぐ内在筋としては、母指内転筋が挙げられます。足底を左右に横断する横頭（図3）と、母指と外側の中足骨基部を結ぶ斜頭があります。

■足部の外在筋

足部、足指に働く筋のうち、起始を下腿に持つものを指します。下腿に筋腹を持ち、比較

図1 足部に関わる筋群の模式図

TP：後脛骨筋・腓骨筋群
ExtL：長指伸筋・長母指伸筋
ExtB：短指伸筋 etc.
FlxL：長指屈筋・長母指屈筋 etc.
FlxB：短指屈筋・長母指屈筋
DIO：背側骨間筋
PIO：底側骨間筋
QP：足底方形筋

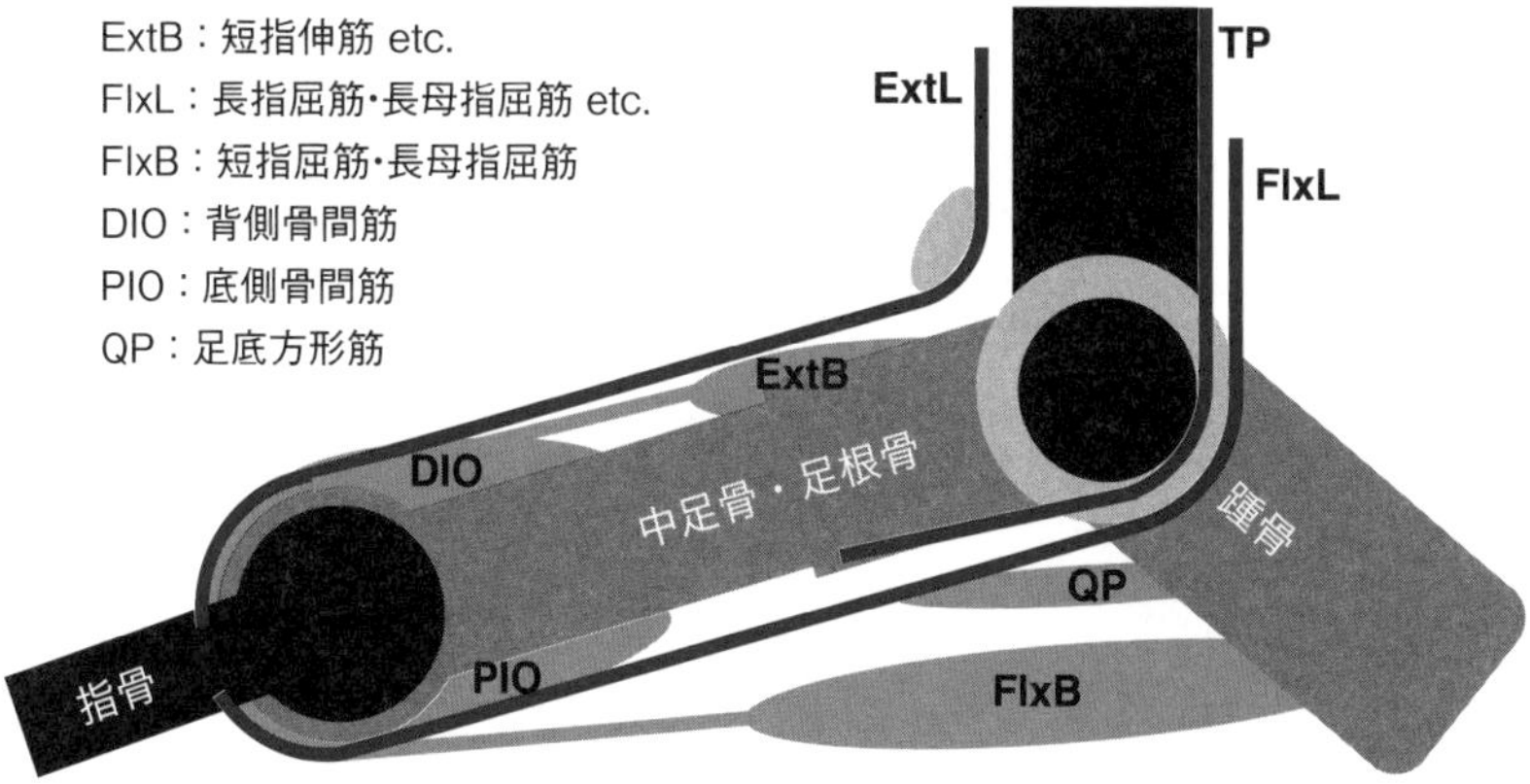

指骨の分節、足根骨、付着部や停止腱の構造について簡略化し、全体を模式的に示した。足部、足指に作用する筋は足部に起始、足部に停止する内在筋、下腿に起始し、足部に至る外在筋に分類できる。両者は共働して、大きな出力を可能にすると同時に、複雑な足指や足部のコントロールを可能にしている。

足部で作用する筋群は、
足部に起始し足部に終わる「内在筋」と、
下腿に起始し足部に至る
「外在筋」とに分類することができる。

図2　足部の内在筋群

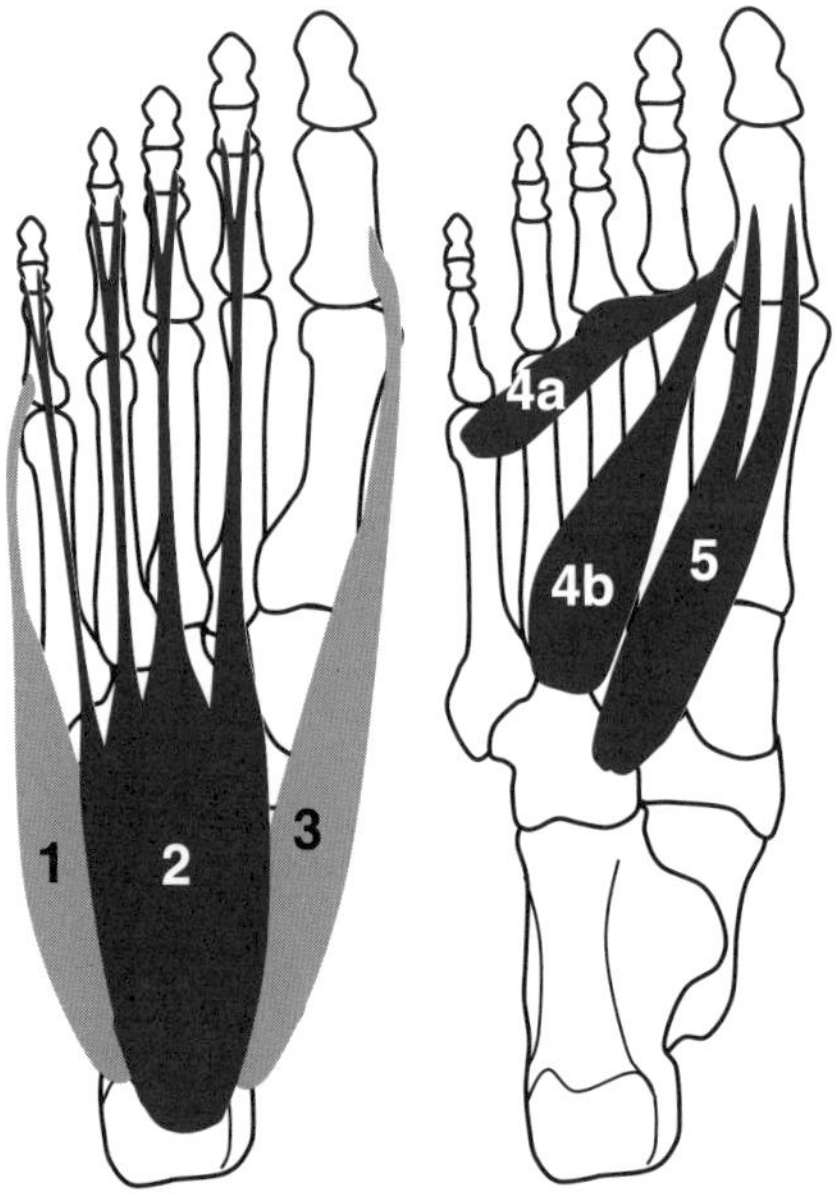

右足を足底から見た図。これらの筋群は、足指の位置のコントロール等、細かい調節に主に関与している。ここでは、足指の内・外転筋群と屈筋群のみを示した。足底の疲労は、ここに示されるものに代表される足部の内在筋に起因すると考えられる。

1：小指外転筋
2：小指屈筋
3：母指外転筋
4a：母指内転筋横頭
4b：母指内転筋斜頭
5：短母指屈筋

図3　母指内転筋横頭の模式図

母指内転筋は足底の深部を横断し、母指の内転や横アーチの動的な保持に関与している。

Kapandji, I.A.（著）萩島 秀男, 嶋田 智明（訳）（1993）カパンディ関節の生理学II下肢 原著第5版.医歯薬出版.を参考に作図.

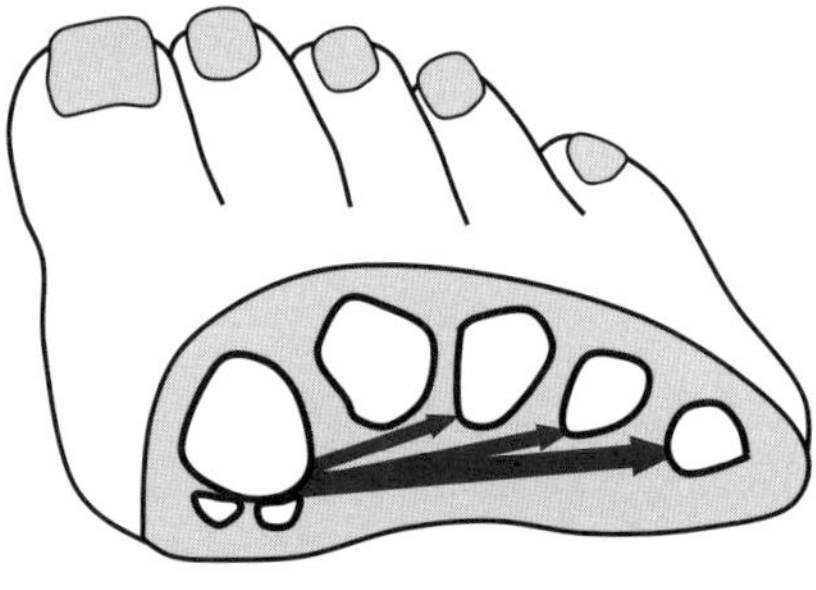

的長い停止腱が足関節をまたいでいることが特徴です。このような構造を持つことで、下肢の末端である足部の重さを抑えたまま、強い筋力の発揮が可能となります。筋腹を下腿近位に多く配置して、下肢の「先細り」構造を確保することで、ランニングに代表されるような素早い下肢の往復運動や操作にも都合がよいものとなっています。

足指の強い屈曲・伸展や、足関節の動きのコントロールとともに足部の安定を保つ筋群です。これらの筋群は足関節をまたぐため、それぞれ足関節に対しても作用します。この作用については、足関節の運動軸との位置関係により変化します（図4：腱と運動軸の関係模式図）。

■足指の伸筋

長指伸筋：前脛骨筋《ぜんけいこつきん》の外側、脛骨外側顆《けいこつがいそくか》、腓骨頭《ひこっとう》および腓骨近位部、下腿筋膜および骨間膜に起始し、長い腱をもって伸筋支帯の下を通って、細い腱に分かれて母指以外の4指へ向かい、それぞれ指背腱膜《しはいけんまく》に停止します。第2－5指を背屈すると同時に、足関節に対しても、背屈・回内に作用します。

長母指伸筋：下腿の前面、骨間膜と腓骨から起こります。長い停止腱は足関節の前面では前脛骨筋腱の外側、長指伸筋腱《ちょうししんきんけん》との間に位置し、体表からもはっきりと観察することができます。足関節前面で最大の前脛骨筋の腱を見つけて、その外側に触れながら母指を屈伸すると見つけやすいでしょう。停止腱は母指の末節骨まで至るため、母指の背屈と同時に足関節背屈にも作用します。

■下腿後面深層から足底に至る筋群

下腿にあるヒラメ筋のさらに深層には足底や足指に至る3つの筋群の起始、筋腹があります。

最も内側には脛骨の後面に起始し、母指以外の足指に至る長指屈筋《ちょうしくっきん》があります。長指屈筋は足指の外在性の屈筋として、短指屈筋や骨間筋などと共同して足指の屈曲に作用します。脛骨（すね）内側縁の中央よりも膝寄りに触れながら足指を屈伸すると、この筋の筋腹の動きを感じることができるでしょう。長指屈筋の腱には、踵骨から出た足底方形筋が付着します（図1）。この筋は斜走する長指屈筋の腱を足の長軸方向に真っ直ぐ引くことで作用を補

図4 関節の運動軸と筋群の作用

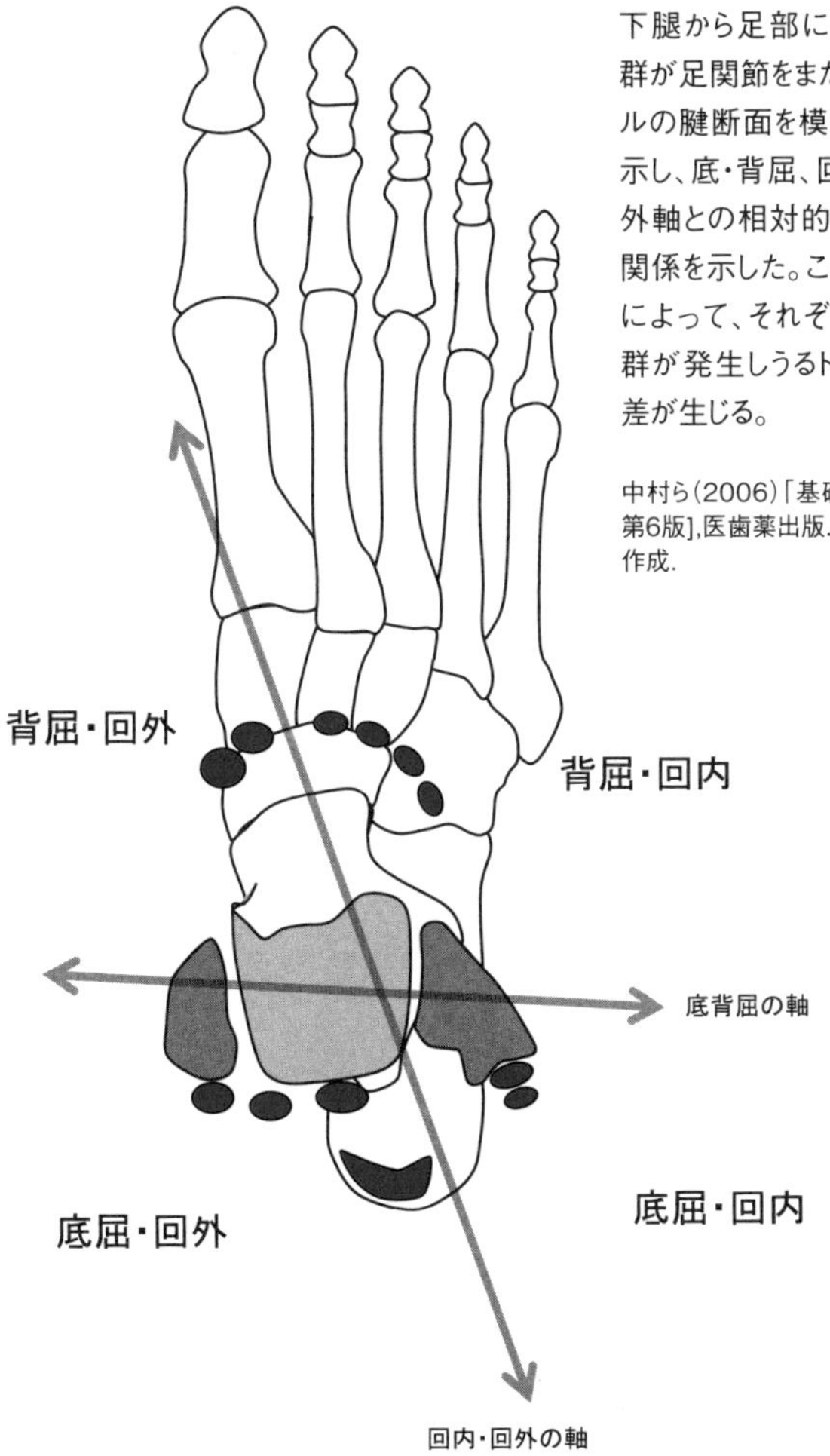

下腿から足部に至る筋群が足関節をまたぐレベルの腱断面を模式的に示し、底・背屈、回内・回外軸との相対的な位置関係を示した。この関係によって、それぞれの筋群が発生しうるトルクに差が生じる。

中村ら(2006)「基礎運動学 第6版」,医歯薬出版.を参考に作成.

助し、足指の屈曲を助けます。

下腿後面中央には、ちょうど前脛骨筋と脛骨・下腿骨間膜をはさんで対称の配置となる後脛骨筋があります。この筋は下腿遠位1／3で長指屈筋と交差するように皮下に出現したのち、内果の後部から下部を巻き込むように走行し、足指には至らず土踏まずの頂点付近に広がって停止します。このような構造から、足の縦アーチの動的な保持に重要な役割を果たしています。

三筋のうち最も外側に起始するのは、下腿骨間膜と腓骨より起こる長母指屈筋《ちょうぼしくっきん》です。長母指屈筋は内果と外果の中央を通過した後、ようやく長指屈筋の腱を超え、最も内側から足底に入って母指の末節骨底の底側に至ります。この筋は足の母指屈曲の主働筋として作用します。

■腓骨筋群

短腓骨筋《たんひこつきん》は遠位の腓骨外側面に起始し、長腓骨筋《ちょうひこつきん》と並んで走行して外果で方向を変えた後、第五中足骨の基部にあって、皮下に触れる出っ張りである第五中足骨粗面に停止します。

長腓骨筋は腓骨頭、腓骨上部の外側面・脛骨の外側顆などから起こり、腓骨の外側を走行して外果に至ると外果を滑車のようにして方向を変え、踵骨から立方骨に接して足底に回り込み、足底を斜めに横切って最も内側にある第一中足骨底に停止します。

皮下組織の少ない人では、長・短腓骨筋の腱が外果の足底寄り、踵骨上の皮下で隣接している様子が視覚的に確認できると同時に、皮下に隣接する二腱を触れることができるでしょう。これらの二筋はどちらも強力な足の回内筋であると同時に、底屈の作用も有しています。この筋群は足関節のラテラルバランス（側方安定性）の確保に寄与すると同時に、母指球に加重して底屈する動作においても強く働きます。

足部の側方安定性にとくに深く関わる腓骨筋と後脛骨筋の作用については、次節において取り上げたいと思います。

足のはなし その4

―足部トレーニングのヒント―

学生の素朴な疑問

最近、アキレス腱周囲の痛みを訴えた十種競技を専門とする学生が相談に来ました。患側は立位の保持においても回内傾向ですが、さらに原因を探ってみようと、健側と患側で片脚立位をとってバランスを確認してみたところ、油断すると内側の支持が効かず土踏まずの方向にバランスを崩してしまうような状況でした。ちなみに足部の回内がアキレス腱周囲の問題の原因となることについては、これまでにも報告があり、よく知られています（Clement et al., 1984）。

下腿深部の筋群を意識しながら触ってみると、腓骨の後面にある長母指屈筋《ちょうぼしくっきん》の筋腹や下腿骨間膜を隔てて、前脛骨筋《ぜんけいこっきん》の後面にある後脛骨筋《こうけいこっきん》の筋腹（両手の指を使って前脛骨筋の筋腹と一緒に骨間膜に向かって挟みつけるように触ると分りやすい）がカチカチで、軽く圧迫を加えただけでも顔をしかめるような状態でした。本人には足部のアーチが低下していること、その動的な支持に関わる筋群への負担増加がありそうなことを伝えました。

そこで学生からの素朴な疑問は「アーチを上げるトレーニングってどんなものが考えられますか？」というものでした。このような疑問に答えるためにも、足部の側方安定性に強く関わる筋を取り上げてみましょう。

アーチに関わる骨の配列については、靱帯などの静的な支持機構の影響も大きいですが、さすがに靱帯をトレーニングして太くしようというのは、少し時間もかかりそうですし、効果も実感しにくいでしょう。そうなると、この要求に応えるために第一選択となるのは、やはり可塑性《かそせい》が大きな「筋」への働きかけということになります。

筋にはトレーニングによって量的な変化が期待できますし、それとともに生じる機能的な変化やコントロールの変容も期待できるでしょう。なによりも、（通常は）随意的にコントロールできるという点も、当たり前とはいえ積極的な働きかけには重要な特性です。ここでは、とくに足部のラテラルバランス（側方安定性）に関わる大きな筋で、足部を下腿に向かって引き上げる作用を持つ筋として、後脛骨筋と腓骨筋群《ひこつきんぐん》を取り上げ、トレーニングのヒントを探ってみることにします。

後脛骨筋と長腓骨筋の位置関係

まず、足における二筋の位置関係の確認をしましょう。

図1は、足底から見た後脛骨筋と長腓骨筋《ちょうひこつきん》の腱の走行を示したものです（腓骨筋群は第5中足骨に停止する短腓骨筋《たんひこつきん》も含まれますが、ここではとくに足底を横切る長腓骨筋に着目します）。これらの筋は、いずれも下腿から足部に至る「外在筋」に当たります。内果を回り込んで足底に至る後脛骨筋と、外果を回り込む長腓骨筋が、足底では重なり合うように配置されているということがおわかりいただけると思います。

足部が2つの筋によって中間位にバランスよく吊り下げられている様子をイメージしてみてください。このバランスが崩れたとき、それぞれの筋に課される負担についても想像できるのではないでしょうか。

図1　後脛骨筋と長腓骨筋(右足を足底から見る)

1)後脛骨筋
2)長腓骨筋
これらの筋は、停止腱を足底まで伸ばし、足底を包み込むように交差している。足部のラテラルバランスに重要な役割を果たしている。

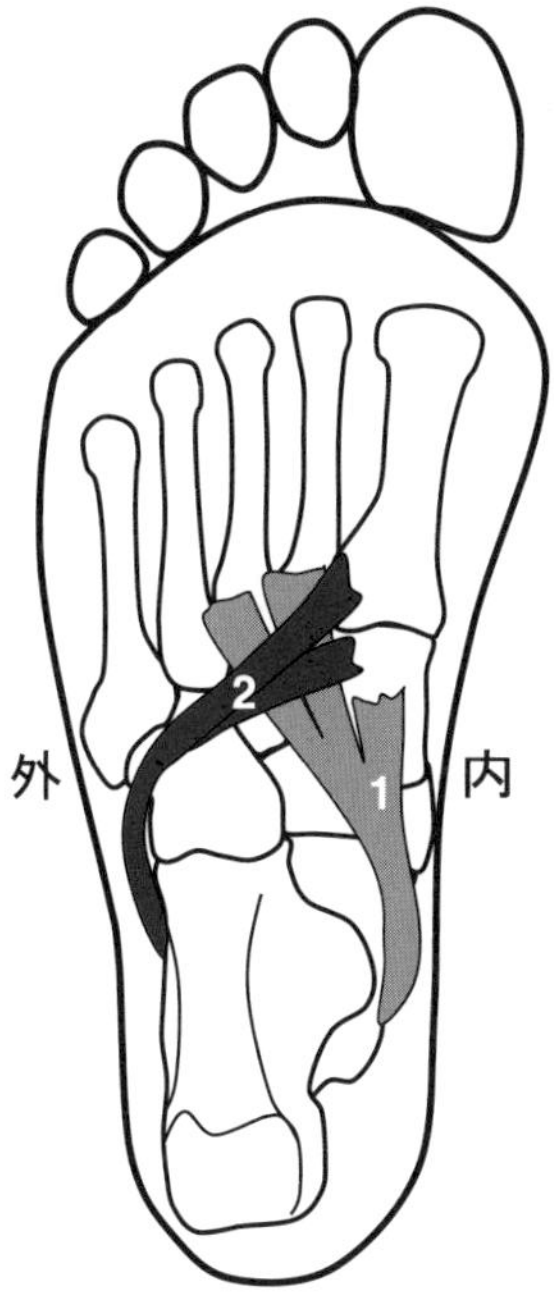

足部が後脛骨筋と長腓骨筋という
2つの筋によって中間位にバランスよく吊り下げられている
様子をイメージしてみよう。
このバランスが崩れたとき、
それぞれの筋に課される負担についても
想像できるはず。

後脛骨筋の全体像

前述したように、後脛骨筋の筋腹はちょうど前脛骨筋と脛骨・下腿骨間膜をはさんだ下腿後面中央にあります。この筋は下腿遠位1／3で皮膚直下に出現し、内果の後部から下部を巻き込むように走行し、足指には至らず土踏まずの頂点付近、中足骨《ちゅうそくこつ》の基部から足根骨《そくこんこつ》に広がって停止します。つま先を廻すように足関節を動かすと、内果の後部に見られる腱の盛り上がりは、まさに後脛骨筋なのです。

後脛骨筋はその走行からも明らかなように、足部を底屈すると同時に内返しするような作用を持っています。力強い推進や強い衝撃を受け止める際に、母指球に集中しがちな負荷を外側に分散する働き（図2A）や足部につながる下腿、ひいては大腿の内旋を抑制する働きがあるといわれています。不整地や傾斜のある地面上で支持や推進を行う際には、とくに重要な役割を果たしていることが予想されます。

このような内側縦アーチを頂点近くで直接引き上げる構造であるため、ランナーなどの使い過ぎによって起こる問題が後脛骨筋腱炎として表れることも多いのです。

図2 後脛骨筋と長腓骨筋の張力とその効果

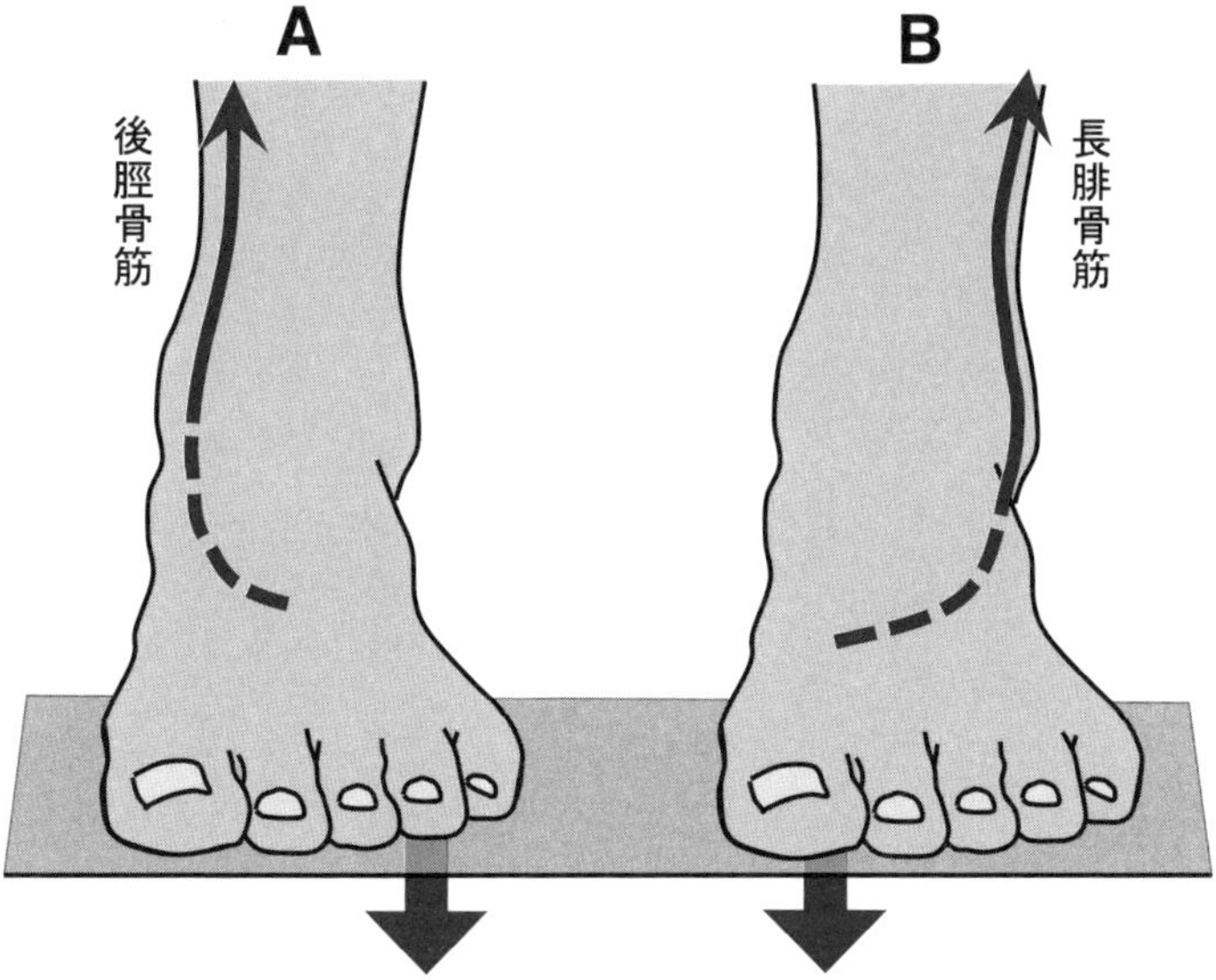

A：後脛骨筋は前足部の荷重を外側に分散する。
B：長腓骨筋は前足部の荷重を母指球側に集める。

長腓骨筋の全体像

腓骨の外側に起始した長腓骨筋は、短腓骨筋と並んで走行し外果で方向を変えた後、踵骨から立方骨に接して足底に回り込み、足底を斜めに横切って最も内側にある第一中足骨底に停止します。立方骨は下面からこの筋に支えられる位置関係となります。実際に、立方骨の下面には長腓骨筋腱が収まる浅い溝があります。

一方で、短腓骨筋は第五中足骨の基部に停止します。腓骨筋群は強力な足の回内筋であると同時に、底屈の作用も有しています。そのため、推進の動作などにおいては、荷重を母指球に集めるように作用すると考えられます（図2B）。不整地や斜面での働きについては、後脛骨筋と同様の要求があると考えてよいでしょう

とくに腓骨筋群は、中心腱の両側に羽状の筋腹を持つ羽状筋《うじょうきん》としてよく知られています。このような羽状構造は、一本一本の筋束の長さが短い一方で、生理的横断面積が大きい特徴があります。この構造は、筋全体の短縮速度を大きくすることには適していませんが、大きな張力を出して外力に耐えるような局面では真価を発揮するでしょう。

切り返し動作と腓骨筋群

図3は、サイドステップの際の切り返し動作の様子を模式的に示したものです。外に大きく踏み出された足の足底は地面との接触を保ちますが、下腿はそれに対して大きく傾斜しているため、足部には強い内返しのストレスが作用することとなります。

腓骨筋群はこのような状況において、足部の内返しが過剰になるのを防ぎ、足部の内側や母指球の地面との接触を保つ上で重要な役割を果たしています。まれに急激な方向変換動作において、腓骨筋腱がそれを支える結合組織（支帯）を引きちぎって外果に乗り上げてしまうことがあります。これを「腓骨筋腱脱臼《ひこつきんけんだっきゅう》」といいますが、腓骨筋がさらされる大きな負荷を物語るものといえるでしょう。またピッチングの後ろ脚のように、下腿を前内側に倒しながら推進を行うような局面でも強く作用することが予想されます。

図3　左右切り返し動作と足関節の姿勢

下腿が大きく内側に傾斜した状態で足底の地面との接触が確保されている背景には、回外位における安定性が求められる。このとき支持脚側の腓骨筋群の強い関与が予想される。

図4　走り高跳びの踏み切り動作

下腿が大きく外側に傾斜した状態で足底の地面との接触が確保されている。進行方向よりも足部が外転位（つま先が外に開いた姿勢）にあるため、さらに強く回内（外がえし）が強制される。このとき外転、回内に対抗して後脛骨筋の強い関与が予想される。

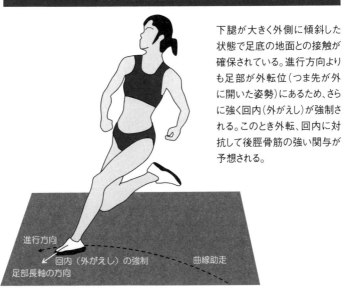

走り高跳びの踏み切りと後脛骨筋

図4は走り高跳びの踏み切り動作を模式的に示したものです。実際の走り高跳びの踏み切り動作は、踏切脚を曲線助走の内側の支持脚として行われるため、図で示すように、下腿は曲線の内側に向かって傾き、地面と接触を保つ足部との間で大きな変形が生じることとなります。実際に計測した例では、わずか30ミリ秒で40°の回内が生じるという報告もあります（Van Gheluwe et al., 2003）。

詳しく見てみると、身体の進行方向に対して足部が外転位（つま先が外に開いた姿勢）にあり、外転と回内（外がえし）が強制される状況にさらされます。そのため、足部と下腿をつなぐ内側の支持機構である三角靱帯は、走り高跳び競技者における傷害の好発部位です。このような変形を抑制するように作用する筋の代表として後脛骨筋が挙げられます。

靱帯損傷の予防としては、助走や踏み切りの技術を適切にすることが第一ですが、回内に対抗する後脛骨筋や前脛骨筋の積極的なトレーニングによって、動的な支持の能力を高めていくことも、重要な選択に入ってくるでしょう。

歩行のはなし

われわれにとっては日常的にどうってことのない二足歩行、いまでこそ多種多様な二足歩行ロボットが登場していますが、一昔前、これをロボットに行わせることは非常に大変なことでした。確かに、短時間にごく狭い基底面（足底）を頼りに、安定と不安定（小さな転倒と回復）の間を行き来する制御は、容易なものではないことは想像できます。

それだけに、HondaのASIMOが登場したときは、ついにこんなことになったかと感慨深かったことを覚えています。ただひとつ気になったのは、彼（彼女？）の膝が常に曲がったままだったことです……。

二足歩行は特殊？

二足移動は動物の移動様式としては特殊といえるものでしょう。哺乳類において、一部のサルやカンガルーなどは二足移動することで有名ですが、ヒト以外の哺乳類で日常的に二足移動する動物はさほど多くないと認識しています（鳥類はそもそも前肢が翼になっているわけですから、地上ではもっぱら二足移動で四足移動できません）。とくに下肢とともに体幹が直立位で二足移動する動物はヒト以外にありません。

哺乳類以外に目を移してみても、二足歩行は一般的な移動様式ではありません。筆者は両生類が二足移動している様子を見たことがありません。カエルは惜しいかもしれませんが。爬虫類では、四足で「這う：Crawl」のが通常です。

ちょっと話は逸れますが、一部のトカゲ類で陸上や水上（！）で二足移動が観察されることがあります。おそらく多くの人に見覚えのある例は、エリマキトカゲの二足走行でしょう。踊り狂うようなそのロコモーションは印象的で、一時日本国内でもブームになったほどです。

一方、中央アメリカに生息するトカゲ「バシリスク：Basilisk」は水上を走ることで知られています。こちらは正確には、巧みに尾も利用しているようで、二足移動といえるかどうかは怪しいところです。変わったところでは、なんとゴキブリの二足走行も報告されています（Alexander, 2004）。

閑話休題。話をヒトに戻します。

われわれヒトの日常的な移動運動は二足歩行ですが、ヒトがなぜこのロコモーションのスタイルをとるようになったのかについては、これまで人類学者の間でさまざまな議論が交わされてきました（国田, 1997）。代表的なものでは獲物や子どもを前肢で運ぶ必要に注目した「二足運搬行動説」、地面からの輻射熱の回避に注目した「温熱負荷説」などさまざまですが、それらと並んで有力視されるのが「エネルギー効率説」です。すなわち、エネルギー効率が高い移動様式を選択したその結果が、二足移動だったというものです。

実際、ヒトの二足移動は、四足移動に比較して非常にエネルギー効率が高いといわれています。その同じ移動速度におけるエネルギー消費量はサル類の四足移動と比べて60%以下ともいわれ、一般四足獣《しそくじゅう》と比較しても90%以下と報告されています（Leonard and Robertson, 1997）。

この二足歩行の効率の良さは、四足獣よりも接地面が広い足部や、完全伸展位でロックできる膝関節、直立した体幹部、大きな可動域を持つ股関節《こかんせつ》や、自由な上肢など、われわれヒトの解剖学的な特徴による背景が大きいと思われます。

ヒトの歩行が倒立振子のモデルで表現されることがありますが、そこからもわかるように、位置エネルギーの蓄積と解放を交互に巧みに行ってわれわれの二足歩行は成り立っています。

歩行中の関節運動と下腿筋活動

通常歩行の1サイクルの所用時間を考えたとき、全体の約60%を立脚期（支持期：Stance Phase）、約40%を遊脚期（Swing Phase）がそれぞれ占めます。立脚期のうち始まり

二足歩行の効率のよさは、
接地面が広い足部や、
完全伸展位でロックできる膝関節、
直立した体幹部、
大きな可動域を持つ股関節や、自由な上肢など、
ヒトの解剖学的な特徴による背景が大きい。

と終わりの部分は両脚支持期（Double Support Phase）で、1サイクル時間のそれぞれ約10%、合計約20%を占めます。したがって立脚期のうち両脚支持期に挟まれた片脚支持期（Single Support Phase）は歩行サイクル全体の約30%となります（図1）。

前述したように、歩行は安定した立位と比較すると、立脚局面に足底の範囲に乗っている重心を移動させてそこから追い出し、反対の足でそれを拾う様相から、小さな転倒と立ち直りを繰り返しているといっても過言ではないでしょう。

ヒト特有の完全伸展位でロックできる膝関節は、支持期の筋活動を大幅に減少させることにつながっています。実際、サルの歩行には強い筋活動が伴うのに対して、ヒトの歩行時の筋活動は弱い（岡田, 1997）ことが報告されています。このような効率のよい動作がどのように成立しているのか、筋の活動から眺めてみたいと思います。ここでは、支持足（通常踵部）が接地するところから、離地に至るまでの動作と下腿の筋活動を順次観察していきましょう。

接地から支持足に乗り込むまで

この局面、足関節に注目すると、つま先が引き上げられた状態で接地に至り、その後足の裏全体が接地していわゆるfoot flat（足底接地）の状態を迎えます。立脚期の足圧中心は、多くの場合踵の外側寄りで接地後、後足部から中足部までは足底のやや外側を通り、前足部では内側に抜けていく軌跡となるようです（江戸ら，2018）。踵接地はコントロールされた接地時の制動において重要な役割を果たしているでしょうし、踵接地からfoot flatに至る過程は衝撃の吸収、あるいは速度のコントロールということができるでしょう。この局面に前《ぜん》脛骨筋《けいこつきん》が積極的に関わっていることは、直感的に理解できると思います。

実際の筋活動を計測した岡（1984）が報告した筋電図からは、前脛骨筋は立脚期の最終段階で活動を開始し、遊脚期を通して活動し続けていることがわかります。つまり、前脛骨筋は地面から離れたつま先を引き上げながら一歩を踏み出し、踵接地の準備に入ります。踵接地から足底全体が接地するまでの間は、足関節は底屈しますが、それに伴って前脛骨筋は伸張性の活動を示します。

図1　通常歩行立脚期のイベントと局面

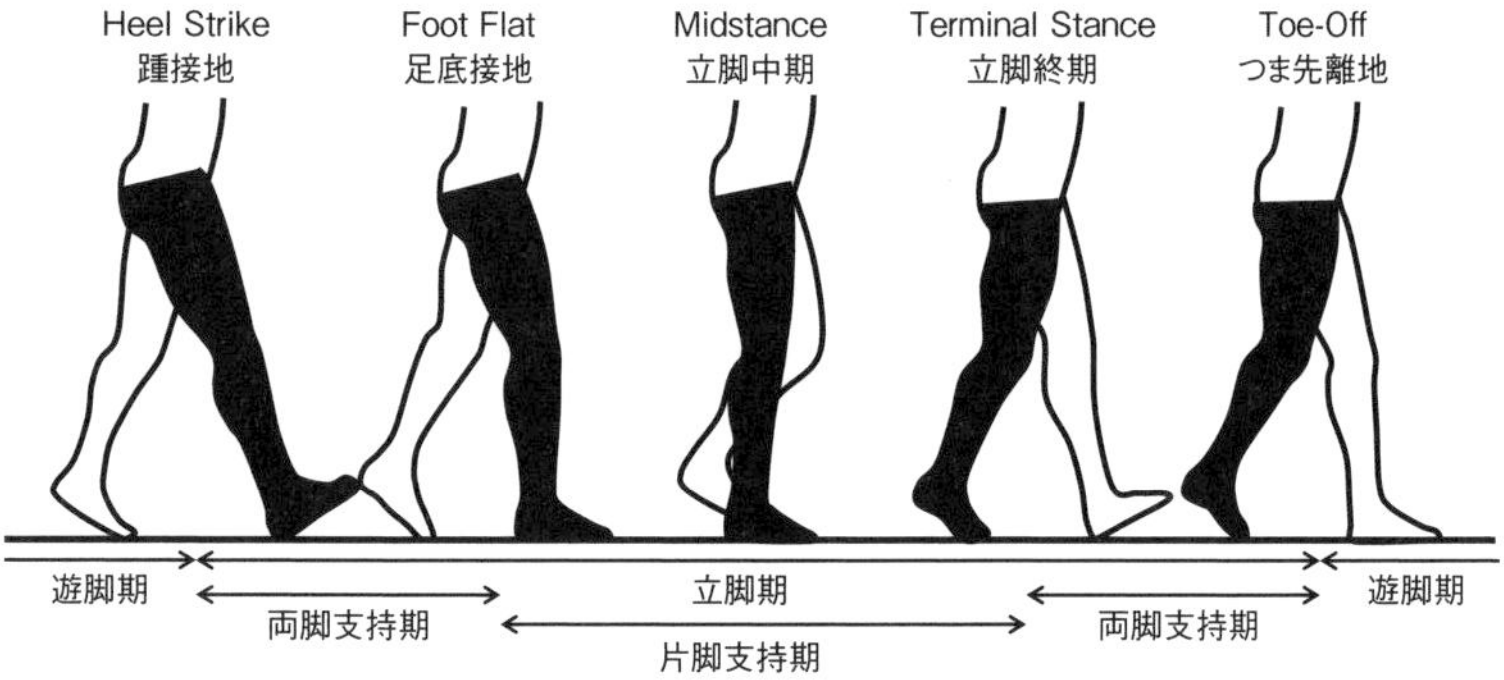

図2　通常歩行立脚期における下腿の筋活動模式図

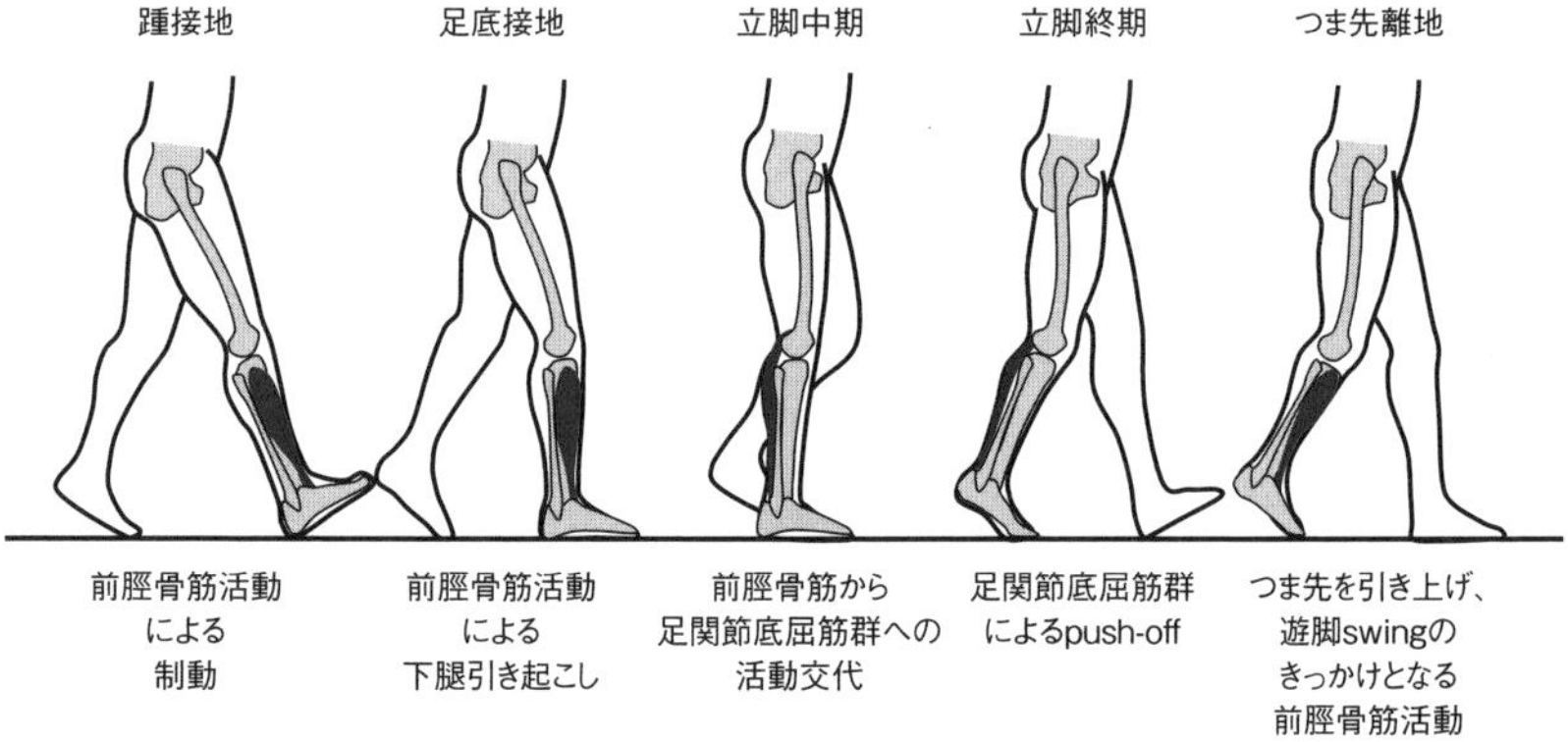

このとき前脛骨筋の活動は底屈をコントロールしてブレーキをかけるというだけではなく、地面とつながった足部に対して、積極的に全身が乗り込んでいく動きを補助する働きにつながっていくことがわかります（図2）。速歩や下り坂における歩行では前脛骨筋による制動の作用はより強調されたものとなり、あの運動翌日の筋肉痛へとつながるのでしょう。

Push Offについて

立脚期の前半では、前脛骨筋の活動は消失し、ふくらはぎの足関節底屈筋群に取って代わられます。まさに「活動交代」が起こるわけです。ここから活動を開始した腓腹筋は、立脚期の中盤から後半にかけて強い活動を示し、片脚支持期の終わり前後で急激に活動を減少あるいは消失します（図, 1984）。詳しく触れませんが、この

前脛骨筋の活動はブレーキをかけるというだけではなく、
地面とつながった足部に対して、
積極的に全身が乗り込んでいく動きを
補助する働きにつながっていく。

とき腓骨筋や足指《そくし》の屈筋も腓腹筋と類似したパターンで活動しているようです。

ところで、多くのヒト型二足歩行ロボットの膝ですが、どうやら膝関節が完全伸展になると、急激に自由度が失われて安定が保持しにくくなったり、膝関節の支持に要求される出力が急激に変化するなど、完全伸展付近で制御解が定まらないような状況が起こって都合が悪いようです（これが支持期における膝屈曲位の本当の理由かどうかはわかりません）。

近年では、支持期に膝関節を完全伸展できる二足歩行ロボットも現れているようです。

Chapter 6

肩のはなし

肩のはなし その1
―上肢帯の構造と作用―

「肩」とは?

「肩」と一口に言っても、状況によって、あるいは個人によって対象となる部位はさまざまで、意外にも簡潔な説明は難しいものです。

小学館の国語辞典で「肩」を引いてみると、

1 人の腕が胴体に接続する部分の上部、および、そこから首の付け根にかけての部分。

2 動物の前肢や翼が胴体に接続する部分の上部。

等と記載されています。

上肢と体幹との接点となる「肩」は、上肢が解放された状態で活動するわれわれヒトにおいて、直接簡単に触れることができる部位であり、普段から意識することの多い部位です。

「肩の力を抜く」「肩の荷がおりる」「肩で息をする」「肩が凝る」などの表現も、このような特性に伴って自然に生じたものといえるでしょう。

ところで、辞書的な意味はともかく、「肩」とは何でしょうか？ 力を抜いたり、荷をおろしたり、凝ったりする肩とは、どの部位を指しているのでしょうか？ 一般的には三角筋のふくらみを指していう場合や、もう少し頸部《けいぶ》に近い僧帽筋《そうぼうきん》上部周辺の部分を指していう場合、肩甲骨周辺を意識することもあるでしょう。

「肩」に関与する骨を数え上げるだけでも、上腕骨と肩甲骨で2つ？ 鎖骨も？ いやいや肋骨や頸椎、胸椎も？ という具合に定まりません（図1）。複雑な「肩」の構造を全体像から見ていくことから始めてみましょう。

複雑な肩全体の構造

前述のように、肩関節に関与する骨を数え上げるだけでも大変です。解剖学的に、関節という視点から考えてみると、狭義の肩関節は肩甲骨と上腕骨からなる「肩甲上腕関節《けんこうじょうわんかんせつ》」です。

図1　「肩」の全体像

一口に「肩」と言ってもそれが指す範囲は広く、状況によって異なったとらえられ方をする場合がある。

もう少し広く見てみると、肩甲骨と鎖骨との接点である「肩鎖関《けんさかん》節《せつ》」や鎖骨と胸骨との接点である「胸鎖関節《きょうさかんせつ》」は、肩の運動に関わる関節として分類することができます。さらには肩甲骨と胸郭との接点である「肩甲胸郭関節《けんこうきょうかくかんせつ》」についても肩の機能的な関節として取り扱われることがあります（図2）。

このように見てくると、肩に関与する骨はかなり多いことがわかります。体幹から上腕骨に至る骨性のつながりをたどってみると、体幹と上肢との唯一の骨性のつながりは胸骨と鎖骨との関節、すなわち胸鎖関節のみだということがわかります。胸鎖関節を中心として鎖骨が運動し、鎖骨の末端には肩甲骨が肩鎖関節で連結しています。

肩甲骨の外側には上腕骨頭が収まる関節窩《かんせつか》がありますが、この関節窩の位置および向きは、胸鎖関節を中心とした鎖骨の動きと肩鎖関節を中心とした肩甲骨の動きとの組み合わせによって、広い範囲を移動し、さまざまな方向を向くことができます（図3）。これら2つの関節の動

肩に関与する骨は数え上げるだけでも大変。
そして、数多くの筋群が複雑に絡み合い、
働き合っている。

図2　「肩」の関節とそれに関わる骨および関節（胸郭を頭側から見た図）

肩には肩甲骨と上腕骨との肩甲上腕関節、肩甲骨と鎖骨との肩鎖関節、鎖骨と胸骨との胸鎖関節が関わっている。胸郭自体も肩甲骨と広い面積で接し、上肢帯の安定に関わっている。

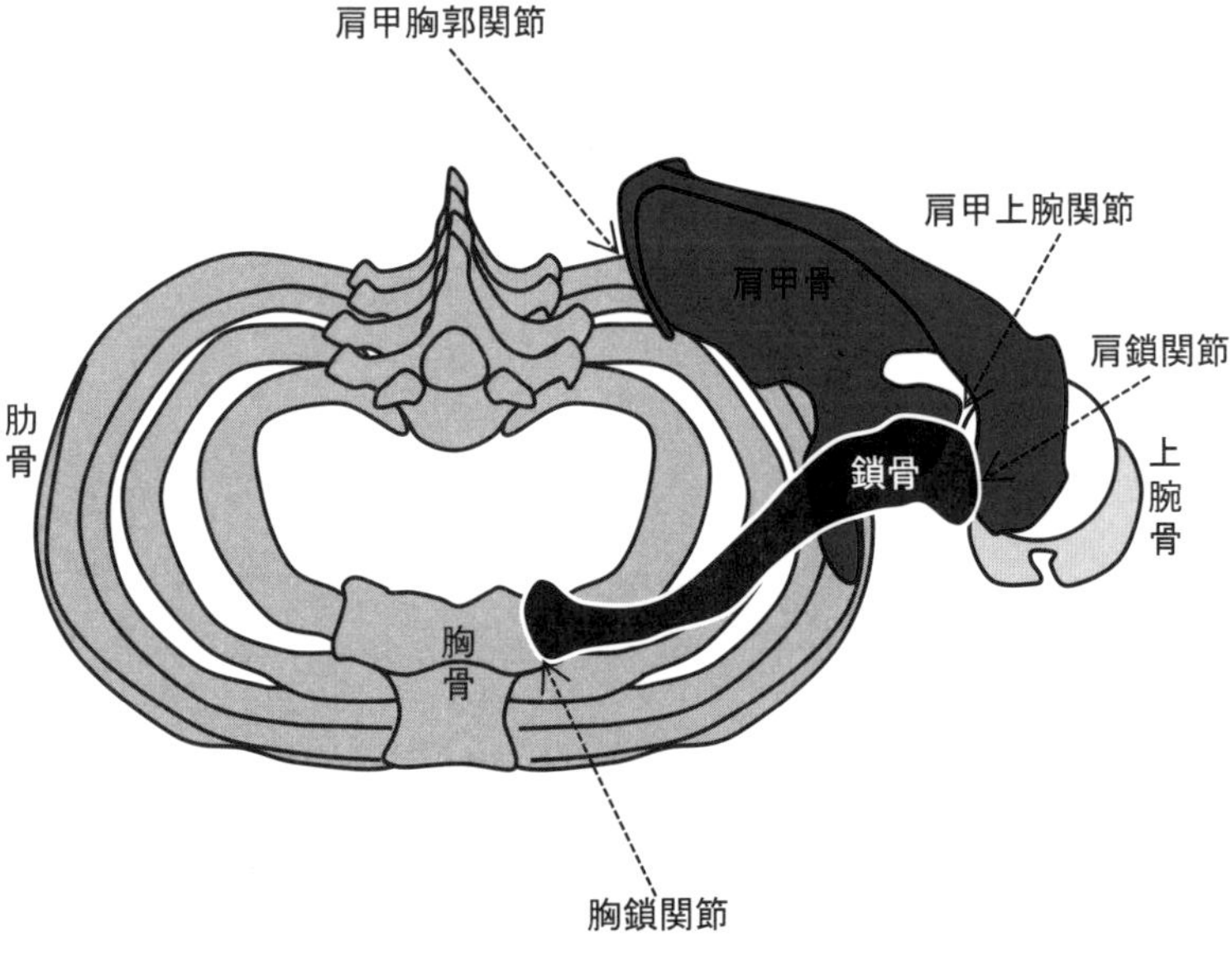

図3 肩甲骨の運動

点線の○で示した胸鎖関節を中心とした鎖骨の運動と、肩鎖関節を中心とした肩甲骨の運動によって、肩甲骨は広い範囲を移動し、関節窩をさまざまな方向に向けることが可能となる。

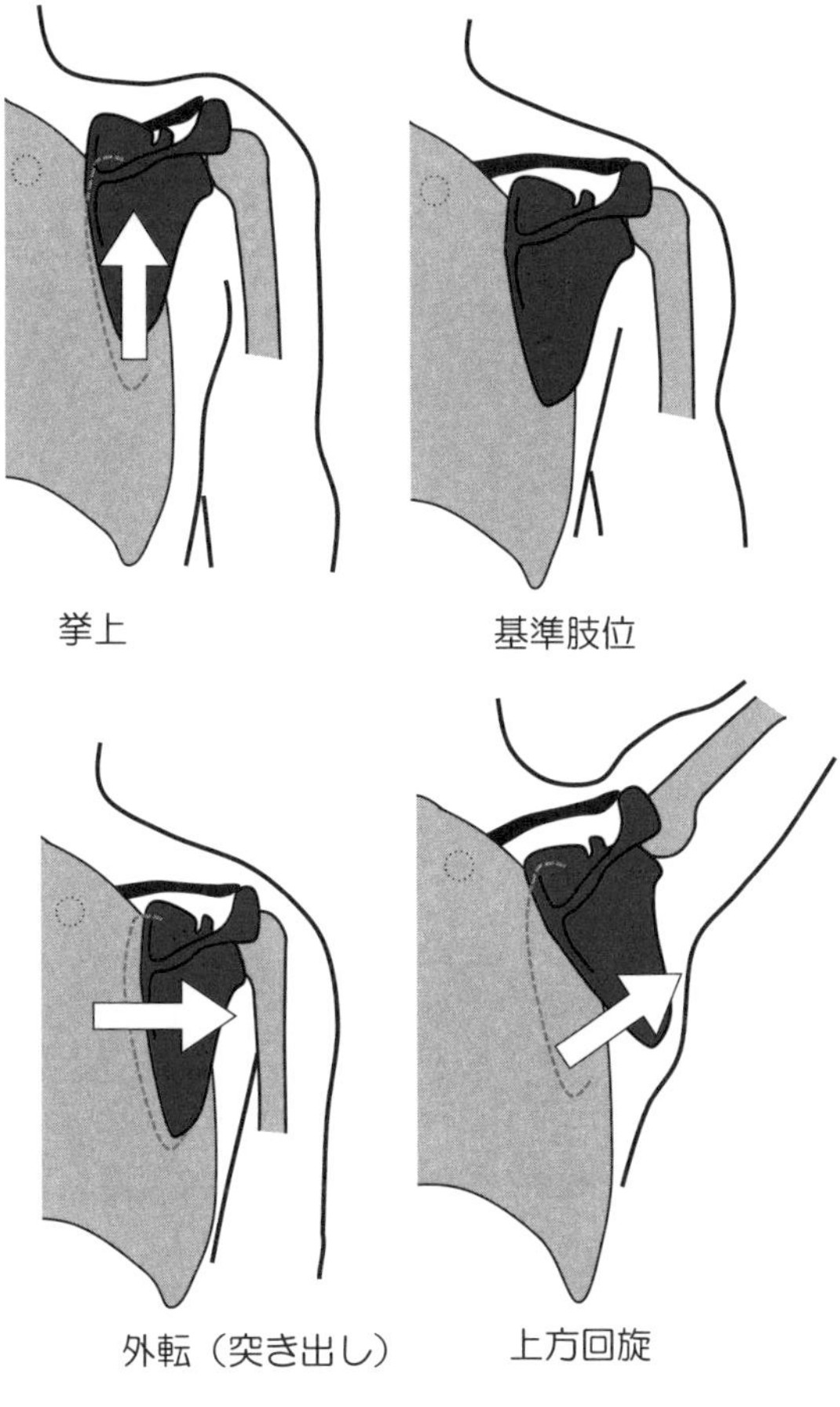

きに制限がある場合、肩甲上腕関節の動きがいかにスムーズでも最終的に手先が到達できる範囲は著しく狭まってしまいます。

肩においては、このような骨格の構造を取り巻くように、数多くの筋群が複雑に絡み合い、働き合っています。たとえば、肩甲骨一つとってみても、胸郭との間の骨性の連結は、胸郭と肩甲骨とをつなぐ鎖骨と肩鎖関節で連結するのみですが、前鋸筋《ぜんきょきん》の働きなしでは、肩甲骨は胸郭との安定した接触ができなくなってしまいます。前鋸筋の支配神経である長胸神《ちょうきょうしん》経《けい》に麻痺が起こると肩甲骨の内側縁《ないそくえん》（皮下に触れる胸椎棘突起《きょうついきょくとっき》に近い側）が浮き上がってしまい、たとえば「前にならえ」を行おうとすると、皮下の肩甲骨が翼のように突き出た状態になります（翼状肩甲《よくじょうけんこう》：winged scapular）。

この状況は単に肩甲骨が胸郭から浮き上がっているだけではなく、上肢の運動に著しい制限が生じます。この事例からもわかるように、上肢の精妙なコントロールの背景には、自由度の大きな骨格の構造とそれを支える複数の筋の作用があることがうかがえます。このような個々の筋の作用については、今後触れていこうと思います。

本題に戻りますが、解剖学的に整理すると「肩」は自由上肢（上腕骨より遠位）の始まりおよび自由上肢と体幹をつなぐ上肢帯と、その周辺の構造を合わせたものと考えることができそうです。

ヒトの特徴

われわれヒトは、四足から直立二足への変化、伏位姿勢から体幹の直立に伴って上肢の解放を獲得し、そのことが著しい脳の発達や言語の獲得につながったと考えられています。二足歩行の前段階がいかなる移動手段であったかについては、議論のあるところですが、ブラキエーション（枝渡り）や垂直木登りもその有力な候補です。

ブラキエーションにおける懸垂状態や木登りにおける垂直姿勢は、上肢・上肢帯の大きな可動域を要求するもので、このような運動様式を経て、ヒトの上肢・上肢帯は現在のような形態に発達を遂げたのかもしれません。ブラキエーションをするサルでは、懸垂状態において上肢と体幹の接点となる鎖骨が長く発達していることが知られています（Inuzuka, 1992）。

ヒトの肩甲骨は比較的背側に位置し、
広い空間での上肢の操作に適したところにある。

図4は、ヒトと四足動物（イヌ）の胸郭横断面を示したものです（伊藤ら,1990）。イヌの肩甲骨と上腕骨が体重の支持に適した位置関係にあるのに対して、ヒトの肩甲骨は比較的背側に位置し、広い空間での上肢の操作に適したところにあることがわかります。

この図では、イヌの関節窩が腹側を向いているのに対して、ヒトの関節窩は外側を向いています。しかも、イヌには鎖骨がありません。ヒトについては胸郭と上肢との骨性の連結は、胸鎖関節（胸骨と鎖骨の関節）のみであり、球関節（鞍関節に分類される場合もあります）である胸鎖関節を中

図4　ヒトと四足動物の肩甲骨と胸郭との関係（伊藤ら,1990をもとに作図）

ヒト（左）はイヌに比べて肩甲骨が背側に位置しており、関節窩が外側に向かっていることで、肩甲骨の運動範囲が広く確保されている。

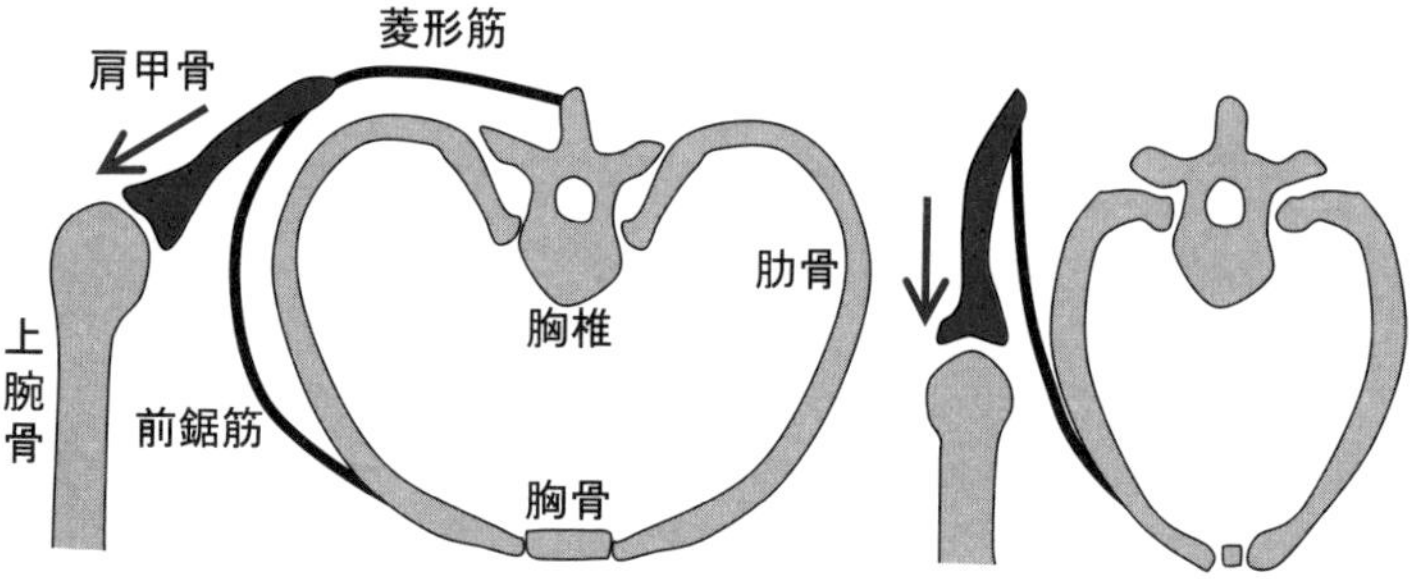

心として肩甲帯自体が大きく移動することが可能です。

肩甲骨が比較的背中側に位置し、関節窩が外側を向いていることと、よく発達した鎖骨は、ほかの霊長類と比較した際のヒトの特徴であり（岡田, 1977；Larson, 2007）、このような特徴が肩甲骨の運動範囲を大きくし（岡田, 1977）、そして上腕骨、ひいては手先の運動範囲を大きくしています。単に上腕骨の荷重を真っ直ぐに受けとめるイヌの構造と、大きな運動の範囲でさまざまな機能的な要求を満たすヒトの構造との違いは、興味深いものです。

次節以降は、個々の骨や関節ごとの特徴について、さらに詳しく述べていくことにします。

肩のはなし その2
―肩甲骨の構造と動き―

前節では、上肢の基部にあたる上肢帯が肩甲骨・鎖骨からなることについて述べました。上肢帯の構造は肩甲骨の運動を許すことによって上腕骨頭の移動範囲を広げ、結果的に自由上肢（腕）の動作範囲を大きくすることに役立っていますが、このような動作の基盤となる肩甲骨およびその周囲の構造は非常に興味深いものです。

本節では、この上肢の大きな動作範囲の主たる要因である肩甲骨について詳しくお話ししたいと思います。

肩甲骨の形態

肩甲骨は三角形に近い、薄く扁平な骨で、その形状から「かいがらぼね」の別名もあります。骨格標本では、光にかざすと反対側の光が透けて見えるほどです。英語ではScapulaという名称とともに、Shoulder Bladeとも呼ばれています。Bladeは「刃」や「プロペラの羽根」のようなものを表しますから読んで字のごとくですね。

生体ではわかりづらいですが、肩甲骨は胸郭の局面に沿うように胸郭側が凹むように彎曲し、生体においては筋の中に埋没しています。胸郭の背部と肩甲骨の腹側との関わり（骨同士が直接接触しているわけではない）を機能的な関節とみなし、「肩甲胸郭関節《けんこうきょうかくかんせつ》」と呼ぶ場合もあります。肩甲骨の背側には肩甲棘《けんこうきょく》が大きく突き出し、その外側への延長は肩峰《けんぽう》となって鎖骨との関節（肩鎖関節《けんさかんせつ》）を形成しています（図1、図2b）。外側縁の上端には上腕骨との関節をつくる関節窩《かんせつか》があり、関節窩の基部前方から上腕骨頭を包み込むような位置に烏口突起《うこうとっき》が突き出しています。

このようにして改めて肩甲骨を観察すると、この骨はまさに効率よく筋に付着を提供するとともに、運動のてこの腕（レバー）となっていることがわ

肩甲骨は三角形に近い、薄く扁平な骨で、
その形状から「かいがらぼね」の別名もある。

図1　肩甲骨(右)の形状

肩甲骨周囲は大小複数の弯曲した薄い板状の構造と大きな突起によって成り立っている。外側縁の上方には関節窩が大きく突き出し、それを取り巻くように、肩峰と腱板筋群に付着を与えるくぼみが複数見られる。全体は腹側が窪むように弯曲している。

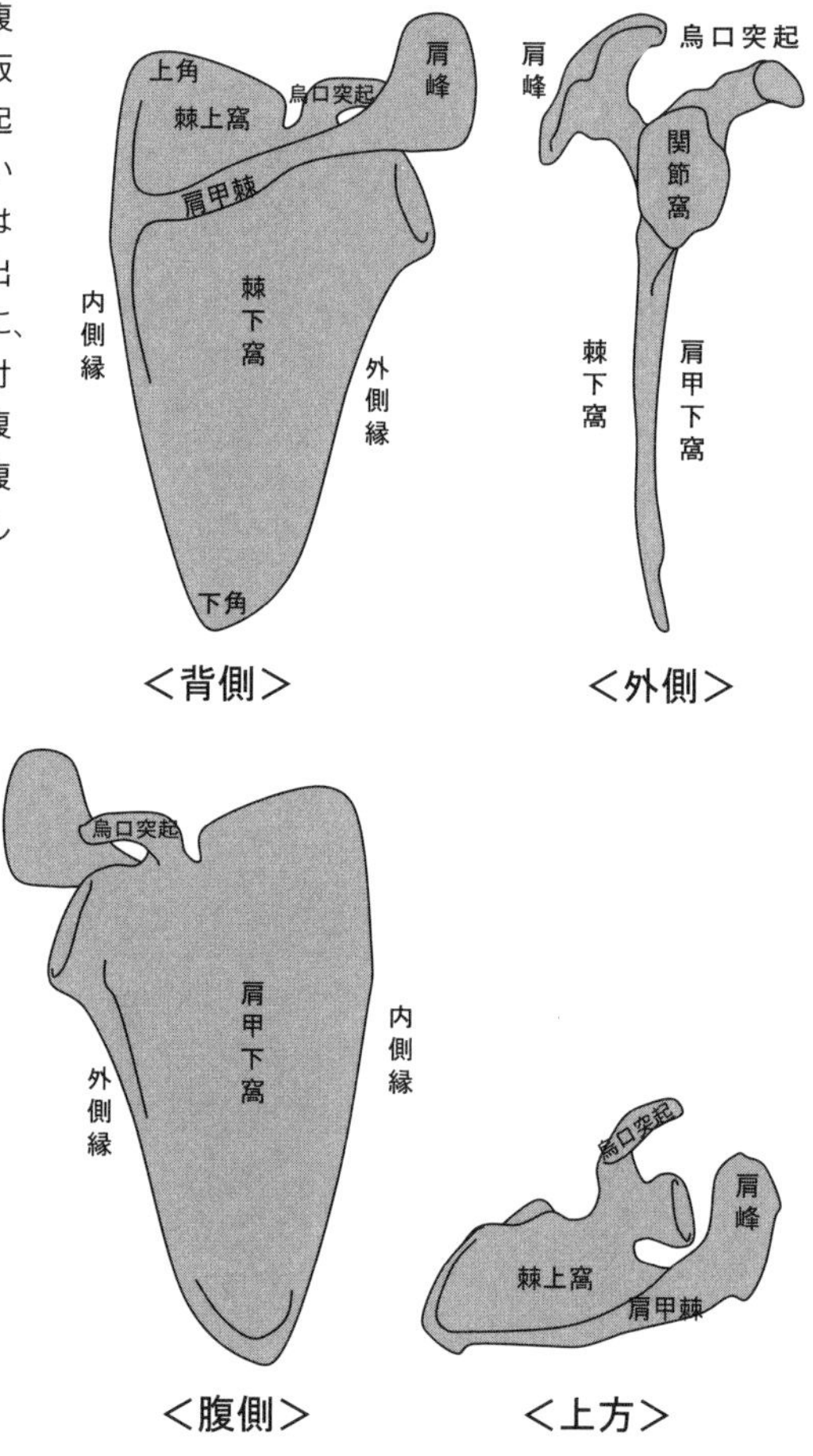

図2　肩甲骨周囲の筋群と滑液包

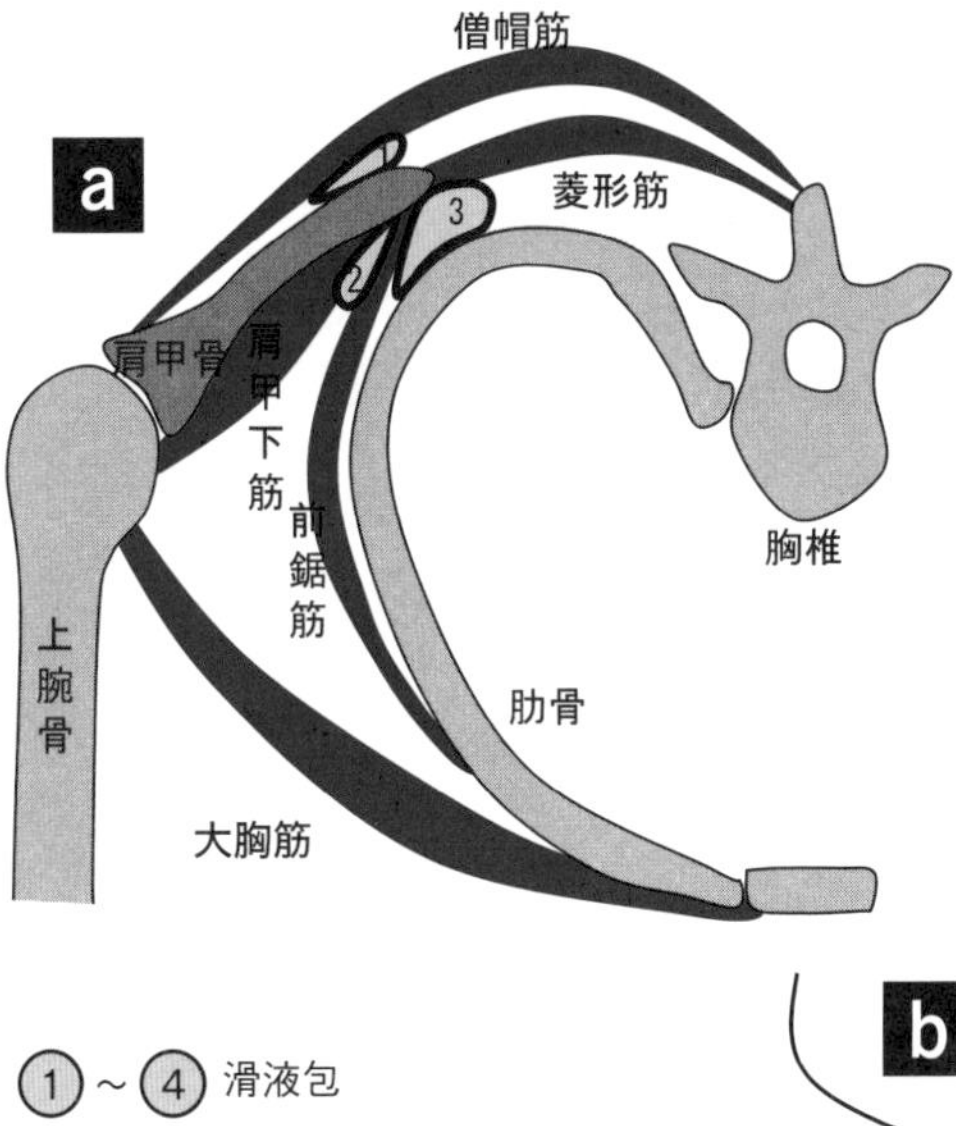

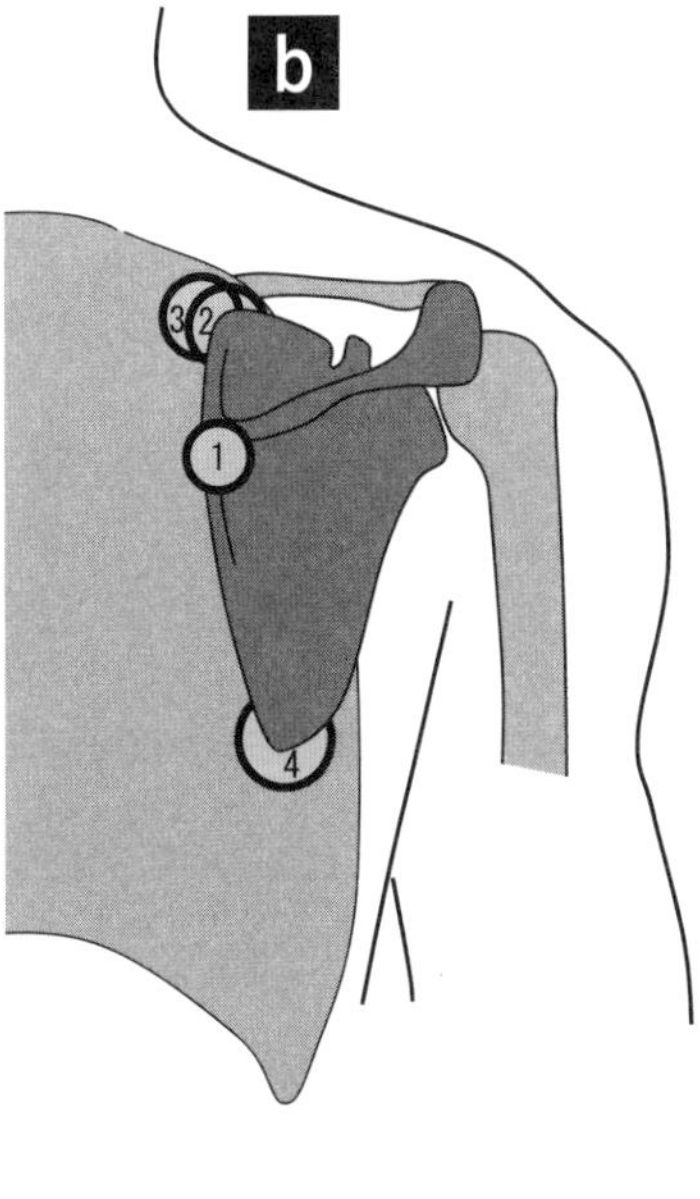

肩甲骨周囲には筋間や筋と骨間に大小複数の滑液包があり、肩甲骨が胸郭上で滑動するために重要な役割を果たしている。

a：肩関節から胸郭の水平断面における筋骨格と滑液包の模式図

b：背側から示した肩甲骨と滑液包の位置関係の模式図

かります。肩甲骨に付着する筋は、主に隣接する頸椎、胸椎、上腕骨、鎖骨、肋骨との間をつなぎますが、頭蓋骨やのどにある舌骨《ぜっこつ》とつながっているものもあります。

もし肩甲骨がなかったらどうなるでしょう。上腕骨頭が行き場を失うことはもちろんですが、胸郭に平面的に張り付くのみの付着では、筋量の確保が難しくなり筋の付着部が著しく不足するでしょう。肩甲棘が付着部に高さを確保することで、上肢や体幹に対して作用できる筋のボリュームは相当大きくなっていると思われます。

さらに烏口突起も筋の付着面積を大きくしているだけでなく、肩関節の安定にとって重要な位置に筋を付着させることができる構造です。肩峰と烏口突起を結ぶ靭帯は、上腕骨頭を包み込むように守っています。さらに鎖骨と烏口突起との間の靭帯は鎖骨と肩甲骨との間の適度な運動の制限を生んで、肩関節の安定に深く関わっています。また、たとえ薄くても骨による仕切りが存在することで、隣接する筋間の張力・作用の干渉が防がれていることでしょう。これらを考えても、肩甲骨の果たす役割は多岐にわたり非常に興味深いものです。

肩甲骨の部位で体表からわかりやすいのは、背側に突き出して皮膚直下に触れることができる肩甲棘、肩甲骨の回旋で最も大きく移動する下角《かかく》、多くの筋に付着を与えている内側《ないそく》縁《えん》、上腕骨頭の前上方に触れられる烏口突起が挙げられます。烏口突起自体は上腕二頭筋の短頭、烏口腕筋《うこうわんきん》や小胸筋《しょうきょうきん》にも付着を提供しているため、少し深いところにあり、組織に埋もれた印象がありますが、その存在を意識して触れることが可能です。比較的敏感な部位で、強く触ると不快に感じるかもしれません。

肩甲骨のくぼみ

肩甲骨は薄っぺらいながらも、多くの筋に重要な付着部を与えています。一般的に肩関節と呼ばれる、肩甲骨と上腕骨の間の関節（肩甲上腕関節）の安定に深く関わっている、いわゆるインナーマッスル、すなわち腱板筋群《けんばんきんぐん》（ローテーターカフ）に付着を与えるのも当然ながら肩甲骨です。これら腱板筋群は肩甲骨にあるくぼみから起こっています。

肩甲骨には筋に付着を与える大きなくぼみが3つ備わっています。背側では、肩甲棘を境に、棘の上にあるくぼみを棘上窩《きょくじょうか》、棘の下にあるくぼみを棘下窩《きょくかか》と呼びます。棘上窩には、その名の通り棘上筋《きょくじょうきん》が収まります。棘下窩には同様に棘下筋《きょくかきん》が収まります。肩甲骨の胸郭側について、胸郭側が凹むように弯曲していると述べましたが、この弯曲によってできるくぼみを「肩甲下窩《けんこうかか》」と呼びます。肩甲下窩は肩甲下筋によって満たされています。

これらのくぼみは、筋によって満たされているわけですが、これを意識することで、マッサージなどの際に狙いを定めやすくなります。もっとも肩甲下窩は表在している状態をつくるのは難しく、上肢を大きく外転した肢位（バンザイ）で、腹側からアプローチするか（神経や大血管の密集する腋窩《えきか》周辺の強い刺激は注意が必要です）、背側からは胸郭と肩甲骨との間に手を入れるような方法がとられます。

肩甲骨は脊柱や胸郭との間をつなぐ、肩甲骨自身が付着を与える多くの筋によってコントロールされ、胸郭にそって運動すると同時に、上腕二頭筋、上腕三頭筋に代表される、自由上肢へ至る複数の筋がこの骨に起始しています。上半身を露出した状態で鉄棒のような上肢を大きく操作する運動を行う際、皮下

肩甲骨には筋に付着を与える
「棘上窩」「棘下窩」「肩甲下窩」という
3つの大きなくぼみが備わっている。
これらのくぼみを意識することで、
マッサージなどの際に狙いを定めやすくなる。

で肩甲骨が大きく動いている様子が見てとれます。

胸郭上での肩甲骨の動きは「滑《すべ》る」という表現がふさわしいほどスムーズですが、この背景には、数多くの筋群が関与していることはもちろん、胸郭と肩甲骨との間がスムーズに滑《かつ》動《どう》する構造が備わっていることがうかがえます。

肩甲骨を動かす筋群

図2aは、胸郭から肩関節の水平断面模式図で骨と筋、そしてそれらの間に介在する滑《かつ》液包《えきほう》を示しています。図2bは、背側から背部を見た図で◯印の部分にそれぞれの機能を有した滑液包があります。図2aと合わせてその位置と深さをイメージしてみてください。

まず、胸郭と肩甲骨の内側縁との間には大きな滑液包があります。滑液包はその名の通り、滑膜《かつまく》に「裏打ち」された結合組織の袋で、内部に滑膜から分泌された滑液を備えています。これは関節の袋である関節包と同様の構造です。骨と皮膚の間、腱と骨の間、筋と筋の間といった解剖学的な構造と構造の間に位置し、運動の際は滑液で摩擦が非常に小さくなった滑膜同士が接することで、骨や筋など解剖学的な構造同士が直接擦れ合うことを防ぎます。

その一方で、滑液包が炎症を起こしてしまったり、滑膜同士が癒着《ゆちゃく》して動きが悪くなったりすると痛みを発したり引っ掛かりを生じ、さまざまなトラブルの元にもなるものです。改めて肩甲骨の周囲を見てみると、肩甲骨と僧帽筋《そうぼうきん》の間、肩甲下筋と前鋸筋《ぜんきょきん》の間にも滑液包があり、これらが肩甲骨と周囲筋群のスムーズな動きを担保していることがわかります。

図3は、前述の肩甲骨と胸郭・脊柱を結ぶ主な筋群の模式図です。ここでは省略したものもありますが、これらそれぞれの要素が適切に組み合わされることで、肩甲骨ひいては上肢全体の精妙な運動が成り立っています。

詳細は次節以降に譲りますが、これら筋群の構成についてよく観察してみてください。関節窩を上に向ける上方回旋に関わる筋のほうが、下方回旋に関わる筋よりも多いように思われます。さらに肩甲骨全体を挙上する筋のほうが、下制する筋よりも圧倒的に多い。また、図3では、肩甲骨の内転筋群（肩甲骨を胸椎：正中方向に向かって引く）を構成する筋の数に比べて、外転筋群（肩甲骨を胸椎：正中から離れていく・肩を前方へ突き出す）の数が著しく少ないこともわかります。

実際には、かなり広い範囲を前鋸筋がカバーして非常に重要な働きをしているのですが、この筋は体表からよく観察できるものの、肩甲骨にどのように付着しているのかについてイメージしにくいため目立たないように感じます。

図3
肩甲骨の運動に関わる主な筋群の模式図

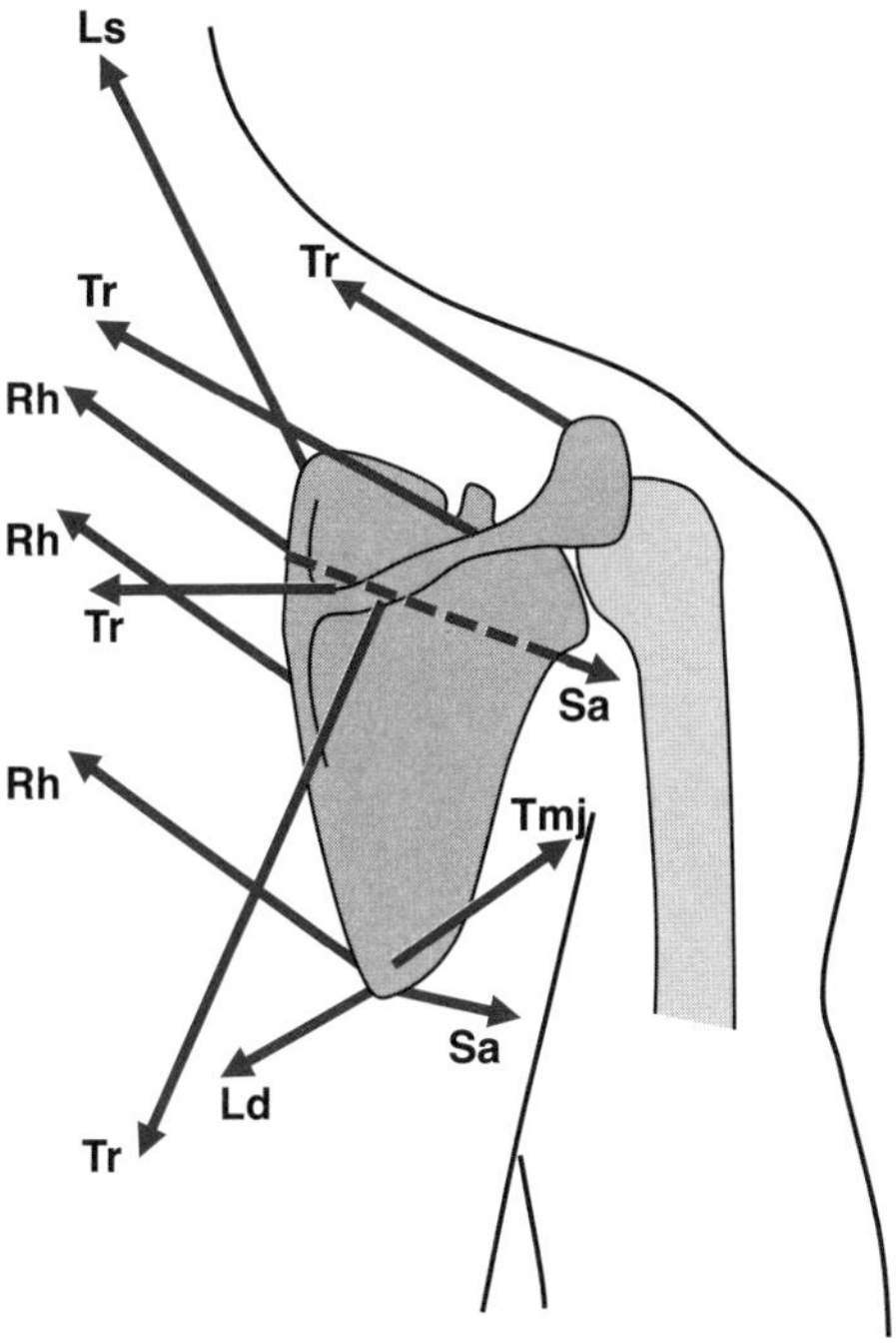

肩甲骨には胸郭や自由上肢に向かう数多くの筋群が付着している。これらの張力の組み合わせによってさまざまな運動が可能となる。

Ls：肩甲挙筋　Tr：僧帽筋
Rh：菱形筋　Sa：前鋸筋
Ld：広背筋　Tmj：大円筋

肩のはなし その3
―肩甲骨をコントロールする筋群―

筋に埋まっている肩甲骨

肩甲骨は、これまでにも述べたように大部分が薄っぺらい骨です。標本の骨を見ると向こう側が透けて見えそうなくらいですが、不思議と骨折は少なく、その頻度は全骨折の1％程度といわれています。その背景には、前節で述べた滑動性《かつどうせい》に優れた特徴とともに、周囲を取り巻く筋群の多さが影響しているのかもしれません。

肩甲骨に付着する筋群は数多く、肩甲骨と胸郭の間にも筋が存在しています。すなわち肩甲骨は筋に「埋まって」おり、筋肉のクッションの中に配置されているといっても過言ではありません。この様子を解剖学者の山田と萬年（1995）は、「要は肩甲骨がその内側縁につく複数の筋による宙づりの浮遊状態にあって、自由な可動性を発揮するのが特徴である。そのさい胸郭に対しては、肩甲骨が前鋸筋《ぜんきょきん》という〈筋の敷物〉に乗って滑動する」と述べています。

このような特徴を踏まえながら構造をよく眺めてみると、非常に巧妙に配置された筋群が無駄のない作用で肩甲骨の動きをコントロールしていることが予想されます。それらの筋群はそれぞれどのような特徴を有し、肩甲骨に対してどのように働いているのでしょうか。本節では、肩甲骨を取り巻き、肩甲骨をコントロールする筋群についてお話ししていきます。

肩甲骨の運動に関わる筋群

■僧帽筋

僧帽筋《そうぼうきん》は上部、中部、下部の三部に分かれます。上部は肩甲棘を上から引くことで、肩甲骨の挙上に作用します。下部は肩甲棘《けんこうきょく》の内側に付着しています。上部と下部は共同して、上方回旋（関節窩を上に向ける動き）に作用します。中部は肩甲骨を脊柱に近づける内転の作用を持っています。すべ

肩甲骨は筋に「埋まって」おり、
筋肉のクッションの中に配置されているといっても過言ではない。

ての部分が強く作用すると肩甲骨を挙上し上方回旋するとともに後ろに引き、「胸を張る」動作を行うことになります。

図1に僧帽筋の模式図を示しました（左半分）。それぞれの部位の作用についてイメージしてみてください。上部線維と下部線維が共同して働くと、肩甲骨の上方回旋に作用します。後述する前鋸筋の作用と合わせて考えてみましょう。図1の右半分は、僧帽筋の深層にある筋群と広背筋を示しています。

■菱形筋

大・小菱形筋《りょうけいきん》は肩甲骨の内側縁《ないそくえん》と脊柱《せきちゅう》の間に位置し、胸椎から外側下方に走行し肩甲骨の内側縁に付着するため、肩甲骨を内転・下方回旋します。前鋸筋は、第1〜第8肋骨に起始し胸郭と肩甲骨の間を通って肩甲骨の内側縁に付着しますが、その延長は菱形筋と肩甲挙筋《けんこうきょきん》になっています。つまり肩甲骨の内側縁は、前鋸筋と菱形筋・肩甲挙筋がつながった広い筋肉のシートの中間に付着していることになります（図2）。

図1 肩甲骨の運動に関わる主な筋群（背側）

左半分は表層の筋群を示し、右半分では僧帽筋を除去してさらに深層の筋群を示している。

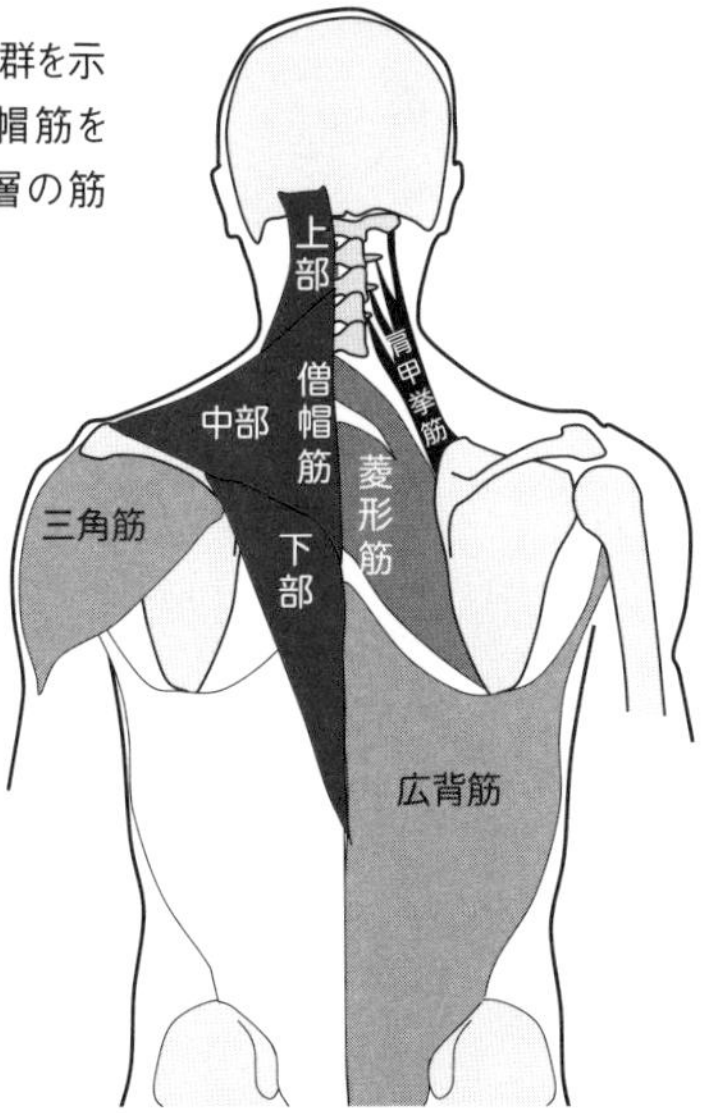

図2 肩甲骨内側縁が付着する筋のシートの模式図

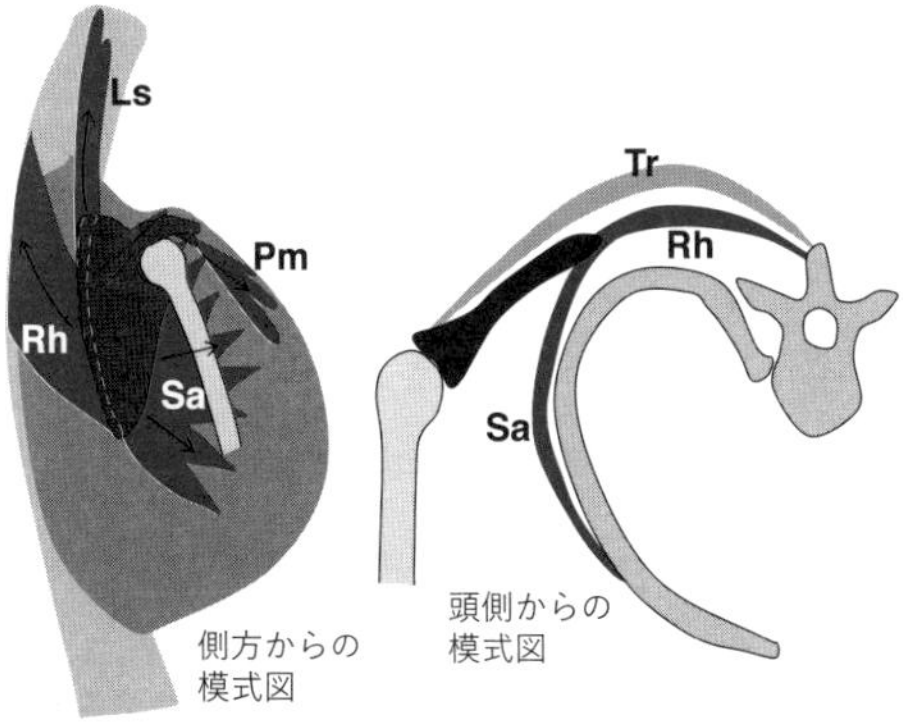

肩甲骨の内側縁は、前鋸筋と菱形筋・肩甲挙筋がつながった広い筋肉のシートの中間に付着している。
Ls：肩甲挙筋
Tr：僧帽筋下部
Rh：菱形筋
Sa：前鋸筋
Ls：肩甲挙筋
Pm：小胸筋

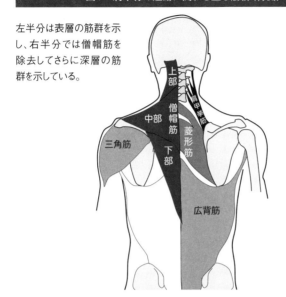

■前鋸筋

前鋸筋《ぜんきょきん》は肩甲骨の外転や上方回旋に深く関わっており、倒立やベンチプレス、頭上にバーベルを差し上げた姿勢のように、肩甲骨の外転や強い上方回旋が要求される局面で強く働く様子が、側胸部の「ギザギザ」として体表からも観察できます。前鋸筋の張力は肩甲骨の内側縁を引き、肩甲骨と胸郭との接触を保つ作用があります。そのため、この筋の麻痺（長胸神経麻痺《ちょうきょうしんけいまひ》）によって肩甲骨の内側縁が浮き上がってしまうことがあります。

たとえば「前に習え」の姿勢で肩甲骨の内側縁が胸郭から浮き上がったような状態になり、患側の上肢の完全な挙上が困難となります。このような状態を翼状《よくじょう》肩甲骨（winged scapula）と呼びます。翼状肩甲については、以前、プロ野球で治療に伴う事故が疑われて問題になった事例が報道され話題となりましたが、数ヵ月にわたって症状が長引くことも珍しくなく、とくに投げをはじめとする上肢の大きな動きが要求される運動のパフォーマンスには非常に大きなマイナスとなります。

専門種目ごとの負荷や動きと発症との因果関係はいまだ明らかではありませんが、筆者の身近なところではハンマー投げの競技者で複数経験しました。肩甲骨の内側縁が浮き上がる特徴的な症状から鑑別は容易に思えますが、野球のピッチャーなど、オーバーハンド投げの競技者において比較的高い頻度で見られる棘下筋の麻痺、拘縮《こうしゅく》による症状と診断され、原因の発見に時間を要した例も見受けます。

■肩甲挙筋

肩甲挙筋《けんこうきょきん》は頸部の外側後方に位置します。第1から第8頸椎の横突起から起こって、肩甲骨の上角に付着する細長い筋です。頭部が固定された状態では肩甲骨を引き上げ、肩甲骨が固定された状態においては、頸部を同側に傾け、回旋する作用があります。

実際の解剖において肩甲骨の内側縁を腹側から観察すると、走行の方向こそ異なりますが、意外にもこの肩甲挙筋は前鋸筋の一部のようにも見えます。前鋸筋は肩甲骨内側縁に起始して肋骨に向かいますが、肩甲挙筋は前鋸筋の一番高位の筋束に並んでより頭側に向かって、頸椎に付着するのです。

この肩甲骨の内側に起始する構造から、肩甲挙筋のストレッチングは、椅子の肘掛けや、机に肘をついた状態で肩甲骨の外側縁が突き上げられるほど体重をかけ、上腕骨による突き上げで肩甲骨が上方回転するような姿勢をとります。こうすることで肩甲挙筋の付着部である肩甲骨内側の上角が引き下げられた状態になります。その状態で頸部を側屈して筋をストレッチします（図3）。側屈だけでなく、顎の位置で前後屈方向にも調節して、ストレッチ感のよい姿勢を見つけてみましょう。

改めて肩甲骨の内側縁とつながりのある筋群を見直して見ると、菱形筋、前鋸筋、肩甲挙筋でできた可動性のあるシートの上に肩甲骨内側縁が取り付けられている様子がよくわかります。

「宙づりの浮遊状態」「筋の敷物に乗って滑動」という山田と萬年（1995）の言葉がその様子をわかりやすく表現しています。

肩甲骨の可動性について、パフォーマンスの向上や怪我の予防の観点からよく議論されますが、「ある筋をトレーニングする」あるいは「ある筋の緊張を取り除く」と一口に言っても、それぞれの筋は独立しているわけではなく、物理的にも直接つながっている状態にあることを意識した対応が必要となるでしょう。

図3　肩甲挙筋のストレッチング

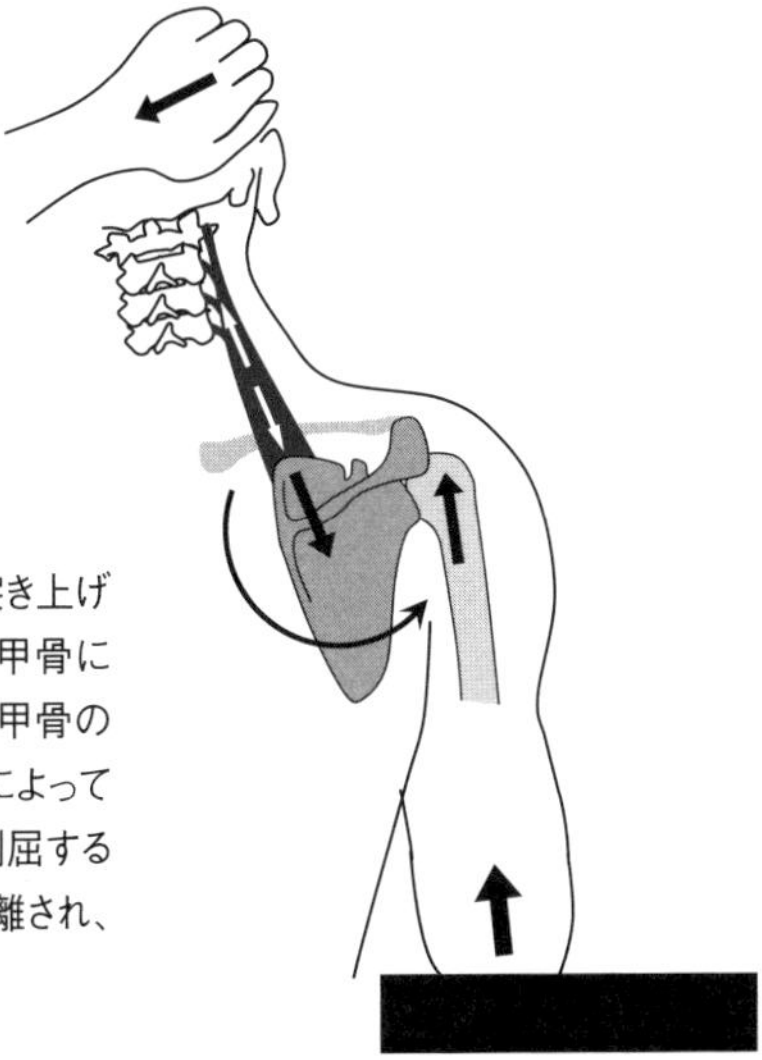

肩甲骨には上腕骨から突き上げる力が作用することで肩甲骨に上方回旋を強制する。肩甲骨の内側縁は肩甲骨の回旋によって引き下げられる。頸部を側屈することで、付着部間が引き離され、筋がストレッチされる。

図4　肩甲骨の回旋に関わる主な筋群の模式図

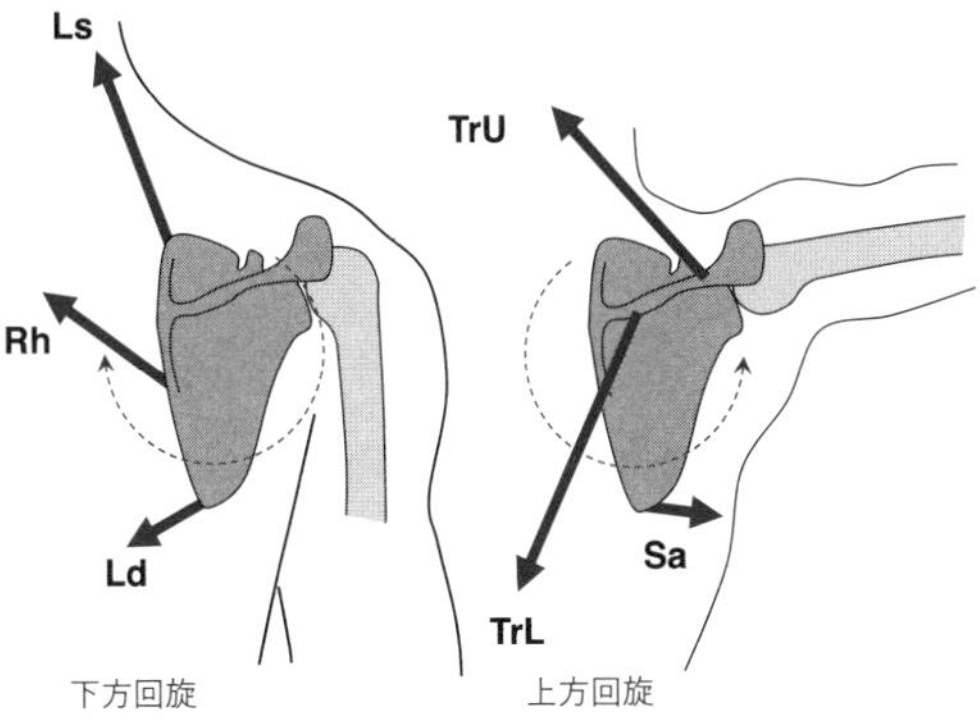

複数の筋の張力が組み合わされることによって肩甲骨の回旋が行われる。

Ls：肩甲挙筋
TrU：僧帽筋上部
TrL：僧帽筋下部
Rh：菱形筋
Sa：前鋸筋
Ld：広背筋
Ls：肩甲挙筋

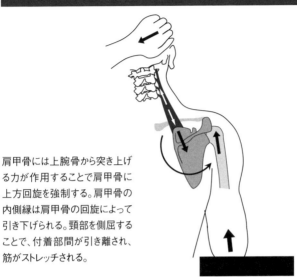

■小胸筋

小胸筋《しょうきょうきん》は、大胸筋の深部に位置する三角形の薄い筋で、第三、第四、第五肋骨に起こり、烏口突起《うこうとっき》に付着します。烏口突起を引くことで、肩甲骨を「前傾」させることが知られています（図2）。肩甲骨が固定されている場合は胸郭を引き上げ、呼吸を補助します。

■上方回旋、下方回旋に作用する筋群

図4は、肩甲骨の上方回旋、下方回旋に作用する筋群を模式的に示しました。複数の筋がForce Couple（偶力）をつくることで、肩甲骨の回旋が起こります。たとえば、肩甲骨の上方回旋を大きくしたいと考えたとき、直感的には上方回旋に作用する筋群（僧帽筋の上部線維、僧帽筋の下部線維、前鋸筋など）がうまく張力発揮できるように動きづくりやトレーニングを行うことがまず頭に浮かぶかもしれません。これは作用の促進という視点から正しい選択です。

一方で、制限の除去という視点で考えるとどうでしょうか？　こわばっていると、上方回旋の際に制限となるような筋はどのような筋でしょうか。わかりやすいのは下方回旋に作用する筋群がそれに当たるでしょう。菱形筋《りょうけいきん》や広背筋《こうはいきん》の一部は下方回旋に与《あずか》る筋ですが、これらの拘縮《こうしゅく》は上方回旋の制限となりうるものです。これらの筋群のストレッチングや、そのほかの緊張を取り除く方法が、上方回旋を促進するかもしれません。

個々の筋をうまく伸ばす方法を考える上では、解剖学的な構造の理解が有効です。たとえば、菱形筋は上方回旋によって伸張されますが、ストレッチングを目的として上方回旋の姿勢をとるよりも、肩を前方に突き出して肩甲骨を外転位にしたところから、さらに腕を牽引するような方法がよく伸びるように思います（図5）。

図5 菱形筋のストレッチ

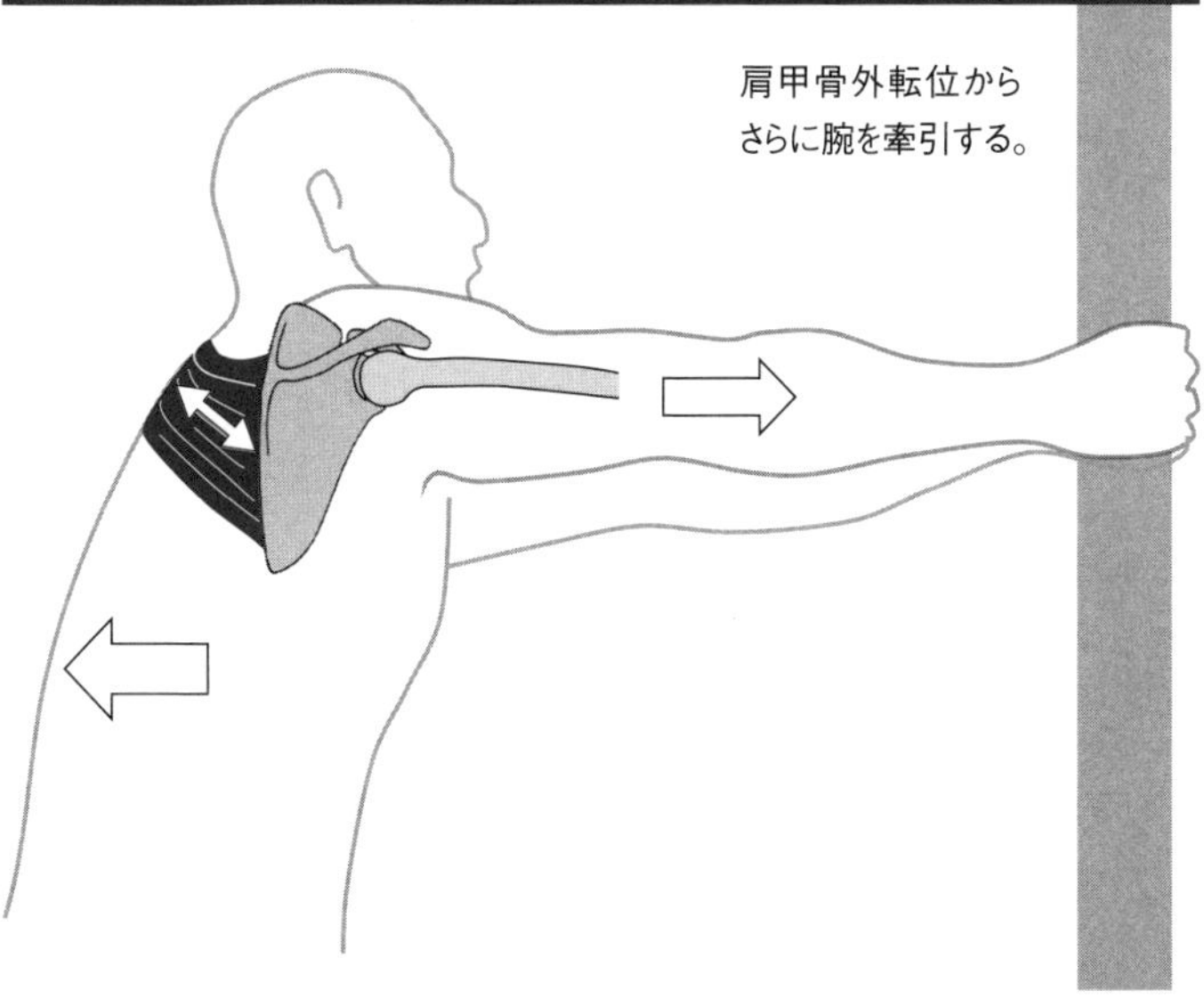

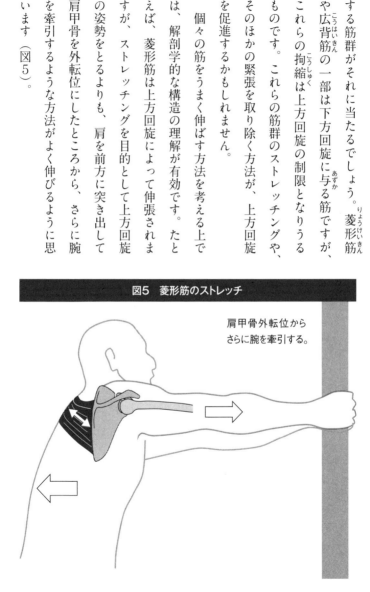

肩のはなし その4

―回旋筋腱板（インナーマッスル）のはなし―

4筋で構成される回旋筋腱板、それぞれの特徴

肩関節（ここでは肩甲上腕関節《けんこうじょうわんかんせつ》：肩甲骨と上腕骨との関節）を動かす筋というと、何が思い浮かぶでしょうか。多くの人は、表在していて目立つ、三角筋、大胸筋などを想像されるかもしれません。トレーニングの場面で表在の大筋群と同様、あるいはしばしばそれ以上に問題になるのが、これらの大筋群のさらに深層に位置する筋群です。

具体的には棘上筋《きょくじょうきん》、棘下筋《きょくかきん》、小円筋《しょうえんきん》、肩甲下筋《けんこうかきん》の4筋をまとめて取り扱うことがほとんどです。「回旋筋腱板《かいせんきんけんばん》」「ローテーターカフ」「腱板筋群《けんばんきんぐん》」あるいは単に「腱板」、さまざまな呼び方があるこの筋群、トレーニング指導の現場では、肩の「インナーマッスル」という表現が一般的かもしれません（図1）。

図1 回旋筋腱板を構成する筋群の模式図

肩の「インナーマッスル」とも呼ばれる回旋筋腱板を構成する筋群(棘上筋・棘下筋・小円筋・肩甲下筋)は、上腕骨頭を取り囲むように関節の近位に付着し、関節の動的な安定性の確保(求心位の保持)に重要な役割を果たしている。

一方で、大筋群の付着は腱板筋群と比べて遠位に位置する。

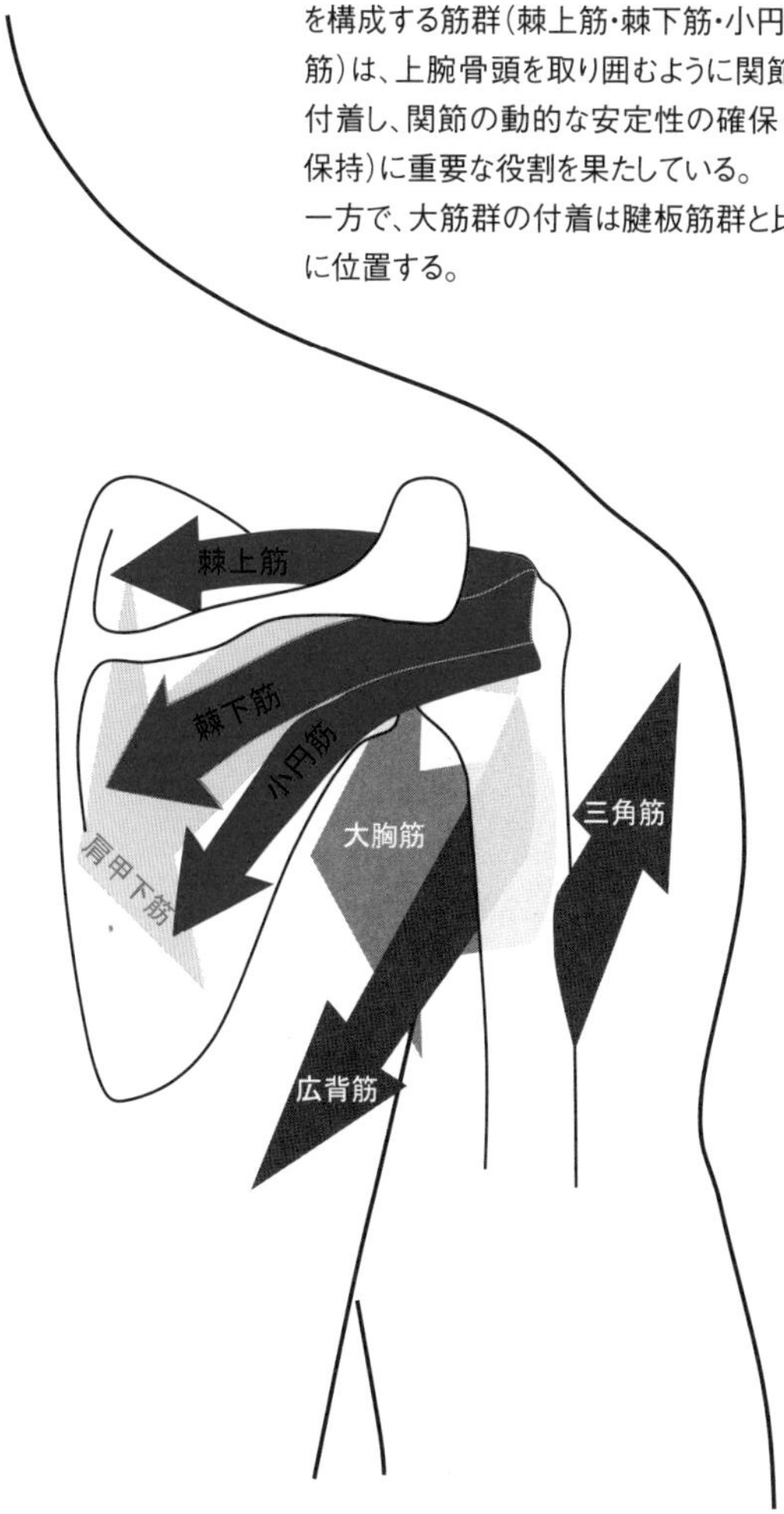

すでに述べたように、回旋筋腱板（以下「腱板」）は、棘上筋、棘下筋、小円筋、肩甲下筋の4筋で構成されています。一般的に棘上筋は肩甲骨の棘上窩《きょくじょうか》から上腕骨大結節《じょうわんこつだいけっせつ》に向かう筋で肩峰の下を通り、大結節の上部に停止し、棘下筋は肩甲骨の棘下窩《きょくかか》から関節の後方を回り込み上腕骨大結節に向かう筋で、大結節の下部に停止するとされています。

この2筋について、一般的な解剖書ではこのように記述されて広く認知されていますが、より詳しい解剖による研究（Mochizuki et al., 2008）では、棘下筋の停止部は一般的な理解よりも広がりが大きく、これまでは棘上筋の停止と考えられていた大結節の上端にまで至っていることが報告されています。棘上筋についても大結節の上部に狭い付着を持つだけでなく、一部の標本では外側に大きくカーブして小結節《しょうけっせつ》にまで停止を広げている例もあったようです。

その走行から棘上筋は外転筋、棘下筋は外旋筋と分類されることが多いですが、論文の著者は、前述の停止部の広がりや走行の事実から棘下筋の外転への関与はより大きなものではないかと示唆しています。さらに、これまで棘上筋腱の損傷と考えられていた傷害のうち、棘下筋の損傷が疑われる事例もあっただろうと推察しています。

小円筋は肩甲骨下角に近い部位の外側後面から起こり、棘下筋と同様の走行で、大結節の最下部に停止します。

肩甲下筋は、肩甲骨の腹側から起こる筋です。肩甲骨と胸郭との間に位置するため、解剖図などから位置関係のイメージがつかみにくいことがあるかもしれません。この筋は関節を前方から回り込み小結節に停止します。生体では腋窩《えきか》（腋の下のくぼみ）の後壁に当たる部位に位置します。バンザイの姿勢では肩甲骨の下角が外側に突出するように見えますが、このとき腋窩の後壁部分が前方から見えやすくなり、広背筋《こうはいきん》や大円筋《だいえんきん》とともに肩甲下筋が一部表在する状態になります。

回旋筋腱板の構造

各筋の遠位端、腱の部分は全体として関節を覆うように一体になっています。この構造が「ローテーターカフ〈Rotator Cuff〉：回旋筋のそで口」「腱板」と呼ばれる所以でしょう。その上腕骨への付着の様子は、上腕骨頭をそろえた指先でつかんだモデルでうまく表現することができます。

図2（指による腱板図）のように、右の上腕骨について、上腕骨体を下にした状態で骨頭を右手の指先で取り囲むようにつまむと、母指が小結節、示指が大結節に位置します。この状態で母指が肩甲下筋、示指が棘上筋、中指が棘下筋、環指が小円筋に相当するわけです。上腕骨はなかなか手に入らないので、マイクなどを上腕骨に見立てて、それぞれの指を動かして骨頭をコントロールしてみてください。

骨性の臼蓋《きゅうがい》が深く、骨頭がしっかり臼蓋にはまり込んでいる股関節とは異なり、骨頭に対して肩甲骨の関節窩が浅く小さいため、骨同士のはまり込みのみでは運動中の安定を確保するのにじゅうぶんではない点が肩関節の特徴です。この不安定な構造によって、肩甲上腕関節は比較的脱臼の発生が多い関節としても知られています。しかし、その一方でこの不安定な構造によって得られる自由度こそが、肩甲上腕関節の大きな可動域の基盤となっています。

このように肩関節の自由な運動は、浅いはまり込みの構造によって成り立っていますが、この関節の安定の確保には関節窩を取り巻く関節唇《かんせつしん》（関節窩の辺縁部にあって関節窩を深くし骨頭のはまり込みを補う軟骨）や、「肩峰-烏口《うこう》肩峰靱帯《けんぽうじんたい》-烏口突起」のアーチ、前

図2 回旋筋腱板を手指で表現した模式図(上腕骨頭を外側から見る)

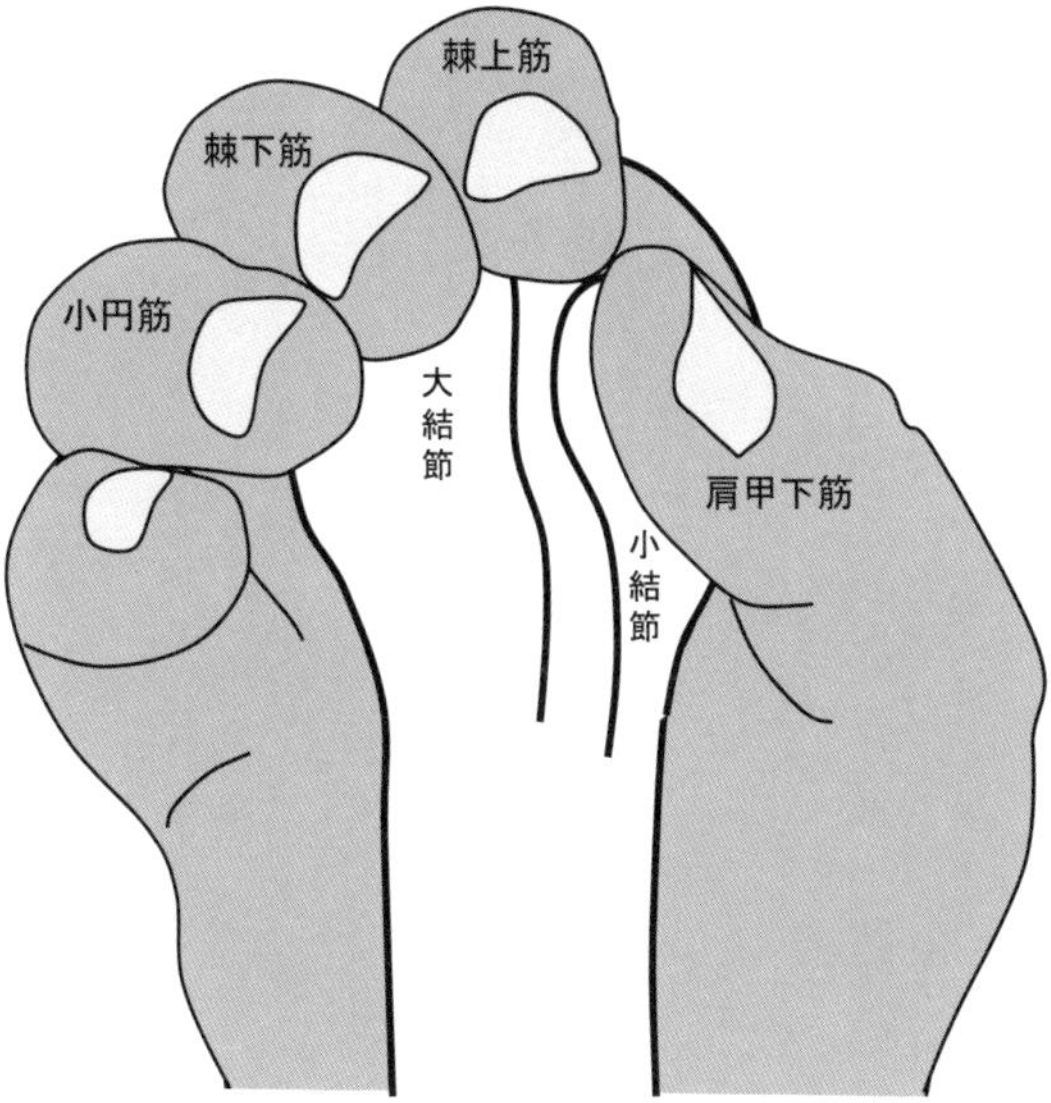

回旋筋腱板を構成する筋群(棘上筋・棘下筋・小円筋・肩甲下筋)は上腕骨頭を取り囲むように配置されている。右の上腕骨頭を右手で把持することで、位置関係をイメージしやすい(詳細本文)。

肩甲上腕関節は比較的脱臼の発生が
多い関節としても知られている。
一方でこの不安定な構造によって得られる自由度こそが、
肩甲上腕関節の大きな可動域の基盤となっている。

面・上面を覆う複数の靭帯など、関節窩と骨頭のはまり込み以外の静的な安定機構が複数補い合って機能しています。

一方、肩甲上腕関節の動的な安定機構として、これらの静的な機構とともにダイナミックに関節の安定を保つのが回旋筋腱板です。腱板の個々の筋には、その走行と付着部に応じた肩甲上腕関節の回旋や外転の作用がありますが、それとともに重要な作用が、関節を大きく動かす大筋群の作用と協調して、上腕骨頭を関節窩へと引き込み安定を確保する働きです（求心位の保持：図3A）。

図1から明らかなように、腱板の筋群は明らかに関節にごく近い停止を持っています。これもインナーマッスルと呼ばれる所以です。関節中心との距離が近い付着は、とりもなおさずモーメントアーム（テコの腕）の長さが短いことを意味し、大きなモーメント（関節の回転力）を生むためには都合が悪いのですが、上腕骨頭を確実に関節窩に向かって引き込む上では好都合です。

一方で、三角筋、大胸筋、広背筋や大円筋に代表されるような大筋群は、肩甲上腕関節におけるモーメントアームが大きく、目的の動作を生むモーメントは大きくしやすいのですが、

図3 大筋群による張力と回旋筋腱板による求心位の保持

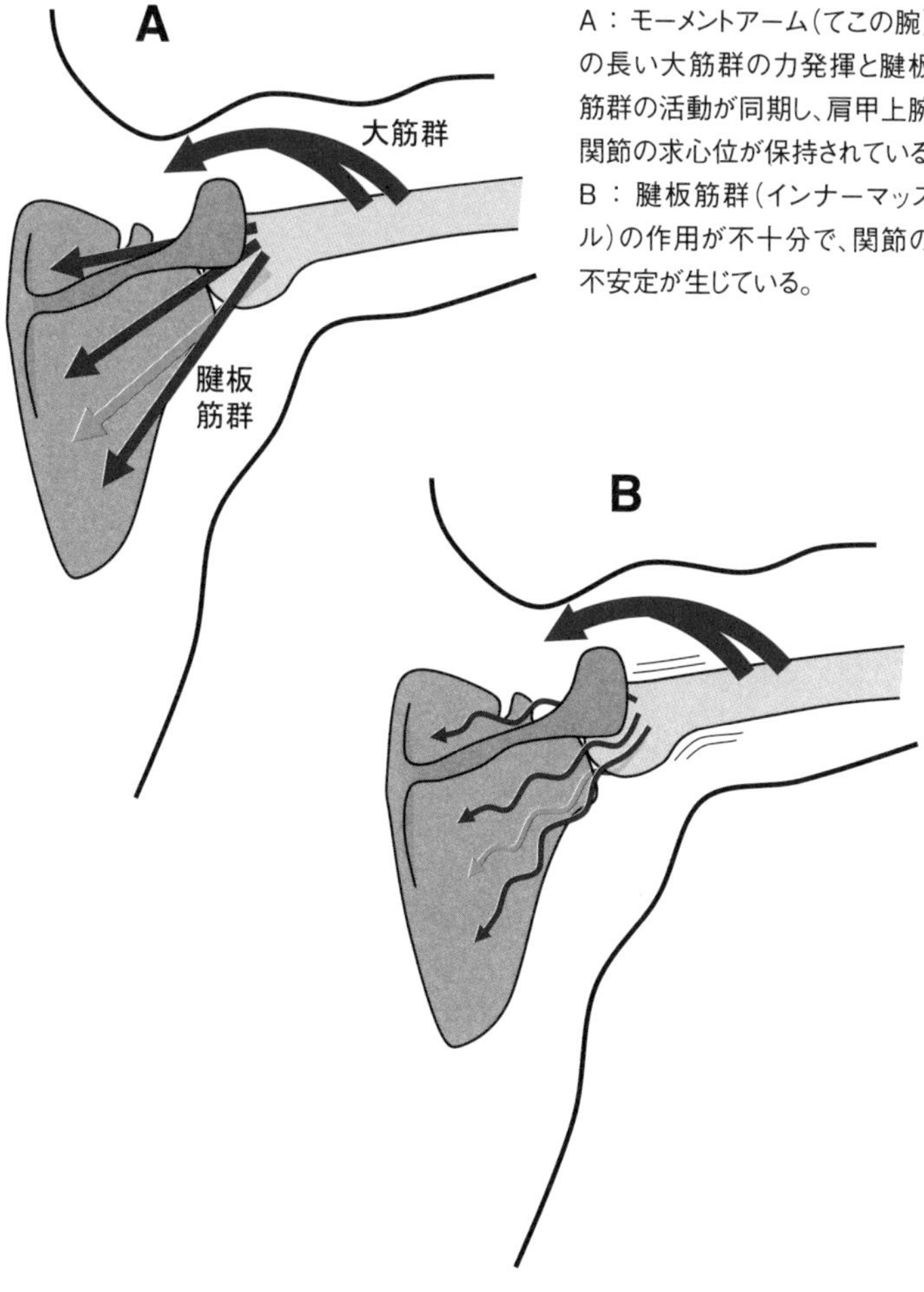

A：モーメントアーム（てこの腕）の長い大筋群の力発揮と腱板筋群の活動が同期し、肩甲上腕関節の求心位が保持されている。
B：腱板筋群（インナーマッスル）の作用が不十分で、関節の不安定が生じている。

同時に関節を「ずらす」ような、強い剪断《せんだん》やねじれの応力も大きくならざるを得ません。このような構造から、腱板が適切なタイミング、じゅうぶんな張力で機能しないと、関節は動作中不安定となり、関節の出力自体が制限を受けるだけでなく、関節唇や腱板自体を傷つけてしまうことにもつながります（図3B）。腱板筋群の機能不全はインピンジメント症候群など、傷害の重大なリスクファクターとなり得るものです。

筆者の激痛体験

ここからは余談ですが、筆者の背中には解剖学的制約（形態的な制約）によって、自身の背中であるにもかかわらず、自力で掻《か》くことができない「背中の孤島」部分があります。ここに指先を届かせようと努力するときに、突如として肩甲骨周辺に激痛を感じることがあります。その激痛は大抵1分ほどで消失するのですが、この痛みの正体について考えてみたのです。

痛みが生じるときは決まって上腕の肢位が〈過伸展＋内転＋強い内旋〉であることに気づきました。皆さんも、同側の肩甲骨下角を指先で触ろうと努力してみてください。この姿勢は棘下筋をストレッチすると同時に、肩甲下筋を短縮させる肢位です。そこからさらに内旋しようと努力するわけですから、短縮した筋をさらに収縮させ……つまり肩甲下筋の痙攣だったのです。そのことが判明して以来、痛みが生じると同時に上腕を外旋して肩甲下筋をストレッチすることで、比較的容易に痛みから逃れられるようになりました。

当初はこの痛みを棘下筋の痙攣だと考えていたのですが、何かもっと深いところが痛いような気がしていたのです。筆者が肩甲下筋の存在をはっきりと自覚した出来事です。

肩のはなし その5

―腱板筋群の働き：棘上筋に注目！―

肩関節の安定に深く関わる腱板筋群

棘上筋《きょくじょうきん》、棘下筋《きょくかきん》、小円筋《しょうえんきん》、肩甲下筋《けんこうかきん》の4筋が直接関与する回旋筋腱板《かいせんきんけんばん》（以下「腱板」）ですが、個々の筋がその走行と付着から有している関節を「動かす」作用とともに、肩甲上腕関節の「収まり」をつくり安定を生む「求心位」を保持する上での作用の重要性について前節までに述べてきました。

図1は肩関節外転角度ごとの筋が出した張力による力のベクトルを、三角筋によるもの（A）、腱板筋群によるもの（B）とに分けて示したものです（Morrey et al., 1998の内容から模式図作成）。三角筋による力のベクトルは外転角度によって大きく変わっているのに対して、腱板筋群による力のベクトルは、外転角度が変わっても常に上腕骨頭を関節窩《かんせつか》に

図1　上腕骨の外転角度によって変化する、上腕骨頭を関節窩に押し付ける力

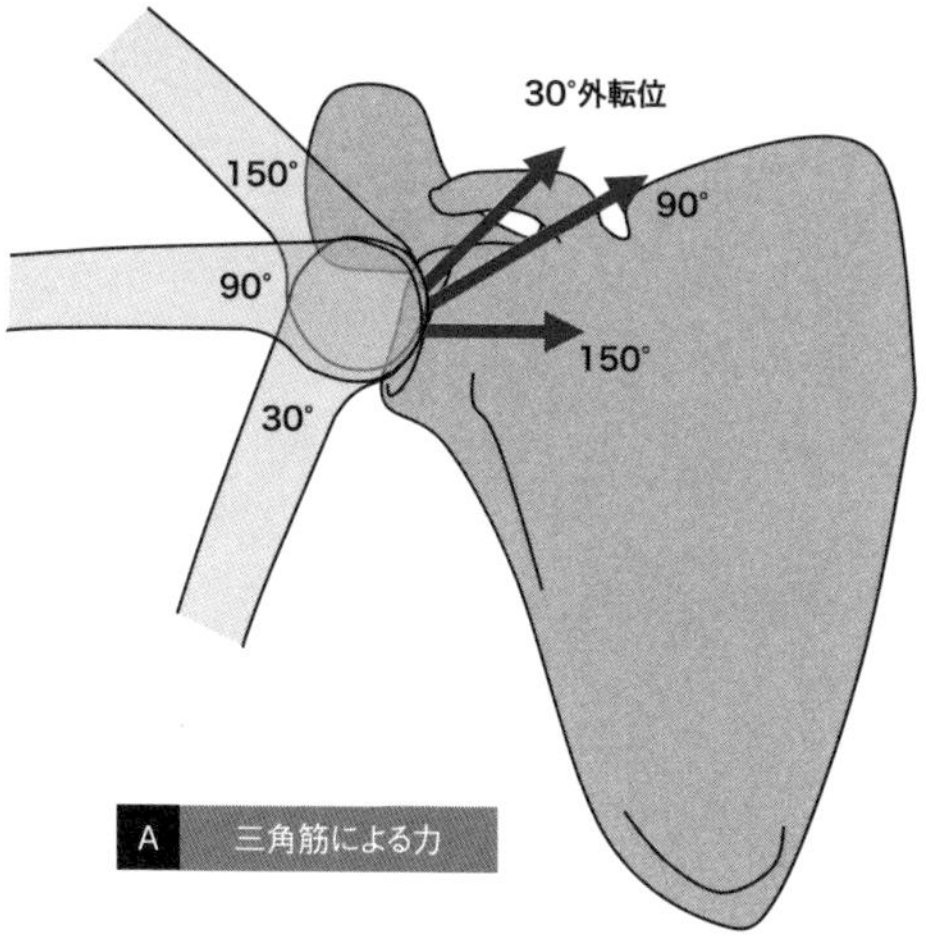

A：三角筋による力
B：腱板筋群による力
三角筋は外転角度によって力の方向も変わるのに対して、腱板筋群では角度が変わっても方向はほぼ一定である。
<Morrey et al. (1998)のデータから筆者作図>

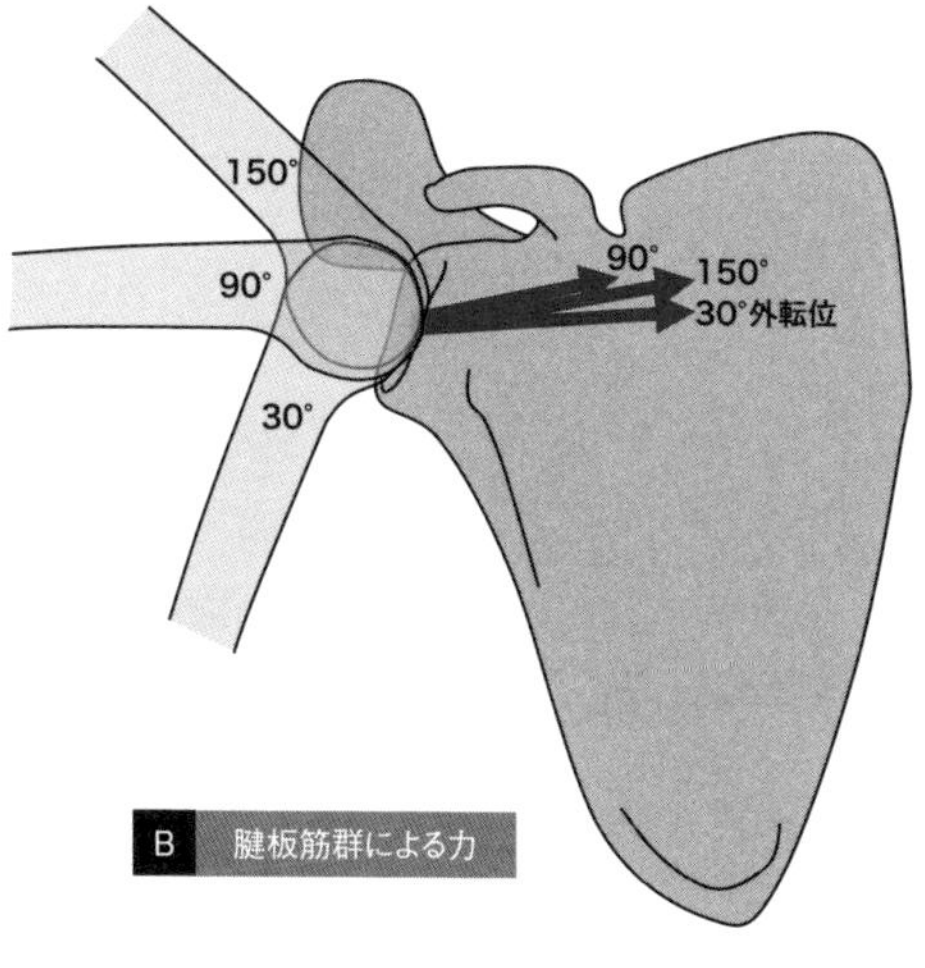

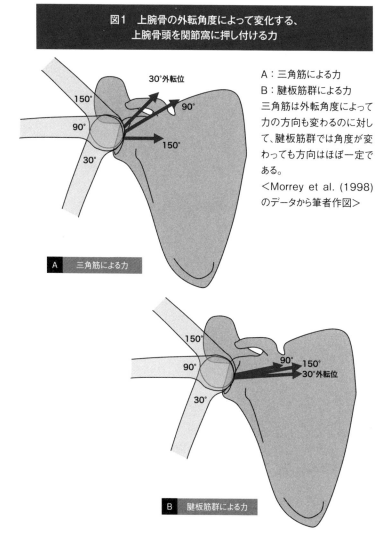

押し付ける成分が強いことがわかります。

改めてこのことから、いわゆるアウターマッスルのうち三角筋に限ってみても、単独の作用では関節を「ずらす」ような力の成分が生じていることがわかります。それと同時に、アウターマッスルが発生する「ずれ」を抑えるような力を腱板筋群（インナーマッスル）が作用させていることが明らかです。

このように肩関節の安定に深く関わる腱板筋群ですが、これらの筋を積極的に、時として選択的にトレーニングしようとするとき、どのような姿勢、動きを用いることが望ましいのでしょうか？　これらを明らかにするものとしては、トレーニング手段探索のための研究と、臨床的に適切な筋力テストを模索するような研究が見られます。

肩関節の安定に深く関わる腱板筋群。
これらの筋を積極的に、
時として選択的にトレーニングしようとするとき、
どのような姿勢、
動きを用いることが望ましいのか？

本節では、腱板筋群のトレーニングや筋力テスト法を取り扱った研究を紹介しながら、腱板筋群の機能、とくに棘上筋に注目してみましょう。

トレーニング動作と棘上筋の活動

これまでにも述べたように棘上筋は、単独では肩甲上腕関節外転の作用を持っています。つまり、下に垂らした腕を挙上していく動きです。その一方で、代表的な外転筋である三角筋と比較しても、上腕骨頭を関節窩に引き込むような張力の成分が大きいことも知られています。

Reinold et al.（2009）は、棘上筋は肩甲骨面内での外転、とくに外転角度が30°から60°あたりの腕の挙上が小さいところでよく働くとしています。一方で、その作用やほかのアウターマッスルとの共同関係には肩関節の回旋の影響も大きいようです。

Reinold et al.（2007）は、立位における肩甲骨面内（30°水平外転位）での（1）Empty-Can Exercise（肩関節内旋位：母指を下に向けた肢位：手に持った缶ジュースが空になることから）、（2）Full-Can Exercise（肩関節外旋位：母指を上に向けた肢位：手に持った缶ジユースがいっぱいのままとなることから）、（3）うつ伏せで肩関節100°外転位で外旋位にした状態からのFull-Can Exerciseの3姿勢での上肢挙上の筋活動を計測しました。その結果、それぞれの試技において棘上筋の活動量には大きな差は見られませんでしたが、Empty-Can Exerciseとうつ伏せでのFull-Can Exerciseでは、三角筋の活動が大きくなっていました（図2）。

これらのことから、著者は棘上筋のトレーニングやテスト手技としては、Full-Can Exerciseつまり立位、肩甲骨面内で肩関節外旋位（母指を上に向けた状態）での腕の挙上が望ましいとしています。

その一方で、自重負荷、側方挙上で外転角度を制限した研究では、荻本と鶴田（2016）が、健常成人男性の肩関節周囲筋群について筋内に電極を刺入する方法（ワイヤー電極）を用いた筋電図計測によって、自重負荷でさまざまな肢位〈挙上角度：45°&90°：挙上経路：前方&側方&肩甲骨面上：回旋角度（内旋位→外旋位）：母指下向&掌下向&母指上向&掌上向〉での上肢挙上運動における、肩関節周囲筋の筋活動を検討しています。

その結果、側方挙上90°での最大内旋位（母指下向き）で棘上筋は最大活動を示しました。

図2　腱板筋群のトレーニング

肩甲骨面内でのFull-Can exercise（上腕骨外旋位）とEmpty-Can exercise（上腕骨内旋位）。いずれの方法でも棘上筋は同様に動員されるが、上腕骨外旋位のほうが、三角筋の活動が少ない。

一方で、前方挙上90°での最大外旋位（掌上向き）で棘下筋は高い筋活動を示すのに対し、棘上筋の筋活動は最小になったとしています。これらの結果から著者は、徒手検査では棘上筋は側方挙上内旋位でのテストが有用である可能性があると結論づけています。

棘上筋の活動の大きさという観点からいうと、この結果は前述のReinold et al.（2007）の結果とは一致しませんが、著者は同一肢位では上腕骨は外旋するほど三角筋にかかる負担は少ないとも述べており、選択的な動員という観点、つまり三角筋の関与を小さくして棘上筋に負荷をかけるという視点からみると、肩関節外旋位が望ましいということがいえそうです。

上肢挙上中の時系列的な筋活動の変化を取り扱ったものとして、福島と三浦（2014）は、肩関節「屈曲」運動（前方への挙上）について、棘上筋は肩関節屈曲30°～60°の範囲で筋活動が最も高く、屈曲角度増加にともない筋活動が徐々に減少し、反対に棘下筋・三角筋は屈曲角度増加にともない筋活動量が漸増したとしています。

肩関節「外転」（側方への挙上）においては、棘上筋は肩関節外転角度増加にともない筋活動を増加させていたのに対して、棘下筋は外転90°以降で筋活動が増加し、その活動量をそれ以降維持していました。

このように詳しく時系列を追うと、動作全体の活動量をひとまとめの数値で記述している多くの研究の結果についても、再考の余地があることがわかります。さらに、実際のスポーツ動作中の腱板筋群の活動については、さらに複雑であることが予想され、今後詳細に検討していく必要があると思います。

フィンランドのやり投げと腱板筋群トレーニング

腱板筋群のトレーニングに関して最近筆者が感じたことを少し。

フィンランドは国技として「やり投げ」の人気が高く、競技力の高い競技者を数多く輩出していることで有名ですが、トレーニングの工夫も独特です。たとえば、フィンランドのやり投げ競技者が採用している専門補強の手段には、肩関節外転位で腱板筋群に大きな負荷をかけるものが含まれていました。これは、腱板筋群を選択的に動員するというよりは、実際の投げ姿勢に近いところでインナー・アウターもろともに強い収縮、しかも強いエキセントリックな収縮を狙ったと思われるものでした。

この事例だけを見ても、投げのパフォーマンスを支える存在としての腱板筋群の働きにつ

図3　フィンランドやり投げ競技者の肩関節トレーニング

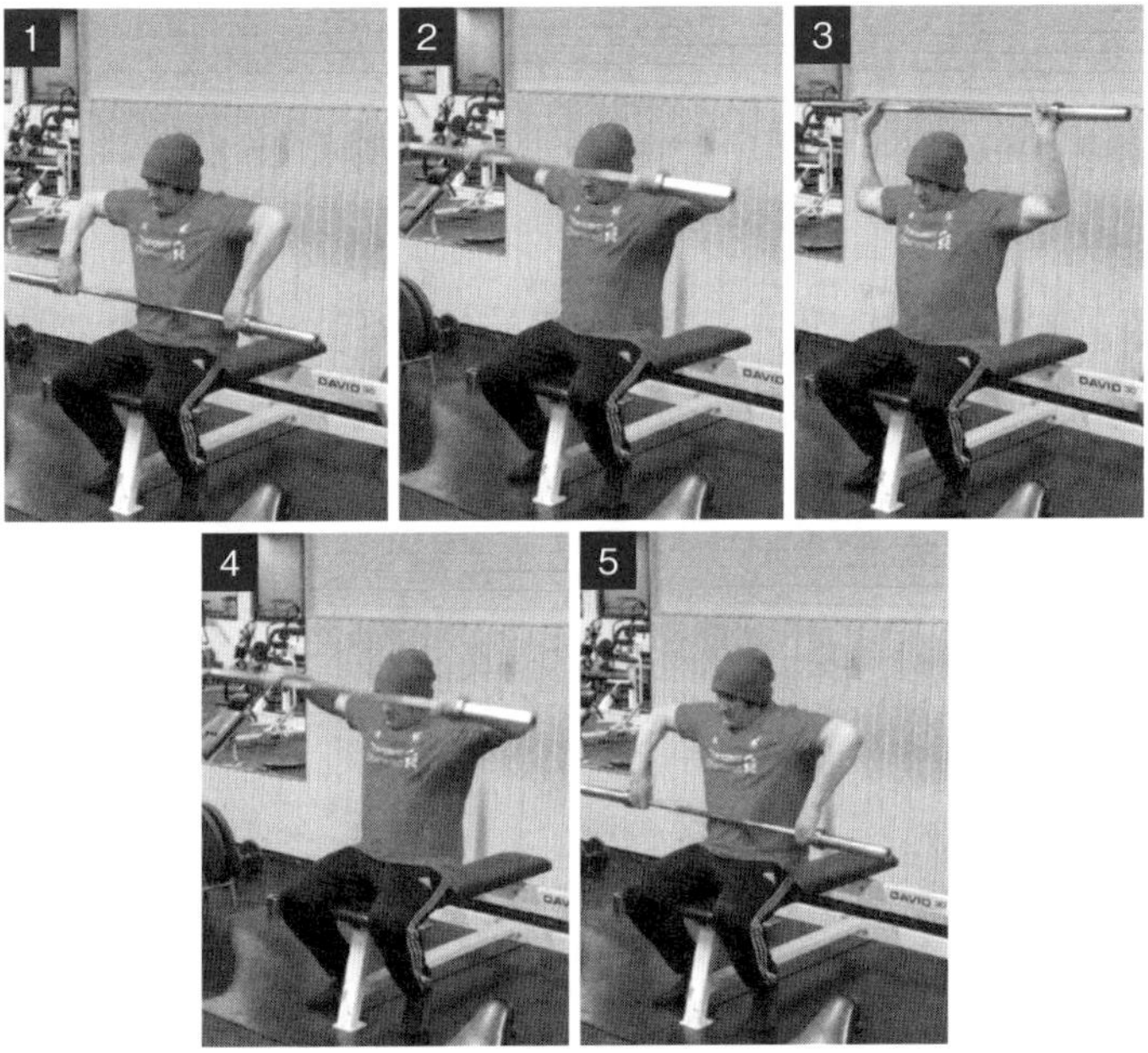

①の姿勢で、すでに筋は活動状態にある。②を経て③の姿勢では単に肩関節が外旋外転位にあるだけではなく、投げを意識した胸を張った姿勢がとられていることがわかる。④〜⑤は2秒弱かけて行われ、外旋に関わる筋群のエキセントリックな収縮を狙っている。選択的に腱板筋群を動員するというよりも、実際の競技における動きや姿勢、大きな負荷がかかる場面を意識したものになっている（Kimmo Kinnunen氏 提供）。

いて、改めて大切にしていく必要があることを感じた次第です。
図3は、そのなかでも競技者の間で少なくとも数十年にわたって受け継がれているというトレーニングで、シンプルに肩関節90°外転位を保持した状態での強く大きな外旋を狙ったものです。

選択的な腱板筋群の動員という観点から見ると、アウターマッスルの関与も大きそうですし、外転位での回旋ということもあって、腱板の摩擦は避けられそうにありませんから、リスクを感じる読者の方もおられるかもしれません。しかしながら、やり投げの主動作が行われる肢位を考えると、最も肩関節への負荷が大きくなる局面に近く、理にかなっているのです。

選択的に効果を及ぼせる筋を狙って行うトレーニング手段と大きな負荷がかかる場面を意識し、本当に強くしたい肢位で、狙いの動きに対して刺激をしていくトレーニング手段。怪我の

選択的に効果を及ぼせる筋を狙って行うトレーニング手段と
大きな負荷がかかる場面を意識し、
本当に強くしたい肢位で、
狙いの動きに対して刺激をしていくトレーニング手段。

有無や競技レベル、種目特性によっても異なると思いますが、どちらのアプローチも状況に応じた活用ができることが望ましいでしょう。

Chapter 7

インナーマッスルのはなし

インナーマッスルのはなし その1
―関節の安定に与える筋の作用―

トレーニングの世界で長年注目されてきた「インナーマッスル」ですが、最近ではこの名称について、スポーツ関係者のみならず多くの方が耳にされていることと思います。肩関節や体幹筋群についても取り上げられる機会が増えました。

では、このインナーマッスル、そもそもどのようなものなのでしょうか？

Spurt muscle と Shunt muscle

本題に入る前に少し寄り道したいと思います。そもそも筋は身体を動かすために存在する複雑でしなやかなアクチュエータ（運動の動力となるもの）です。しかし、ロボットの関節に配置されたモーターのように直接回転を生む構造ではなく、収縮によって筋に沿って直線的に張力を発揮する筋は、その構造から必然的に関節の運動には直接作用しない力も生んでいます。

このことについて、わかりやすい事例として「Spurt muscle（スパートマッスル）」と「Shunt muscle（シャントマッスル）」の違いについてお話しします。ここでは上腕に対して前腕を動かす、肘関節の屈筋を例にとってみましょう（図1）。肘関節を曲げる筋は複数ありますが、最も有名なものは上腕二頭筋《じょうわんにとうきん》でしょう。この筋は肩甲骨に二頭をもって起始しますが、筋腹は上腕の前面に配置され前腕の橈骨《とうこつ》に停止します。力こぶとして目立つ存在です。

この筋とは対照的に腕橈骨筋《わんとうこつきん》は地味な筋です。この筋は上腕骨の遠位部から起始し、筋腹の大部分が前腕の橈骨に沿って掌側《しょうそく》（てのひら側）に配置され、橈骨に停止しています。その配置から手関節《しゅかんせつ》（手首）の屈筋と間違われることもありますが、手関節をまたぐことはなく、れっきとした肘の屈筋です。

気をつけの姿勢で体側にある肘関節を90°屈曲し「小さい前に習え」の姿勢をとります。このとき手背《しゅはい》（手の甲）が外に向いて、母指が上にある状態です。この姿勢から手に抵抗を

図1　Spurt Muscle と Shunt Muscle

固定された上腕に対して前腕を動かす場合、上腕二頭筋（Spurt Muscle）の張力は前腕と直交し前腕をスウィングする成分（Sw）が大きいのに対して、腕橈骨筋（Shunt Muscle）の張力は前腕と平行で、上腕骨のほうに前腕を引き込む成分（Cp）が大きい。

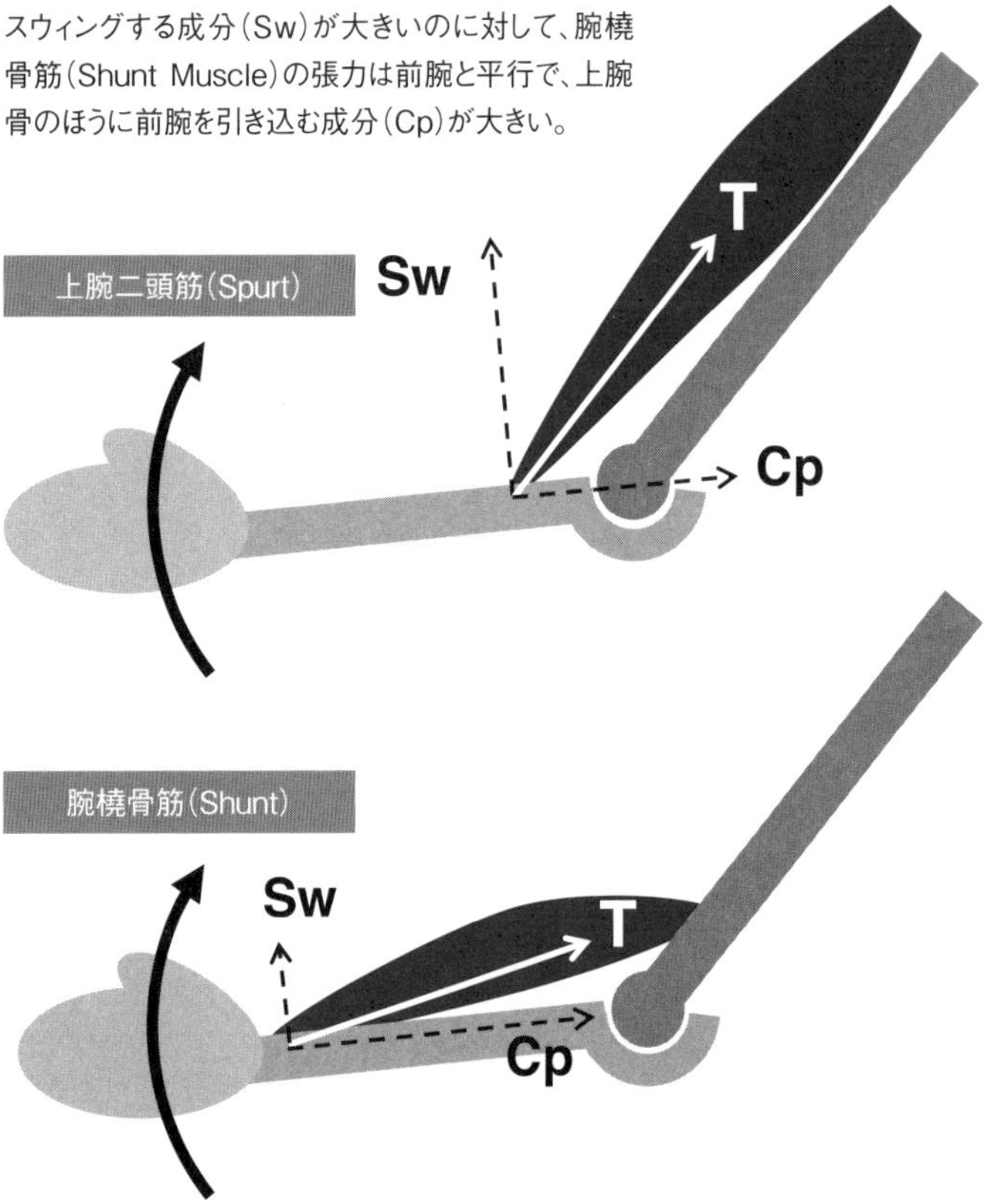

加えたまま肘関節を屈曲しようとすると、前腕の掌側橈側《とうそく》に円錐状の盛り上がりを確認できますが、これが腕橈骨筋《わんとうこつきん》の筋腹です。

これらの筋肉は肘関節をまたぐ屈筋ですが、それぞれが発揮する張力の内訳は少々異なります。すなわち、前腕の長軸に平行な成分と、前腕の長軸に直交する成分とに分解することができるのです。

このようにして比較してみると、上腕二頭筋は前腕に直交する成分（Sw）が大きく、腕橈骨筋は前腕と平行の成分（Cp）が大きいことがわかります。

MacConaill（1977, 1978）は、このような事例をもとに、前腕を動かす際の肘の屈筋に関して、上腕二頭筋のような特性を持つ筋をSpurt muscle、腕橈骨筋のような特性を持つ筋をShunt muscleとして分類しています。固定された上腕に対して前腕が運動すると考えると、上腕二頭筋は前腕の回転（swing）に有利な成分を多く出すことができる構造です。一方、腕橈骨筋は前腕の関節面を上腕に押し付けて、振り回され

同じ作用を持った筋肉が複数配置されることで、
関節はさまざまな姿勢や出力状況において、
安定を保ちながら機能することが可能となっている。

る前腕を安定させるのに有利な構造です。

　このように同じ作用を持った筋肉が複数配置されることで、関節はさまざまな姿勢や出力状況において、安定を保ちながら機能することが可能となっているわけです。インナーマッスルの作用を考える上でも、このように筋張力の効果について動作や周囲の筋群の関与をイメージしながら分析することがより深い理解につながると考えます。

肩のインナーマッスル

　インナーマッスルがトレーニングのキーワードとして最初に取り上げられたのは、肩関節（肩甲上腕関節《けんこうじょうわんかんせつ》）に関するものでしょう。教科書的には、肩甲骨に起始し上腕骨に停止する棘上筋《きょくじょうきん》・棘下筋《きょくかきん》・小円筋《しょうえんきん》・肩甲下筋《けんこうかきん》の4筋を合わせてインナーマッスル（回旋筋腱板《かいせんきんけんばん》：ローテーターカフ：腱板筋群《けんばんきんぐん》）と呼び、トレーニングにおいてもとくに注目されています。それに対して、より関節の外側に位置し、大きな出力を得意とする筋群をインナーマッスルとの対比からアウターマッスルと呼ぶこともあります（肩のはなし4-5参照）。

　本書でも既に取り上げましたが、インナーマッスルを取り扱うときにいつも話題になるのが、「関節の安定」という問題です。関節があることで、われわれの身体には自由度が生じ、複雑な運動が可能になります。その一方で、自由度獲得の背景には必然的に機構の不安定が発生します。関節の大きな可動域が実現されればされるほど、安定性確保の問題もますます大きくなってきます。

肩関節は可動域が大きな関節の代表ですが、この関節の安定を確保する仕組みは非常によくできたものです。この安定機構の中でも筋の関与はとくに大きな役割を担っているといえるでしょう。

インナーマッスルについて前述の筋張力の成分分析を行ってみるとどうでしょうか。それぞれの筋が張力を発揮すると、関節に回旋を生むと同時に、上腕骨頭を肩甲骨の関節窩《かんせつか》に引き込む力が発生します。大き

筋は張力・粘弾性可変の関節支持機構。
適切にコントロールされれば肩関節に課される
ヘビーデューティーに耐える働きとなるが、
ひとたび協調的なコントロールに不具合が生じたり、
筋力不足に陥ったりすると、関節を取り巻くほかの支持機構や、
さまざまな不具合がそこから生じることになる。

な力で、広い運動範囲に渡って作用する大筋群（Outer muscle）とともにこれらの筋群が共同して働くことは、運動中の上腕骨頭の求心位保持にとって決定的な要因となっています。

適切にコントロールされれば肩関節に課されるヘビーデューティーに耐える働きとなりますが、ひとたび協調的なコントロールに不具合が生じたり、筋力不足に陥ったりすると、関節を取り巻くほかの支持機構や、さまざまな不具合がそこから生じることになります。

実際に肩関節はスポーツにおいても、ケガの発生頻度が比較的高い関節ということができると思いますが、それらのケガの中でもインナーマッスルの機能不全が原因となる問題が非常に多く、インナーマッスル自体の損傷が問題になることも多いことには注意が必要です。

肩関節の痛みを生む極端な姿勢

ここではもう少し肩関節の極端な姿勢を対象として、筋の働きや怪我の発生について考えてみましょう。棘上筋に関していえば、外転位でも関節を「引き込む」張力の成分が確保されていることについてはすでに述べました。改めて、実際の運動において肩関節はどのような姿勢をとっているのでしょうか？

図2　オーバーハンドスローの肩外旋位の姿勢とインナーマッスルの模式図

肩関節（肩甲上腕関節）はアウターマッスルの大きな張力や、外旋（a）や水平伸展（b）のストレスのもとでも関節の収まり（求心位）を確保し、関節を守る重要な働きを持っているが、狭い空間に重要な構造が密集するため傷害の起こりやすい部位でもある。

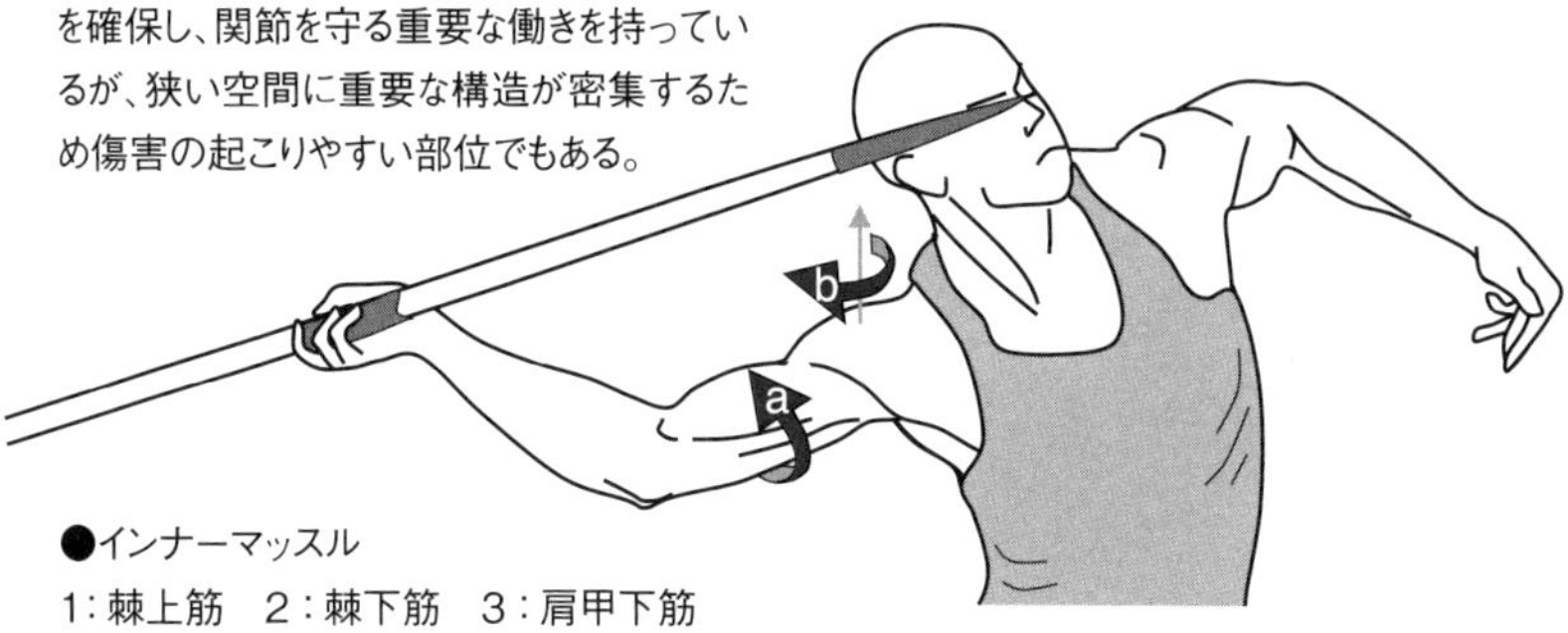

●インナーマッスル
1：棘上筋　2：棘下筋　3：肩甲下筋
●アウターマッスル
4：大胸筋　5：広背筋　6：三角筋

Hum：上腕骨、cl：鎖骨、
ac：肩峰、co：烏口突起

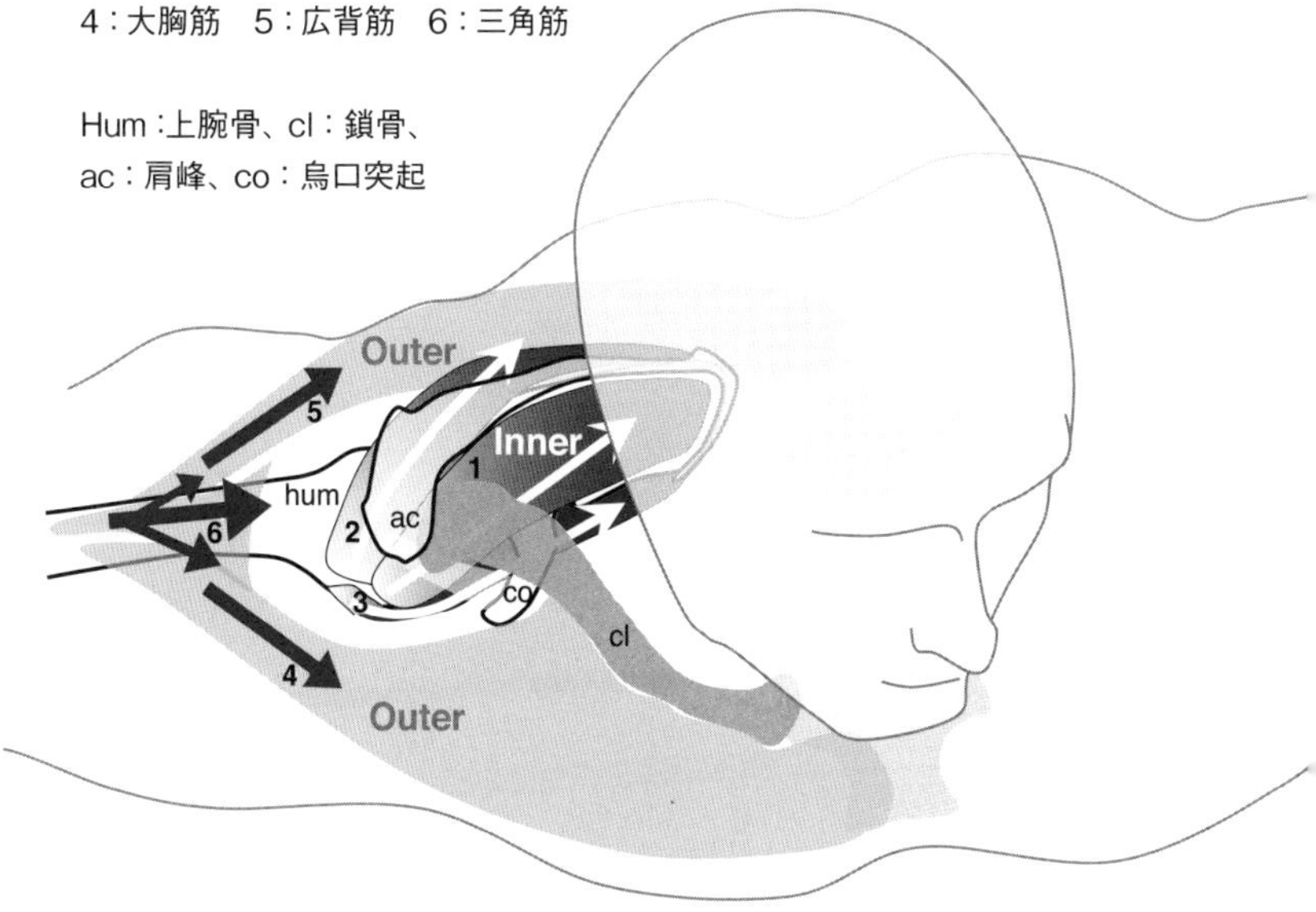

図2は、いわゆるオーバーハンドスローの加速局面の肩関節です。インナーマッスル（腱板筋群、ローテーターカフ）は、上腕骨頭を包むように配置され、このような外転・外旋位においても、骨頭を大きな外力に抗して関節窩に引き込む役割を果たしています。しかし、図からお分りいただけるように、可動性の大きな肩関節の特性もあって、肩関節周辺は関節を動かし守る重要な構造物が狭い空間に密集します。肩甲骨の肩峰（ac）や、肩峰と烏口突起（co）の間をつなぐ靭帯のあたりに、ちょうどインナーマッスルが上腕骨（hum）を包み込むあたりが擦れるような位置関係になります。

実際には肩峰の直下には滑液包もあり、肩峰と上腕骨の間に位置する構造物が両者の間に挟まれてぶつかるような状態になります。これが、肩関節のインピンジメント（衝突）としてよく知られる、インナーマッスルの損傷につながるわけです。

このインピンジメントには上腕二頭筋の長頭が肩峰の下で擦れるものや、インナーマッスルの関節内側が関節窩と上腕骨頭との間に挟まれて起こる「インターナルインピンジメント」というものも含まれます。このような姿勢では、上腕骨頭が前に飛び出すようなストレスを受けそうです。実際、このストレスは棘上筋と肩甲下筋の間の腱板疎部《けんばんそぶ》という、インナーマッスルの守りが手薄な部分の関節包に負担をかけ、肩関節の痛みの原因になることも多いようです。

棘下筋の緊張が強い場合、動きの中で肩関節の前側のストレスを強く感じることがあります。棘下筋のストレッチングで肩関節の収まりがよくなる経験をしたことがありますが、やはり肩関節の安定は、単に緩い硬いの問題ではなく、それぞれのバランスの影響が大きいということを感じます。

インナーマッスルのはなし その2

―体幹のインナーマッスル―

前節では、「Spurt muscle」「Shunt muscle」の話をきっかけに、関節の安定に与る筋の作用について紹介しました。さらに関節のインナーマッスルとして、とくに取り上げられる機会の多い肩関節の例を中心にお話をしました。本節では、このところ注目度が上がっている、いや、今ではもう一般的になったといっても過言ではない、体幹のインナーマッスルについてお話ししたいと思います。

体幹筋群に関する記述においては、筋の機能解剖学的特徴を肩関節になぞらえて、肩関節のアウターマッスルに相当するものを「グローバル筋」、インナーマッスルに相当するものを「ローカル筋」と呼ぶ例が多く見られます。さらに、このローカル筋が便宜上あるいは機能的な意味合いからインナーマッスルとして呼ばれる機会も多いようです。

ただ、体幹（ここではとくに腰部）に関しては、関節の形状などの事情から、肩関節ほどインナーとアウターの区別がわかりやすいわけではありません。筋群の配置的に理解しやすかった肩関節とは異なり、体幹筋群の場合には、とくに機能的な特徴を考えながら理解を進めるほうがわかりやすいでしょう。

ローカル筋群（Local System）とグローバル筋群（Global System）

大きな可動域にわたって運動する球関節《きゅうかんせつ》である肩関節と異なり、腰椎と腰椎を結ぶ関節は、軟骨結合である椎間板による椎体同士の連結と、滑膜関節《かつまくかんせつ》である椎間関節による2つのつながりによって構成されています。腰椎同士のつながりに関していうと、可動域は肩関節ほど大きくありません。その一方で、日常的に大きな荷重を支持しているため、荷重をともなった状態での局所的な配列の異常や不安定は、時として非常に重篤な傷害や機能障害につながる危険性があります。このような特性を持った腰部について、筋群の配置を見てみましょう。

図1は、体幹筋群をごく単純な模式図によって示したものです。Bergmark（1989）によ

ると、この図に見られるように起始・停止（または両方）が腰椎にある……つまり腰椎に直接付着する筋群（A）を指してLocal Systemと呼び、それに対して骨盤に起始し胸郭に停止する筋群（B）をGlobal Systemと呼んでいます。

それぞれに求められる機能的な役割が異なることは容易に想像できますが、具体的にはどんな違いがあるのでしょうか。ここからはLocal Systemをいわゆるローカル筋群、Global Systemをいわゆるグローバル筋群として話を進めていきたいと思います。

具体的にローカル筋としては、〈腹横筋《ふくおうきん》／多裂筋《たれつきん》／内腹斜筋《ないふくしゃきん》（胸腰筋膜《きょうようきんまく》付着部位）／棘間筋《きょくかんきん》／横突間筋《おうとつかんきん》／腰方形筋《ようほうけいきん》の内側線維／脊柱起立筋《せきちゅうきりつきん》の一部など〉が挙げられています（腰椎から大腿骨に至る大腰筋《だいようきん》や腰部の腱膜から上腕骨に至る広背筋《こうはいきん》は除外）。

腰椎に直接付着する筋群を指して
Local Systemと呼び、
それに対して骨盤に起始し胸郭に停止する筋群を
Global Systemと呼ぶ。

図1　A：ローカル筋群（Local System）と
B：グローバル筋群（Global System）

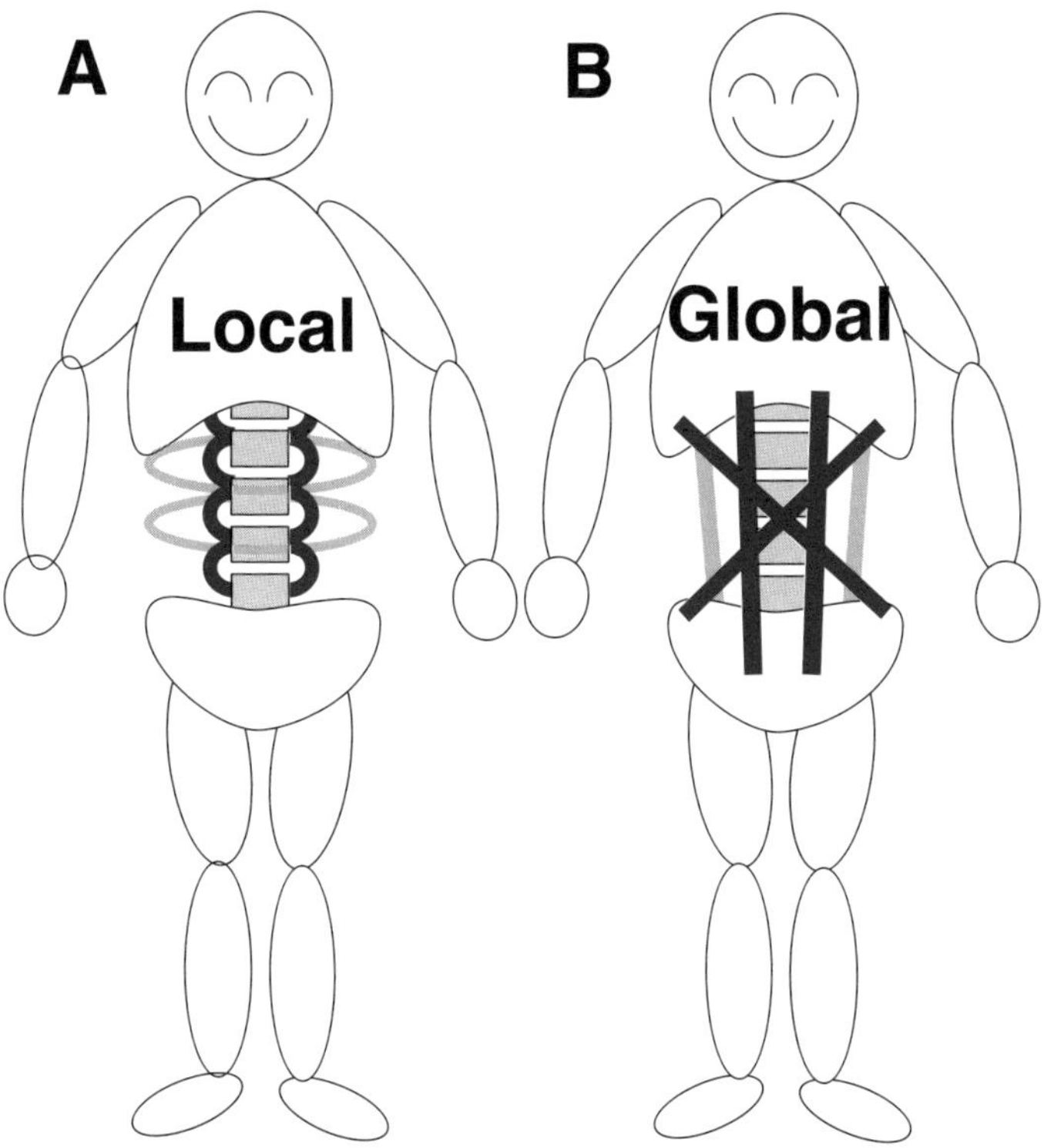

A：多裂筋や腹横筋など、脊椎に付着を持ち脊柱の安定に作用する筋群
B：腹直筋や腹斜筋、脊柱起立筋の表層など、骨盤と胸郭を結びつけ、大きな運動に関わる筋群

一般には調べやすさ・分かりやすさから、多裂筋と腹横筋がローカル筋（インナーマッスル）の代表として取り上げられることが多いように見受けられますが、前述のようにこのカテゴリーに入る筋は多いのです。実際にはこれらの筋群は、腰椎と腰椎の間のコントロールに関与し、深層に位置する比較的小さな筋であることが特徴です。

それに対するグローバル筋としては〈腹直筋《ふくちょくきん》／外腹斜筋《がいふくしゃきん》／内腹斜筋《ないふくしゃきん》／腰方形筋の外側線維／脊柱起立筋の一部など〉が挙げられています。これらの筋群は表層に位置し、動作範囲が大きく出力も比較的大きいという特徴があります。

多裂筋に見るローカル筋の働き

ローカル筋について、多裂筋を例にとって機能的な特徴を考えてみましょう。多裂筋は横断面図（図2）で腰椎の棘突起《きょくとっき》のすぐ脇に付着する比較的短い筋束構成の筋です。部位や深さによっても異なりますが、大まかには下位の肋骨突起（横突起《おうとっき》）と上位の棘突起を結びつけるような構造で、いわゆる横突棘筋群《おうとつきょくきんぐん》に分類されます（図3）。最も下位では仙骨《せんこつ》から始まる筋束もあります。

図2 腰部横断面の模式図

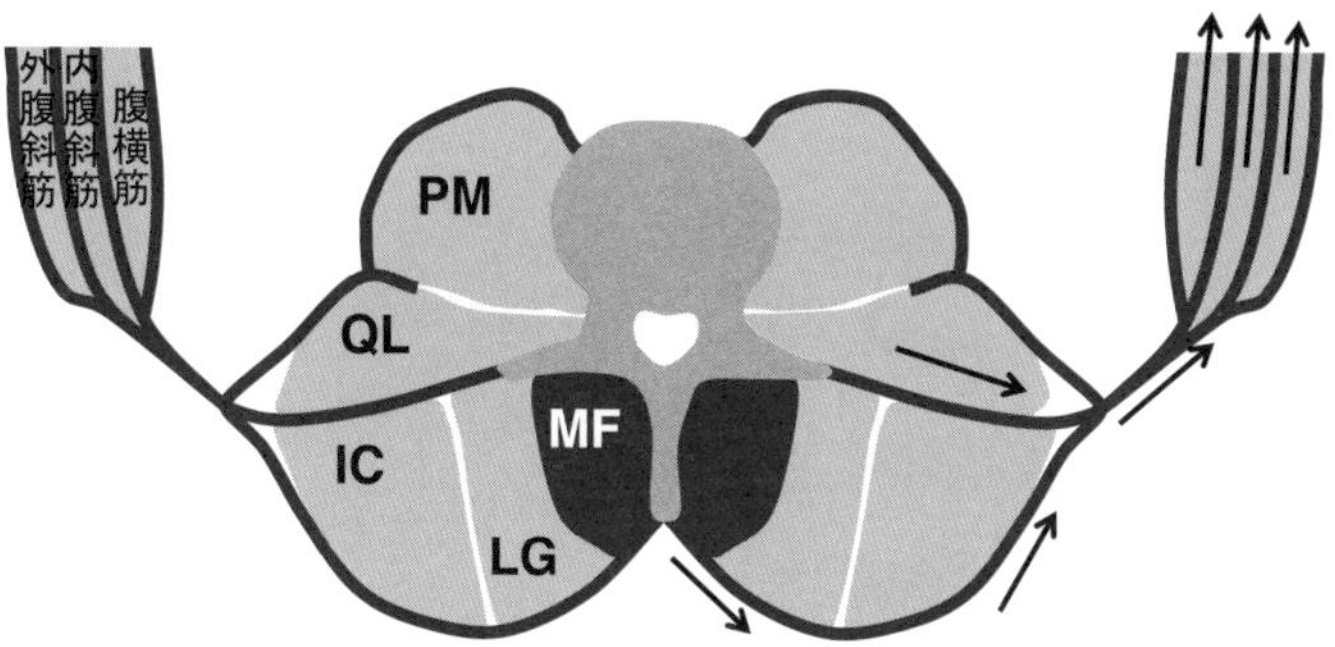

◆MF：多裂筋、LG：最長筋、PM：大腰筋、QL：腰方形筋、IC：腸肋筋
◆図中の→：胸腰腱膜への張力伝達を模式的に示す。
●腹壁の筋群（腹横筋、内腹斜筋、外腹斜筋、腹直筋）の張力は、腰背腱膜を介して、脊柱の安定に寄与している。
●多裂筋は腰椎の椎間関節に最も近い位置に配置され、直接椎間の安定に寄与している。

図3　多裂筋の走行を示す模式図

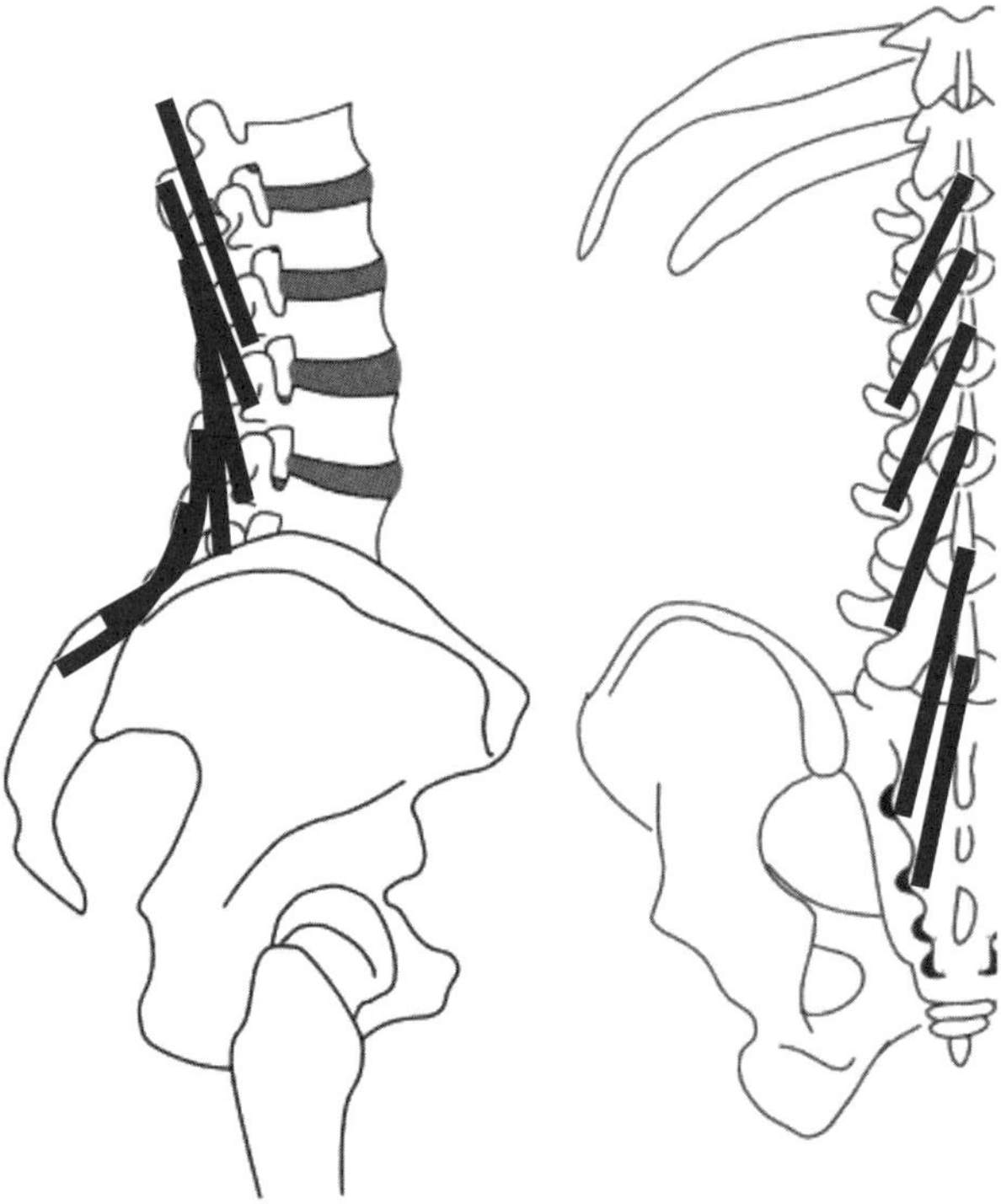

●仙骨、腰椎肋骨突起から上位の棘突起を結ぶ横突棘筋である。
●実際はその名の示す通り、さらに多数の筋束によって構成される。

配置から明らかなように、椎体間の回旋や伸展・側屈に作用しますが、この筋の張力が最も強く腰椎の椎間を安定させるという報告があります（Wilke et al., 1995）。この事実に関しては、決して驚くべきことではなく、この筋の配置・構造から自明ともいえることです。棘突起間を結ぶ棘上靭帯《きょくじょうじんたい》の刺激によって、多裂筋の筋活動が誘発されることが調べられていますが、このことからも、この筋の機能的な役割をうかがい知ることができます。

さらにこの筋内には、筋の長さや伸張速度のセンサーである筋紡錘《きんぼうすい》が高密度に配置されているといわれています。多裂筋の例から、ローカル筋は椎間の安定装置としての機能のみならず、関節変位の情報収集の役割も同時に担っているということがいえるでしょう。

このような視点から、傷害予防やリハビリテーションを目的としたトレーニングの際には、安定装置としての出力を高めるために筋力を高めるアプローチとともに、たとえ負荷は軽くても、筋の知覚訓練にあたるような軽い運動やストレッチング等についても積極的に取り入れていく必要があるでしょう。

とくに、腰部に傷害を負った際に「腹筋のトレーニングをしっかり、背筋はお休み」というような指示がなされることもあります。確かに椎間関節の損傷がひどい場合に腰椎の伸展を避けるなど、やむを得ない場合もあると思います。しかしそうでない場合は、方法を工夫しながら、多裂筋や腰部の安定に関わる脊柱起立筋、腰方形筋などにも適宜刺激を与えていくことが重要だと考えます。腰椎の安定のために腰椎同士を結びつける筋を直接トレーニングする。極々自然のことのように見えますが、一般論と先入観がじゃまをして、深く考えずに回避されているトレーニングもあるのです。

腹横筋だけじゃない！ Draw-in（引き込み）とBracing（引き締め）

腹部の前面は表層にある腹直筋が有名ですが、側腹壁の筋群は、表層から外腹斜筋、内腹斜筋、そして最も深層に腹横筋があります。これらの筋群の中でも腹横筋は、ローカル筋としてとくに注目されています。

確かに腹横筋はいわゆるDraw-in（ドローイン）と呼ばれる、お腹を引っ込めて体幹の安定をはかる動作を得意とし、配置も3筋の中で最も深層にあるため「インナーマッスル」として取り扱いやすい側面があったと思われます。

それに対して肋骨や骨盤への付着が大きな腹斜筋群は、腰椎の安定を保つというよりも、胸郭を動かす筋というイメージで語られてきたのではないでしょうか。機能的にもこの点は疑いの余地がありません。しかしその一方で、腰椎、腰部筋群と胸腰筋膜を介した関係を確認すると、また別の見方をすることもできます。

図2の腰部の断面図をご覧ください。これらの3筋はそれぞれに異なる方向の走行（図の上では表示できません）を持っていますが、腹側では腹直筋の深層で広い腱膜に合一し、背側でも胸腰腱膜に合流して、腰部の筋群を包み込み、最終的には腰椎に至ります。この図では、側腹壁の3筋を包む腱膜が物理的に腰椎とつながりを持っていることがわかります。

このように見ると、腹壁の筋群は腰椎に対しても筋膜を介して張力を作用させていることがわかります。それぞれの筋の走

腹部筋群が
腰部の安定に及ぼす影響については、
腹横筋のみに注目するのではなく、
さらに深く考えていく必要がある。

行、すなわち張力発揮の方向が異なることで、腰部には多方向の負荷に耐える剛性がもたらされると考えます。

腹直筋や横隔膜《おうかくまく》を含む腹部のすべての筋群が腹部を固めるように作用するBracing（引き締め）においては、腹横筋を選択的に収縮させたDraw-inよりも腰部の安定性が高まるとする考えもあり、腹部筋群が腰部の安定に及ぼす影響については、腹横筋のみに注目するのではなく、さらに深く考えていく必要がありそうです。

Chapter 8

そのほかの筋・関節・骨のはなし

手と手関節のはなし

精妙なコントロールをもつヒトの手

われわれヒトの手は、物をつかむ、押す、つまむ、身体を支えるなど、物体と身体とをつなぐインターフェイスとしての役割を持っています。その際の出力は、筆先で米粒に文字を書くようなことから、ボウリング玉を振り上げて転がすようなことまで、目的によって大小さまざまです。

それだけではなく、感情を表現したり、コミュニケーションのためのサインを示したりという役割を持つこともあります。手話はその典型的な例です。実際の手話は手・手指の動きとともに上肢の動きを伴いますが、その語彙数はなんと1000を超えているそうです（新・日本語-手話辞典）。これだけ膨大な情報を識別可能な形で表現できるのは、手の精妙なコントロールによるところが大きいといえるでしょう。手のコントロール自由度の高さは、「手の表情」とも表現される微妙な姿勢の違いを可能にしています。足ではここまでの芸当は難しそうです。

ヒトの手は、機能的には霊長類の中でも特殊だといわれています。とくに母指（親指）が長く器用なことが特徴で、母指のＣＭ関節（中手骨《ちゅうしゅこつ》と手根骨《しゅこんこつ》との関節）は回旋を含めた大きな可動性を持ち、母指と手掌《しゅしょう》（手のひら）に内在する筋群の発達が顕著です。

母指に関わる筋群の中でも短母指伸筋《たんぼししんきん》と長母指屈筋《ちょうぼしくっきん》はヒトにしかない筋で、ヒトでは他の指と独立して母指の末節のみを曲げることができるのはこれらの筋の役割によるものです（本間と坂井，1992）。ヒト以外の霊長類が母指の末節を曲げようとすると、何が起こるでしょうか。実はほかの指も曲がってしまうのです。これはわれわれの足で起こることと同様です（本間と坂井，1992）。母指とほかの指を向かいあわせる「母指対向」という動作は、ヒトが得意とする動作ですが、原猿以上で可能となるようです。

筋群の構成（外在筋と内在筋）

手の運動を司る筋のうち、大きな動き、大きな出力に関与する筋は主に前腕から手に至ります。肘の内側にある骨の出っ張り：上腕骨内側上顆《じょうわんこつないそくじょうか》から始まる筋群は、手首・指の屈筋と回内筋《かいないきん》です（図1：前腕屈筋群）。一方、外側上顆に起始する筋群はおもに手根・指の伸筋です（図2：前腕伸筋群）。これらの筋は肘関節寄りに筋腹を有し、円回内筋、腕橈骨筋など一部の筋を除いて長い腱をもって手に至ります。

手を握った状態で手首（手関節）を曲げる（掌屈《しょうくつ》：てのひら側への屈曲）。すると、長《ちょう》掌筋《しょうきん》の腱が手首の掌側《しょうそく》中央にはっきりと盛り上がるのがわかります。この腱は投球障害で見られる肘関節の内側側副靱帯《ないそくそくふくじんたい》損傷の再建に用いられることが知られていますが、日本人では5％前後で欠損が見られるという報告があります（高藤ら，1985）。

この腱のすぐ内側（母指側）には手指を曲げる浅指屈筋の腱があり、この部分に触れたまま手のグーパーを繰り返すと、皮膚直下で浅指屈筋腱《せんしくっきんけん》がつるつると滑動している様子がよく分かります。さらに内側には尺側手根屈筋《しゃくそくしゅこんくっきん》の腱が、長掌筋腱の外側（小指側）には橈側手根《とうそくしゅこん》

図2　前腕伸筋群
（外側上顆から起始し
背側に走行する筋群）

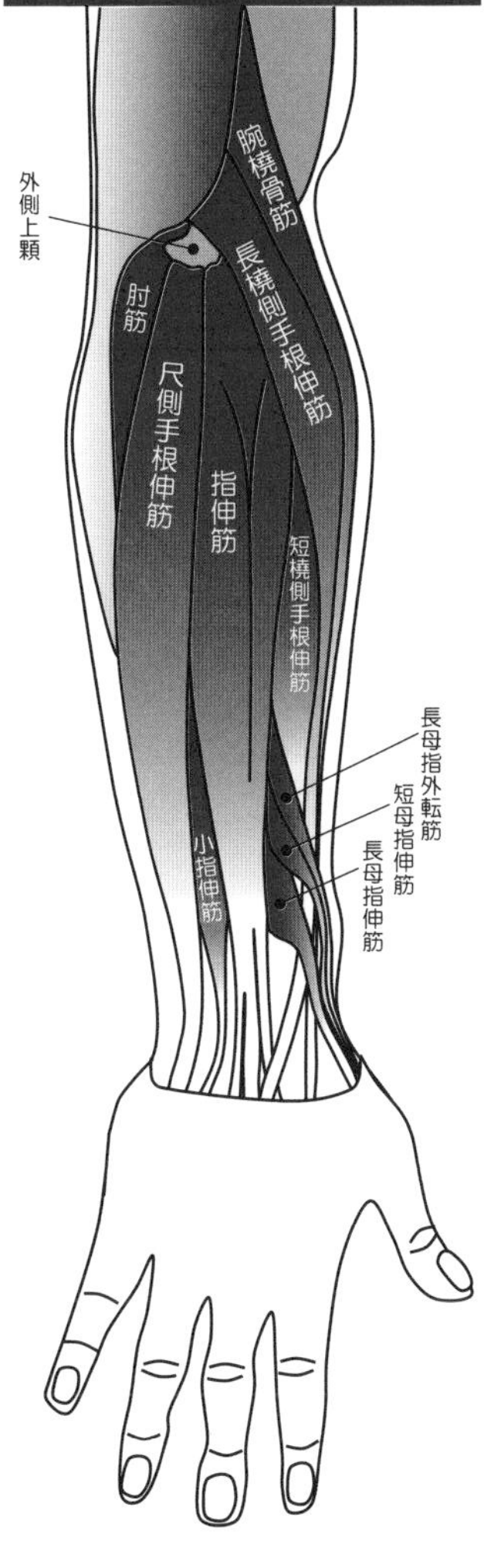

図1　前腕屈筋群
（内側上顆から起始し
掌側に走行する筋群）

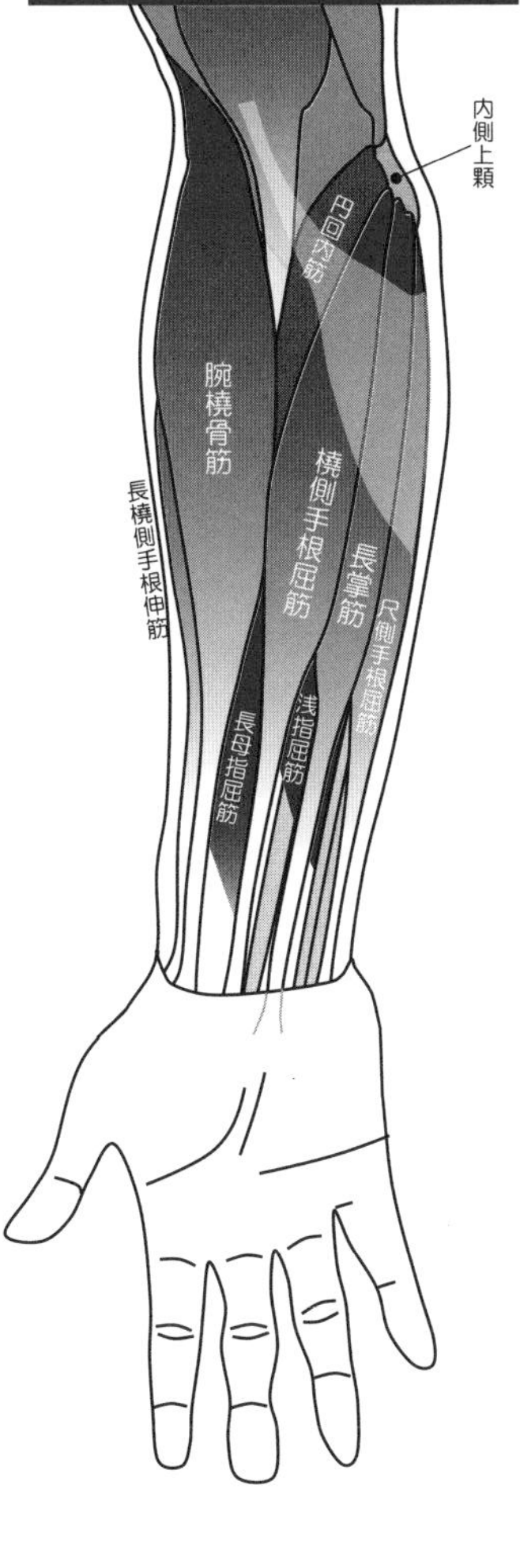

屈筋《くっきん》の腱があります。これら2つの手根屈筋の腱は手首（手関節）を曲げる際、ピンと張り緊張する様子に触れることができます。

手を握る秘孔

手のひらの形を変えたり、手指の微妙なコントロールは手の中にある筋（内在筋）の作用が重要な役割を果たしますが、手指の曲げ伸ばしをコントロールする多くの筋は前腕から長い腱を伴って手に入る「外在筋」です。手をリラックスした状態で、反対の母指で前腕の掌側遠位1／3をしっかり握ってみると、手指がひとりでに動いてしまいます（図3）。

これは外在筋の屈筋腱（主に浅指屈筋）が引かれるためです。前にならえの姿勢から、手のひらを下に向けたまま手首を起こす（手関節を背屈《はいくつ》する）と手指を握ってしまいます。これは単に重力の影響だけでなく、前腕から手指に至る筋群の腱が引かれるためです。

スズメやカラスはこの仕組みを利用して木の枝にとまります。彼らの指の屈筋はヒトよりもタイトに設定されているようで、体重を乗せて指の中枢寄りの関節（正確には足首ではなくヒトでいう足根骨と脛骨《けいこつ》の関節）を背屈すると、屈筋腱が引かれて指を握るようですが、

図3　手を握る秘孔

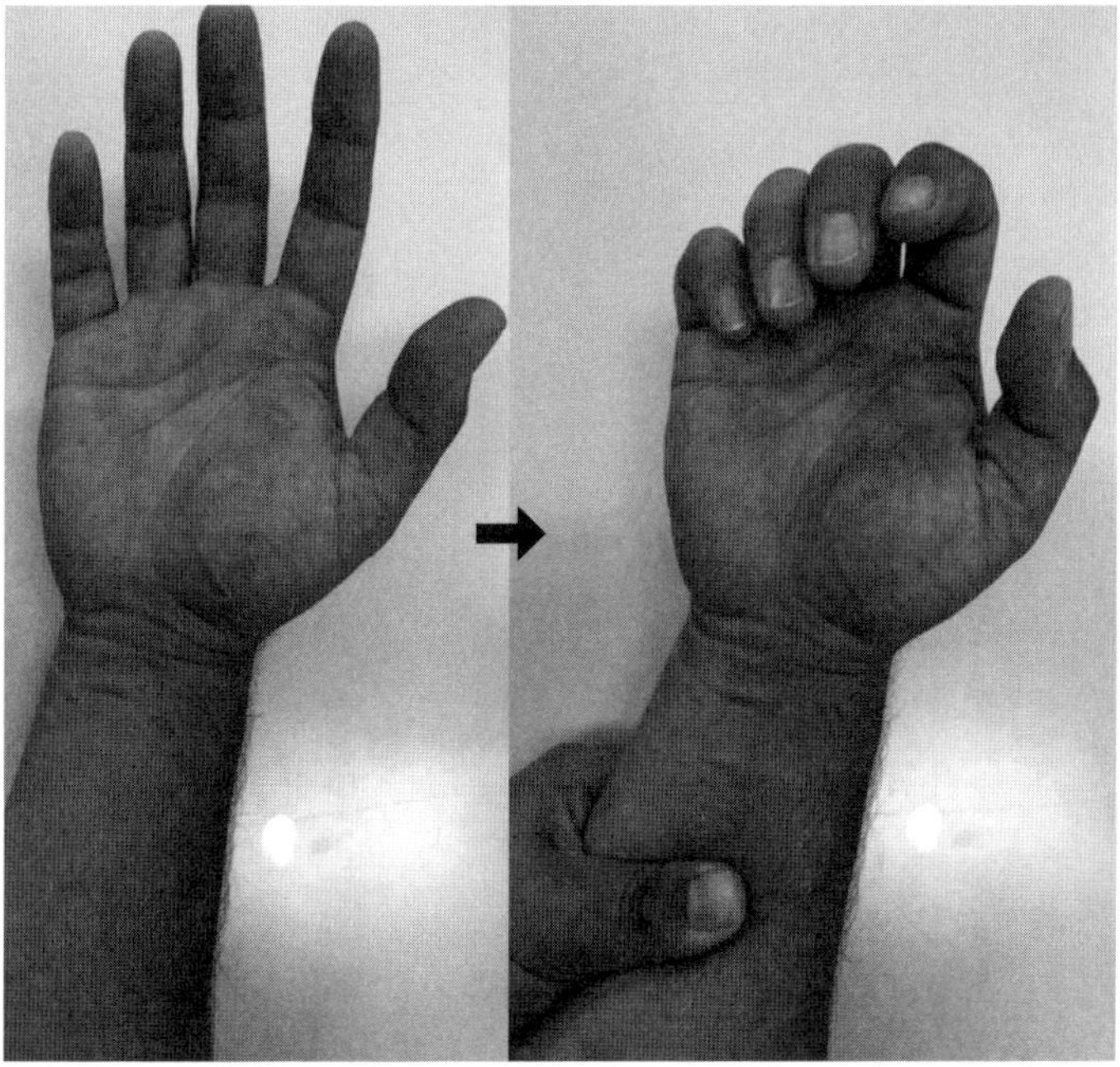

手指の屈筋腱を押すことで手指が引かれ屈曲する。

木にとまったまま安定して眠れるほどです。

弾く動作

大きな出力で物体に力を加えて物体を空中に放つ際や、地面に力を加えて身体を空中に放つ際に、手と手関節は物体を「弾く」動作に関与する場面が多く見られます。ボールを投げる、砲丸を突き出すような動作や、体操競技で見られるハンドスプリングのような運動の場面です。精妙なコントロールが持ち前の手ですが、かなり大きな出力も可能です。

このような場面では、前述のように「外在筋」の関与が大きくなります。前腕から手に至る筋群は、肘関節側に集中した筋腹と長い腱が特徴です。この長い腱に大きな弾性エネルギーを蓄積して利用しているのでしょう。

図4は野球のボールリリースを模式的に示したものです。リリース直前の局面では、模式的に示した手指の屈筋の収縮と手指の受動的な伸展によって、手指の屈筋腱に大きな伸張が生まれていることがわかります。リリースにおいてはこの腱に蓄積された弾性エネルギーがボールを弾き出し、フォロースルーにおいては手指が屈曲していることがわかります。つま

り、このような投げにおいては、ボールは手から離されているのではなく、弾き出されているわけです。

　伸筋側を使ったこのような動作は「指パッチン」などと呼ばれる動作です。示指《しじ》で指パッチンを行う場合、母指によるロックと予備緊張ありで行った場合（図5a）と、母指によるロックなしで行った場合（図5b）をぜひ比較してみてください。同じ筋、同じ動作で行っているにもかかわらず、驚くほどスピード、勢いに違いがあることがわかります。

　この出力差の要因としてはさまざまなものが考えられます。よくいわれるのは腱組

精妙なコントロールが持ち前の手であるが、
かなり大きな出力も可能。

**図4　オーバーハンドスローにおける
ボールリリース前後の手指屈筋活動の模式図**

腱に蓄積された弾性エネルギーを利用してボールが弾き出されている。

図5　伸筋による指パッチン

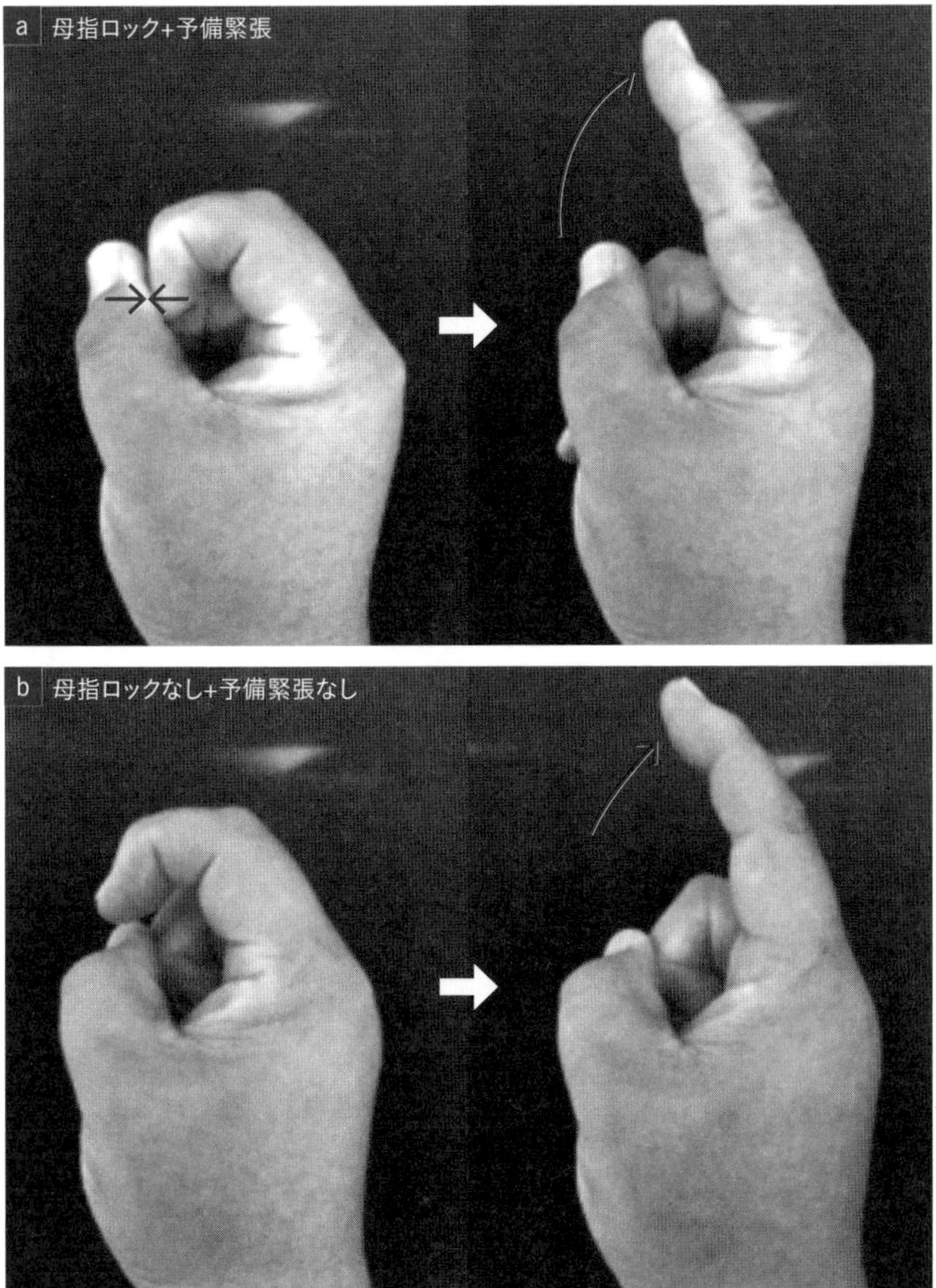

母指によるロックと予備緊張によって示指の伸展が爆発的になる。

織への弾性エネルギーの蓄積の有無です。母指ロックがある場合には、示指の伸展が開始するとき、示指の伸筋腱の張力はすでに高まっているだけではなく、伸張されることで弾性エネルギーを溜めているであろうという考え方です。

まったく違う視点として、予備緊張によって示指の伸筋には「強縮《きょうしゅく》後の増強」(PTP：Post Tetanic Potentiation）が起こっているため、すでに筋の収縮要素の出せる出力自体が高まっているという考え方もあります。そもそも予備緊張なしのbの状態からの示指伸展は、腱・収縮要素ともに「弛んだ」状態（muscle slack）で、立ち上がりの筋活動、筋の収縮はこの弛《ゆる》みをとるために費やされるでしょう。このように考えると母指によるロックにはさまざまな効果があることが容易に想像できます。この指パッチン、日常でそれほど頻繁に用いられる動作様式ではありませんが、他の部位で起こっていることの単純なモデルとしてとらえることで、さまざまな動きの見方が変わるかもしれません。

この動きを筋同士のやりとりだけでできるようになれば（母指のロックなしでも爆発的指パッチンができれば）、瞬発力の達人になれるかもしれません。ただし、くれぐれも指パッチンの威力は他人に向けて試さないようにしてください。

咀嚼筋《そしゃくきん》のはなし

舌や頬を噛むという不意打ち

ご自分の舌や頬を噛んだことがおありでしょうか？　これは痛いだけでなく、食べ物の味も半減してしまって、恨めしいものです。

噛む歯とそれをサポートする舌や頬——。両者の関係について普段意識することはありませんが、食物が口腔内《こうくうない》に存在しない状況で舌や頬を噛んでしまう状況はほとんど生じません。それではいったいどのような状況で、このようなことが起こるでしょうか。

筆者の経験では、美味しいものをより味わおうとするときに、舌に普段と異なる操作を加えようとして、あるいは同様の局面で食物の動きに普段と異なるコントロールを加えようとしたときに起こるように思います。

周囲の人にインタビューしてみましたが、筆者と同様の回答とともに「食べながら喋ろうとして」とか、「口内炎で出っ張った部分は噛みやすい」、さらに「一度噛んだ部分が回復する前にまた噛んだ」という例もありました。

咀嚼中に舌や頬が歯を避けて運動する状況は、高度に自動化され普段その様子を意識することはほとんどありません。それゆえ、少しの状況変化や普段の状況からの変形、無理なデュアルタスクの状況下でコントロールの問題が生じるのでしょう。

咀嚼に関わる筋群

われわれの日常生活において、体重支持や移動運動以外で最も大きな力を生む機会の一つとして挙げられるのが咀嚼です。中村ら（2018）の報告では、複数の研究成果が紹介されていますが、成人男性の咬合力《こうごうりょく》は800Nを超える報告が複数見られ、女性においてはやや男性より低いもののやはり800Nを超える報告も見られます。

咀嚼に関わる筋群として代表的なものは、咬筋《こうきん》、側頭筋《そくとうきん》と翼突筋群《よくとつきん》です。これらの筋群は、咀嚼以外の場面でも大きな筋力発揮や姿勢保持、精神的な緊張に伴う「くいしばり」の局面でも大きな張力を発揮します。

咀嚼に関わる筋、とくに閉口筋《へいこうきん》として最もよく知られているのは咬筋、側頭筋でしょう。咬筋は頬の骨（頬骨《きょうこつ》弓《きゅう》）に起こり、下顎骨に付着します（図1）。歯を嚙み締めたり、食物を嚙んでいる際、下顎の後部奥歯の外からさらに後方にかけて、丸みを持ったこの筋の大きな隆起を確認できます。強い張力で下顎骨を引き上げます。

側頭筋は側頭部に起始し、下顎骨の大きく剣のように突出した筋突起に付着します（図2）。歯の嚙み締めにともなって、側頭部（こめかみ）を中心とした広い範囲が動き、硬くなるのを触れることができます。これは側頭筋の収縮によるものです。この筋も咬筋とともに、強い張力で下顎骨を挙上するため「嚙む力」の主な源となる筋です。

咀嚼に関わる筋群として代表的なものは、
咬筋、側頭筋と翼突筋群。これらの筋群は、
咀嚼以外の場面でも
大きな筋力発揮や姿勢保持、
精神的な緊張に伴う「くいしばり」の局面でも
大きな張力を発揮する。

図1 咬筋

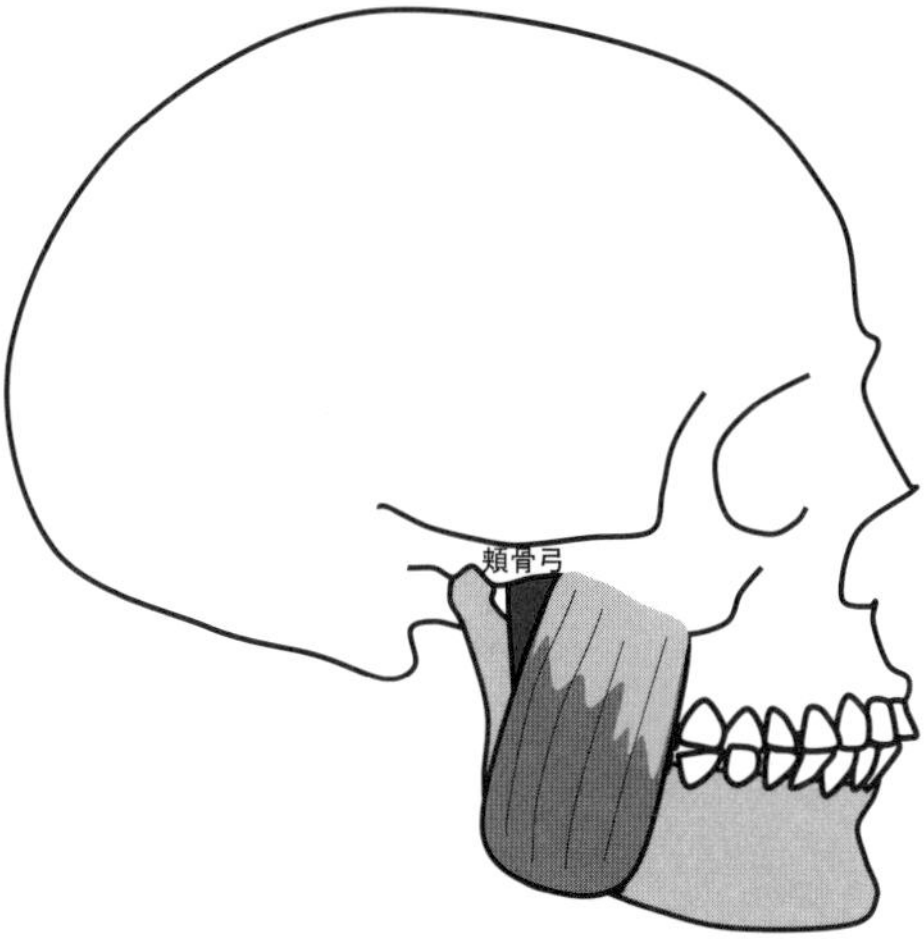

頬の骨（頬骨弓）に起こり、下顎骨に付着する最も強い閉口筋の一つ。筋腹は容易に皮下に触れられる。

図2 側頭筋

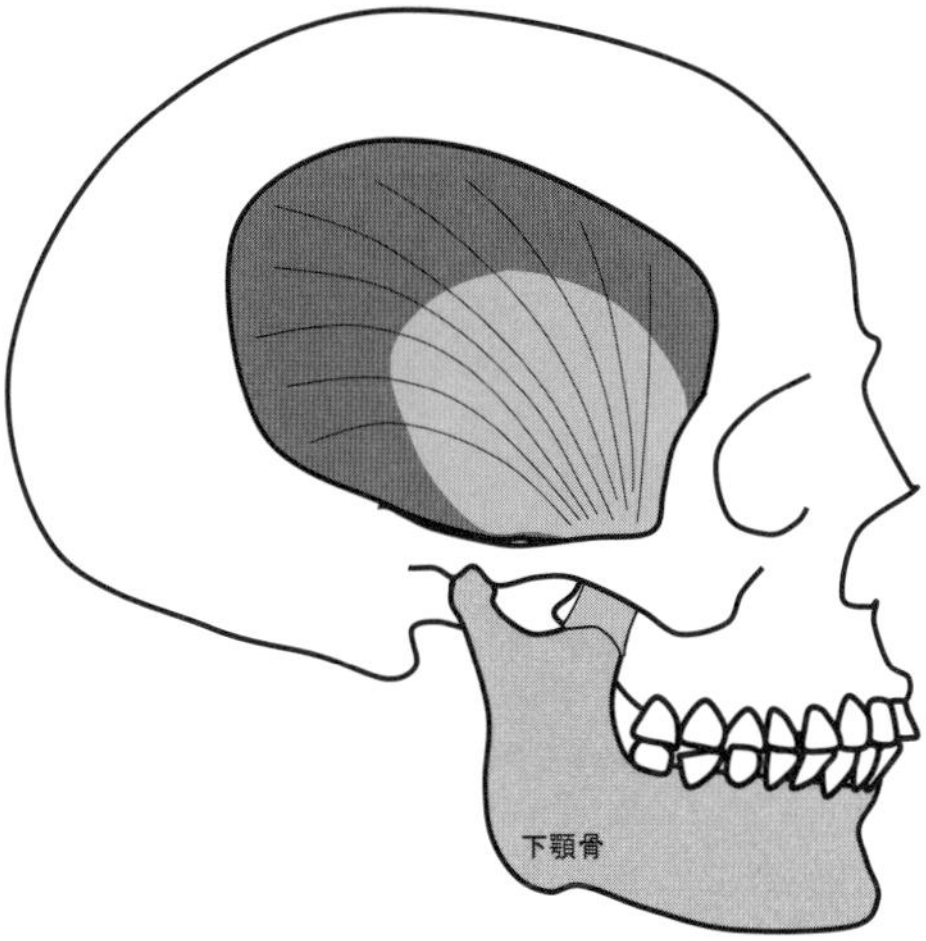

側頭部に起こり、下顎骨筋突起に付着する最も強い閉口筋の一つ。筋腹は容易に体表から触れられる。

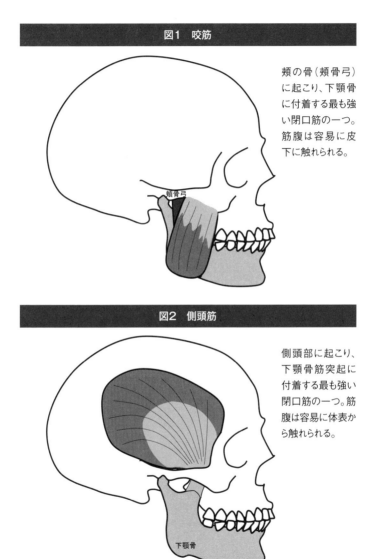

普段はあまり意識されない翼突筋群の役割

咀嚼筋の中でも普段その存在をあまり意識されないのが、外側翼突筋《がいそくよくとつきん》と内側翼突筋《ないそくよくとつきん》で構成される翼突筋群です（図3、4）。

外側翼突筋は、頬骨弓のさらに深部、蝶形骨翼状突起《ちょうけいこつよくじょうとっき》周辺から起こり、下顎骨の顎関節《がくかんせつ》に近い部位と顎関節の関節円板に停止します。主に下顎骨を前方へ引き突き出す作用を持っています。

内側翼突筋は、頭蓋骨の蝶形骨に起始し下顎骨の内面に停止します。咬筋の深部、下顎骨をへだててさらに内側面に位置します。咬筋および側頭筋を補助し、下顎を挙上する作用も持つ閉口筋の一つです。

それと同時に、起始が頭蓋の正中寄りにあり、下顎にある付着部を引き寄せるため、片側の内側翼突筋は下顎を逆側に動かします。奥歯で食物をすり潰すような動きには深く関わっているでしょう。深部にある筋で、「さすがにこの筋は触れないでしょう」とお思いのあなた、触れますよ。お試しください。

図3 翼突筋群

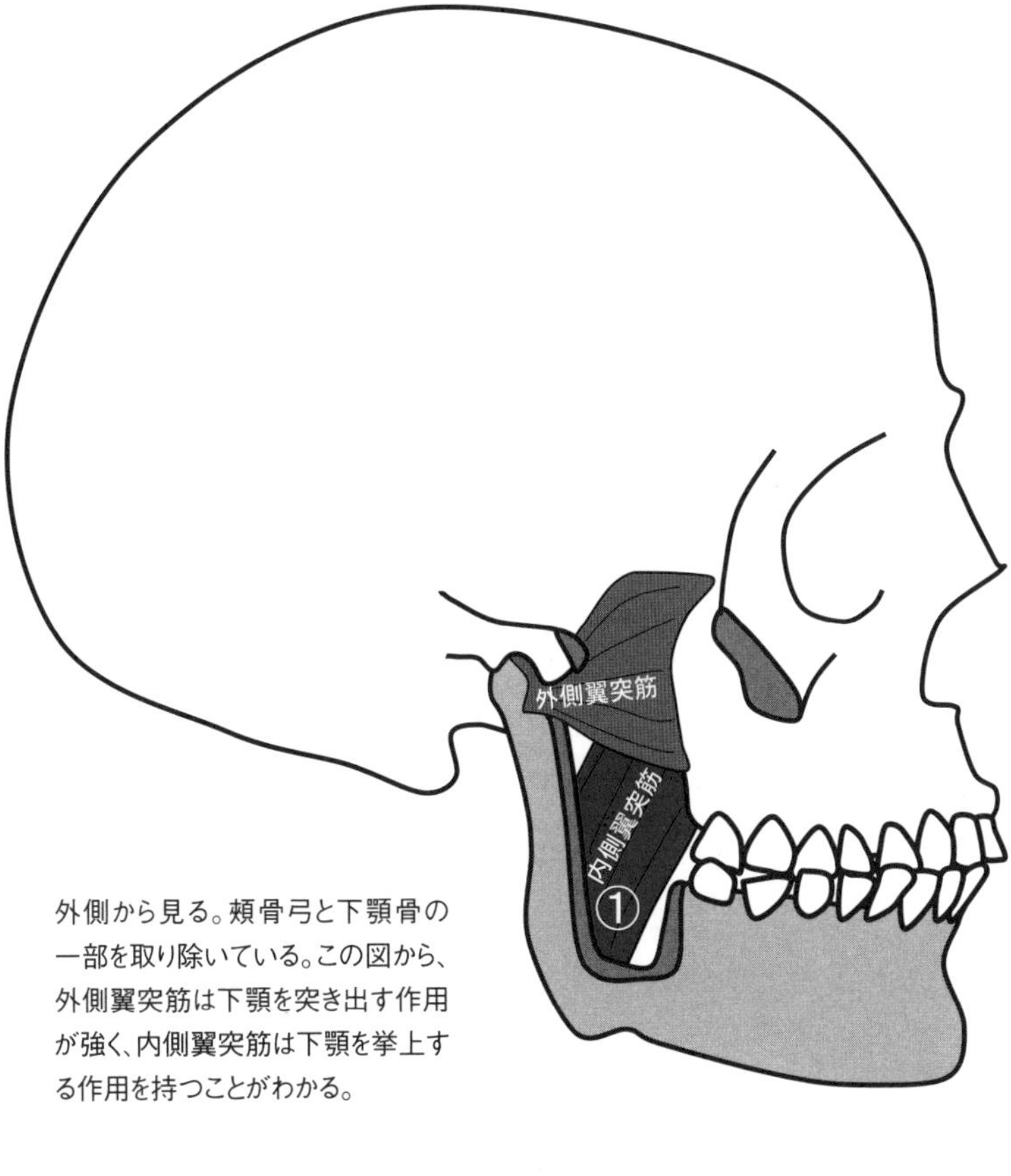

外側から見る。頬骨弓と下顎骨の一部を取り除いている。この図から、外側翼突筋は下顎を突き出す作用が強く、内側翼突筋は下顎を挙上する作用を持つことがわかる。

図4　翼突筋群と咬筋、側頭筋

背側から見た模式図。この図から翼突筋群に下顎を左右に動かす作用があることがわかる。

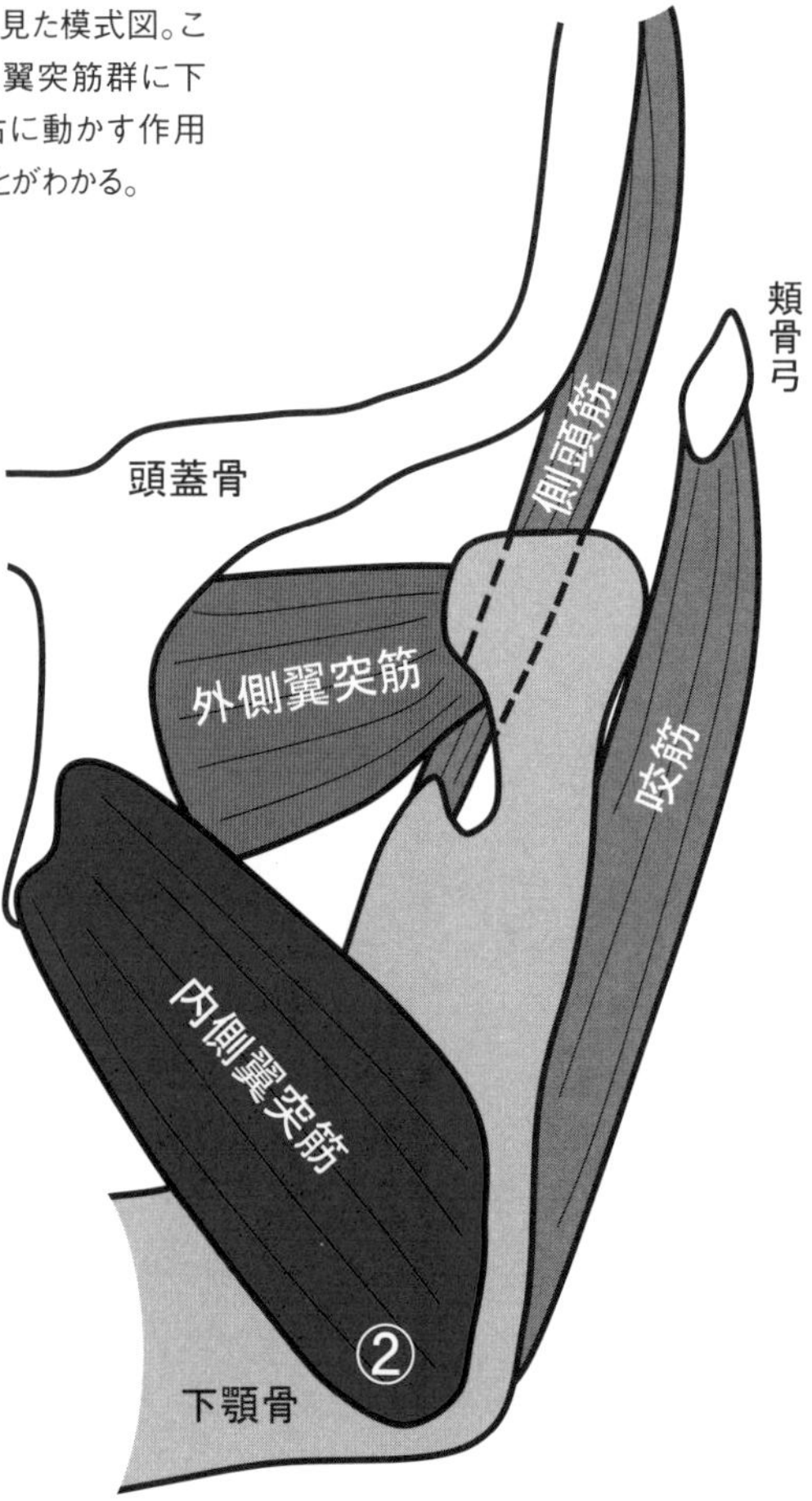

下顎骨の内側を舌根《ぜっこん》のほうへ向かって触診していくと、筋腹に触れることができます。まず奥歯の内側を触るように指を差し込みます。歯茎に触れるようにしながら、しっかり奥まで指を差し込むと指先にもう内側翼突筋の筋腹が触れます（図3-①のポイント）。ちょうど下顎骨を挟んで咬筋の内側という感じです（図3を参考に）。

下顎骨を左右に動かしてみると（意外と難しいです）、収縮に触れることができます。ただし、舌に触れるため敏感な人は嘔吐反射に耐える必要があります。下顎角付近（いわゆる〝エラ〟のあたり）に指を差し込み、皮下に触れる方法もあります。ちょっと痛いかもしれません（図4-②のポイント）。

舌や頬の動きも重要な要素

強力な咀嚼筋が顎関節をコントロールし歯を動かしますが、この顎の動き単独では咀嚼はうまくいきません。食物を効率よく噛み砕き、唾液と混ぜ合わせて嚥下《えんげ》を可能にするためには、舌や頬の動きも重要な要素となります。

頬の役割を意識する機会は少ないですが、外へと逃げようとする食物を歯のほうに集めてくる働きは、頬を歯列に押し付ける作用を持つ頬筋《きょうきん》の作用によるものです。ヒトの伸縮性に富む膨らんだ頬が一時的に食物を溜め、順次口腔へ供給する仕組みも理にかなっています。

歯の治療の後、麻酔の作用によって頬の筋群がうまくコントロールできないと、食物や飲料が口からこぼれてしまうことがあります。顔面神経の麻痺においても同様のことが起こります。このような事例からもわかるように、無意識のうちに頬の機能がわれわれの咀嚼をスムーズにさせているわけです。

ちなみに、唇があることは哺乳類の大きな特徴ですが、これは哺乳（おっぱいを飲む）ために重要な機構だからといえるかもしれません。ちなみにヒトの赤ん坊の頬には大きな脂肪組織が埋まっています。これも哺乳を助ける仕組みなのでしょう。

余談ですが、筆者は、おにぎりを文字通り「頬張った」ままフルフェイスのヘルメットをかぶってしまったことがあります。

頬の役割を意識する機会は少ないが、
外へと逃げようとする食物を
歯のほうに集めてくる働きは、
頬を歯列に押し付ける作用を持つ
頬筋の作用によるもの。

これは今思い出しても背筋の凍るような恐怖体験でした。頰の伸縮の範囲が制限された途端、口腔内のおにぎりは移動のスペースを失って口腔内にとどまり、うんともすんとも動かなくなりました。舌を動かすのも辛い状況で息が苦しくなり……、あやうく窒息するところでした。

興味を持たれた方も、決して真似されないようくれぐれもお願いいたします。

骨の成長

リモデリングされる骨

最近、土踏まずから踵にかけて、走ったり跳んだりするたびに強い痛みを感じるようになりました。そのうち立っているだけでも違和感が生じるようになったため、整形外科を受診したのですが、そこで撮像された足部のX線写真を見て驚きました。筆者の踵骨《しょうこつ》から鋭い骨棘《こつきょく》（骨のとげ）が、つま先の方向に向かって飛び出していたのです。これが地面を踏むたび軟部組織に食い込むわけですから、痛くないはずがありません。

しかし、これがとりもなおさず骨の可塑性《かそせい》を示す事実なのです。筆者の踵の骨棘は生まれつき存在したものではありません。石のように硬い骨ですが、足底の筋群や腱膜の張力を受けて増殖し、補強された骨が結果的に棘のように飛び出してきたのです。この例からもわかるように、骨は常に負荷に応じて形を変え続けているのです。

成人の骨標本を見ると、われわれの骨には実にたくさんの突起や隆起、ザラザラした面など、生体での骨への筋腱や靱帯などの付着と、その牽引力による影響を受けた部分が見られます。隆起、粗面《そめん》、転子《てんし》、結節《けっせつ》、突起、線《せん》といった名称がついた骨の部位がこれにあたります。

たとえば、膝関節の下、脛骨《けいこつ》の前面には比較的はっきりとした骨の出っ張りがありますが、これは大腿四頭筋《だいたいしとうきん》が膝蓋靭帯《しつがいじんたい》を介して付着する場所で、脛骨粗面と呼ばれています。とくに大きな張力を受けているためか、刺激によって増殖した出っ張りも大きくしっかりしたものになっています。

同様に股関節の外側には大転子《だいてんし》があり、最大の股関節外転筋である中殿筋《ちゅうでんきん》の付着となっています。大殿筋《だいでんきん》の大腿骨への付着部は大腿骨の近位後面にあり、骨の細長い盛り上がりとなって「殿筋線《でんきんせん》」と呼ばれています。このように張力や負荷によって合目的的に骨が形態を変化させることを「リモデリング」といいます。

骨はいかに形つくられるか

リモデリングについて前述しましたが、最初のモデリングはどのように行われているのでしょうか。

われわれの身体の中に骨がつくられる際は、ほとんどの場合、軟骨の雛形ができ、そこに血管が入り込んで骨芽細胞《こつがさいぼう》の活動で骨の基質がつくられ、そこに骨塩が沈着していきます（一部、鎖骨や、頭蓋の天井部分など結合組織の中に直接骨がつくられていく場合もあります）。その後、軟骨はだんだんと骨に置換されながら成長していきます。

四肢の長い骨を例にとれば、ある程度まで成長すると、骨幹《こっかん》（管状の長い部分）と骨端《こったん》（両端の太くなった部分）の間に残った軟骨「骨端軟骨」の周辺で骨芽細胞が活動し、長さ方向の成長が行われます（図1）。同時に骨の周囲を取りまく骨膜の内側でも骨が形成され、こちらは太さ方向の成長に関与します。骨の関節面には骨膜がありません（藤田, 2003）。

骨の中心では「破骨細胞《はこつさいぼう》」の働きによって不要な骨が破壊され、骨髄が入るスペース：骨髄腔《こつずいくう》がだんだん大きくなっていきます。ストレスが大きな部分では骨芽細胞の活動が活

図1　成長期の長管骨（模式図）

四肢の長い骨は、管状の骨幹と両端の骨端からなる。骨幹と骨端を分ける部分には、成長期には成長軟骨が見られ長さ方向の成長（↑）に関与する。骨幹の周囲は骨膜で覆われており、太さ方向の成長（←→）に関与する。骨の関節面には骨膜はない。

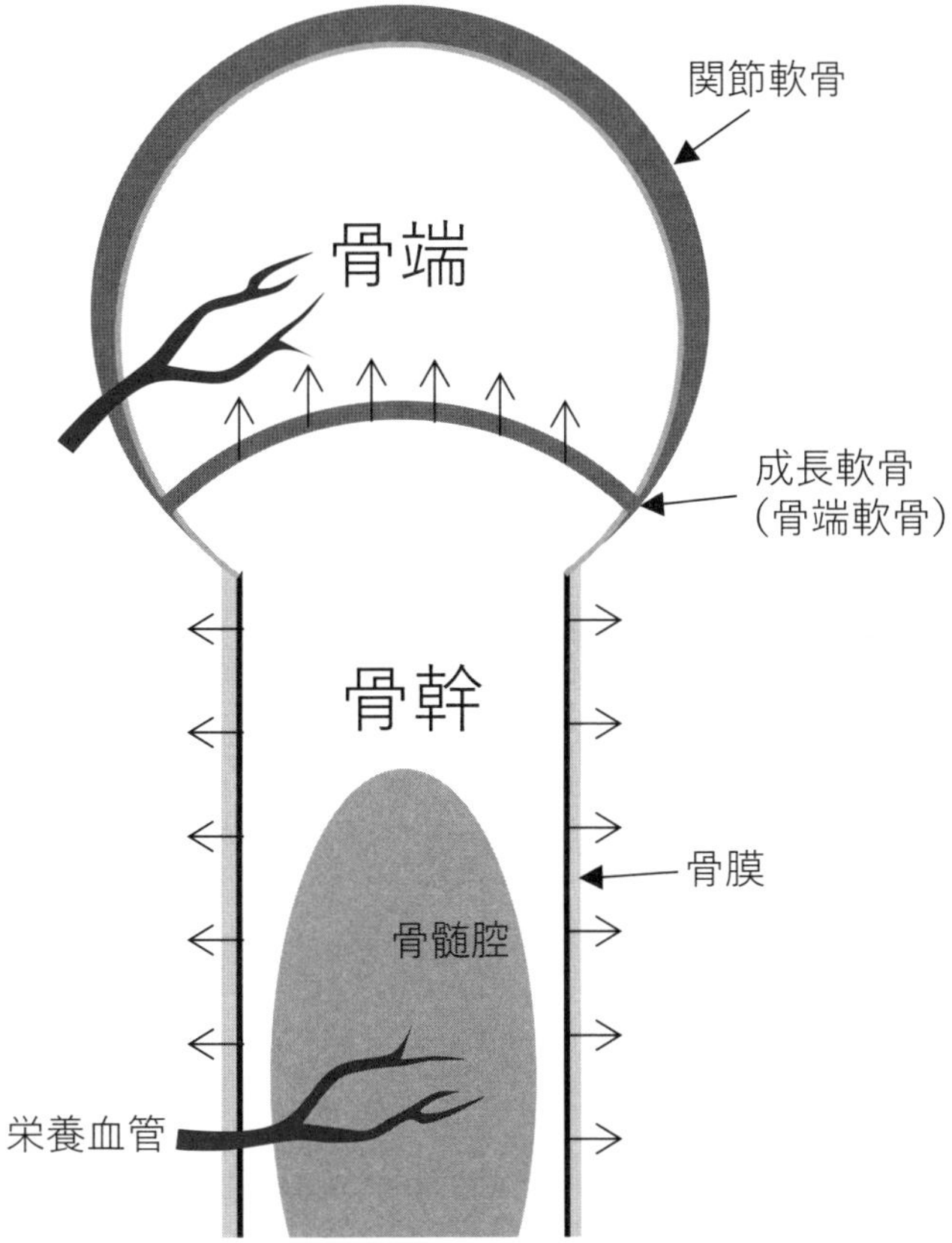

発となり増殖が、逆に負荷の小さな部分では破骨細胞による吸収が活発となります。

このように骨にかかる負荷に応じて増殖と吸収が行われることで、元々つくられた形から、機能的な要求に応じた形へとリモデリングされていくわけです。

オスグッド病

骨に関する成長期に特有の問題として、競技の現場でも問題にされるものにいわゆる「成長痛」があります。専門的には「骨端症」とよばれる骨端の成長部分に関わる障害の一部です。そのなかでもとくによく知られるものに、成長期の膝下の痛みに関係が深い「オスグッド・シュラッター病」があります。この障害の人は、日常生活や運動時に膝下の脛骨粗面《けいこつそめん》周辺に痛みを訴えます。

成長期には、「骨の成長に筋腱の成長が追いつかない」ということをよく

骨はそれ自体にかかる負荷に応じて増殖と吸収が
行われることで、元々つくられた形から、
機能的な要求に応じた形へとリモデリングされていく。

図2　骨の成長と引き伸ばされる筋

成長期において、骨の長さ方向の成長は急激に起こり、筋の成長を上回るため、筋の緊張が強くなってしまう。

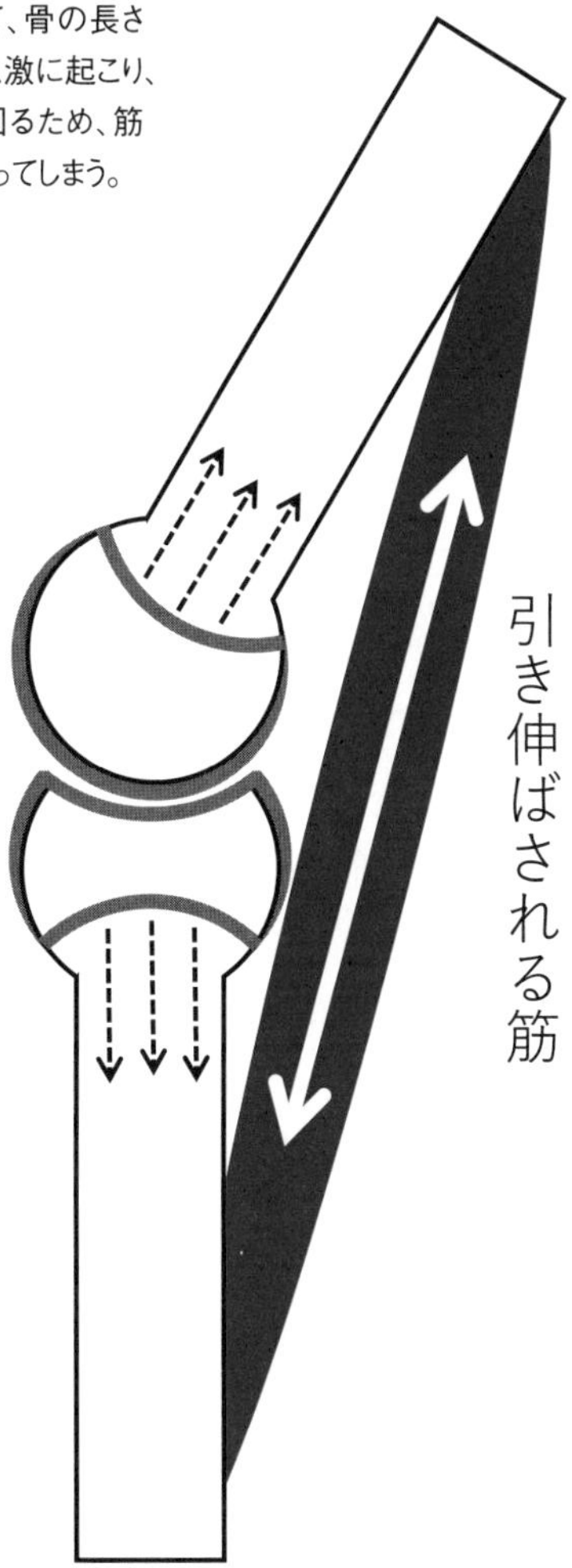

図3　成長期のオスグッド・シュラッター病の模式図

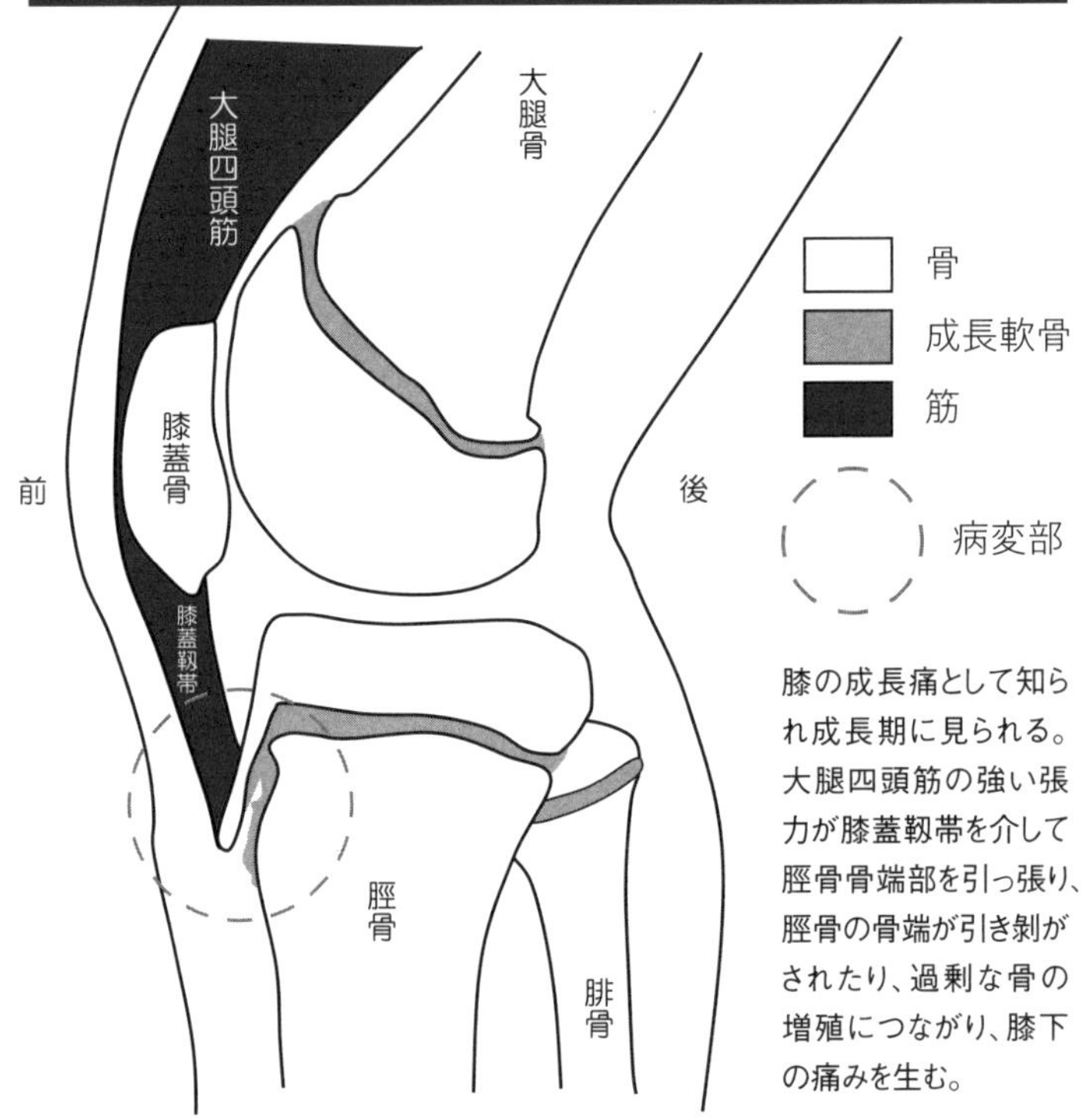

膝の成長痛として知られ成長期に見られる。大腿四頭筋の強い張力が膝蓋靭帯を介して脛骨骨端部を引っ張り、脛骨の骨端が引き剥がされたり、過剰な骨の増殖につながり、膝下の痛みを生む。

成長期には、「骨の成長に筋腱の成長が追いつかない」とよく耳にする。これは事実で、
骨の成長が盛んな時期には相対的に短くなった
筋腱の緊張が増し、付着部周辺に大きな負担がかかる。

耳にします。これは事実で、骨の成長が盛んな時期には相対的に短くなった筋腱の緊張が増し、付着部周辺に大きな負担がかかります。図2は、ちょうどその様子を模式的に示したものです。

骨幹部と骨端部の間に残された軟骨は「成長軟骨」であり、その部分で骨の長さ方向の成長が起こります。成長期の骨をX線で観察すると、この部分で骨が途切れているように見えます。成人を迎えたわれわれの骨格では、この軟骨も骨化《こっか》し、骨端線としてX線上で観察されます。このようになった骨は、もはや長さ方向の成長が起こることはなく、したがって身長が伸びることもありません。

図3は、強大な膝関節伸筋である大腿四頭筋《だいたいしとうきん》の膝関節周辺の付着部の様子を模式的に示したものです。膝関節のすぐ下にある脛骨の骨端部には、脛骨の長さ方向の成長を担当する成長軟骨があります。大腿四頭筋の脛骨付着部は骨端部分にあり、薄い骨端部の骨に付着しているため、強度が低いのです。

このような部位に非常に強力な大腿四頭筋の張力が集中するため、骨端部とともに成長軟骨が引きちぎられるようにストレスを受けます。刺激を受けた骨端部は長さを補うために過剰に増殖して膝下の大きな出っ張りになったり、場合によっては付着部が剥がれて骨の裂離《れつり》が起こってしまうこともあります。

※

筆者の踵の骨棘は、現在ではまったく何事もなかったかのように痛みません。刺激によって生じた活発な増殖が落ち着き、過剰な形成部分については吸収が進んだのでしょう。リモデリングを文字通り実感する〝痛い経験〟でした。

おわりに

本書全体を見直してみると、取り上げられなかった部位、もっと動きに深く踏み込んでいかなければならない部分、不十分なところばかりが目につきます。しかし、純粋に身体の構造や仕組みについての発見や、「なるほど」と思った自分自身の気づきを文字にしてみて、改めて深く考える機会を得ました。

本書を執筆する中で、普段親しんでいるスポーツの現場で、自分がアスリートや周囲のコーチから学んでいることは、すでに情報化されていることの何歩も先を進んでいるのだと知って感動したり、先人の研究成果に触れて自分の考えの浅さ、狭さに気がついてガックリしたり、まさに一喜一憂しました。

これまで、ヒトの解剖学的な構造や動きの仕組みについての洞察が、著者自身の多くの問題解決につながってきました。「この構造は何の役に立っているのだろう」「この構造をどのように使えばうまくいくだろう」——そういった自問をきっかけとして、不器用な自分が専門であった砲丸投げの技術を磨き、ケガへの適切な対処を探っていく過程において、そして指導者として、解剖学的な視点から引き出した推理と解決方法が結びついたときの痛快さは、何事にも代えがたいものでした。そのような体験を図と文章にしようと取り組みましたが、まだまだ修行の身で、思いだけが先走ったように感じます。最後までお付き合いくださった皆様、ありがとうございます。

この場を借りて、会員、事務局各位を含めＪＡＴＩの関係各位に感謝いたします。とくに有賀雅史広報・企画委員会委員長には、自由すぎて、ともすれば脱線しがちな執筆内容についても常に温かい視線で見守っていただき、書籍化のチャンスまでいただきました。さらに編集の光成耕司さんには、のんきな著者の遅い仕事にも常に粘り強くお付き合いいただきました。深くお礼申し上げます。最後に、常に自分に多くの感動と学びを与え、自分の思考の原動力となってくれる筑波大学陸上競技部の学生諸君に感謝いたします。

令和2年5月　大山卞 圭悟

● Alexander, R.M. (2004) Bipedal animals and their differences from humans. Journal of Anatomy 204, 321-330.
● Andersson, E.A et al. (1997) Intramuscular EMG from the hip flexor muscles during human locomotion. Acta Physiol Scand. 161:361-70.
● Arangio, G.A. et al. Salathe (2000) Subtalar pronation-relationship to the medial longitudinal arch loading in the normal foot. Foot Ankle Int. 21, 216-220
● Basmajian, J.V. and Slonecker, C.E. (1989) Grant's Method of Anatomy - A Clinical Problem-Solving Approach (11th Ed). Williams and Wilkins: Baltimore.
● Basmajian, J.V., De Luca, C.J. (1985) Muscles alive, Their functions revealed by electromyography. 5th ed. Williams & Wilkins. Baltimore
● Bergmark, A. (1989) Stability of the lumbar spine A study in mechanical engineering Acta Orthop Scand 60: Suppl 230. 1-53
● Clement et al. (1984) Achilles tendinitis and peritendinitis: etiology and treatment. American Journal of Sports Medicine 12, 179-184.
● Gheluwe et al. (2003) Rearfoot kinematics during initial takeoff of Elite High Jumpers: Estimation of spatial position and orientation of subtalar axis. Journal of applied biomechanics,19,13-2.
● Haxton, H.A. (1944). Absolute muscle force in the ankle flexors of man. J. Physiol. 103, 267-273.
● Ingen Schenau, G.J.van. et al. (1994) Differential use and control of mono- and biarticular muscles. Human Movement Science 13, 495-517.
● Inuzuka, N (1992) Evolution of the shoulder girdle with special reference to the problems of the clavicle. J Anthrop Soc Nippon 100:391-404.
● Kimura T. et al. (2002) Composition of psoas major muscle fibers compared among humans, orangutans, and monkeys. Zeitschrift für Morphologie und Anthropologie 83: 305-314
● Larson, S.G. (2007) Evolutionary transformation of the hominin shoulder. Evolutionary Anthropology 16:172-187.
● Leonard, W. R. and Robertson, M. L. (1997) Rethinking the Energetics of Bipedality. Current Anthropology 38, 304-309.
● MacConaill, M.A. and Basmajian, J,V.(1977)Muscles and Movements:A Basis for Human Kinesiology. pp. 104-108. Krieger Publishing Company.
● MacConaill, M.A. (1978) Spurt and shunt muscles. J. Anat.126, 619-621
● Mann, R.A., Moran, G.T. and Dougherty, S.E. (1986) Comparative electromyography of the lower extremity in jogging, running, and sprinting. Am J of Sports Med, 14: 501-510.
● Mochizuki, T. et al. (2008) Humeral Insertion of the Supraspinatus and Infraspinatus: New Anatomical Findings Regarding the Footprint of the Rotator Cuff. The Journal of Bone & Joint Surgery 90, 962-969.

● Montgomery, W.H. III, et al. (1994) Electromyographic analysis of hip and knee musculature during running. Am J Sports Med, 22: 272-278.
● Morrey, B.F. et al. (1998) Biomechanics of the shoulder. In: Rockwood, Matsen, 3rd, eds. The Shoulder. Philadelphia: Saunders. pp.233-276.
● Nelson, C.M. et al. (2016) In vivo measurements of biceps brachii and triceps brachii fascicle lengths using extended field-of-view ultrasound. J Biomech. 49(9): 1948-1952.
● Park, R.J. et al.(2012) Differential activity of regions of the psoas major and quadratus lumborum during submaximal isometric trunk efforts. J Orthop Res. 30:311-318. http://dx.doi.org/10.1002/ jor.21499
● Park, R.J. et al. (2013) Changes in regional activity of the psoas major and quadratus lumborum with voluntary trunk and hip tasks and different spinal curvatures in sitting. J Orthop Sports Phys Ther. 43:74-82.
● Reinold, M.M. et al. (2009) Current concepts in the scientific and clinical rationale behind exercises for glenohumeral and scapulothoracic musculature. J Orthop Sports Phys Ther. 39(2):105-117.
● Schache, A.G. et al.(2010) Hamstring muscle forces prior to and immediately following an acute sprinting-related muscle strain injury. Gait & Posture, 32. 136-140.
● Skyrme, A.D. et al. (1999) Psoas major and its controversial rotational action. Clinical Anatomy 12: 264-265
● Sloniger, M.A. et al. (1997) Lower extremity muscle activation during horizontal and uphill running. J Appl Physiol, 83: 2073-2079.
● Ward, S.R.,Eng, C.M., Smallwood, L.H. and Lieber, R.L.(2009) Are Current Measurements of Lower Extremity Muscle Architecture Accurate? Clin Orthop Relat Res, 467:1074-1082.
● Wickiewicz,T.L. et al. (1983) Muscle architecture of the human lower limb. Clin Orthop Rel Res, 179: 275-283.
● Wiemann, K., Tidow, G. (1995) Relative activity of hip and knee extensors in sprinting -implications for training. New Studies in Athletics 10: 29-49.
● Wilke,H.J. et al. (1995) Stability increase of the lumbar spine with different muscle groups. A biomechanical in vitro study. Spine 20, 192-198
● 阿江 通良,藤井 範久(2002)スポーツバイオメカニクス20講.朝倉書店.
● 朝日新聞デジタル(2016)"イチオシRIO2016.「X線画像きっかけに新発見,オフでも卓球脳に」" http://www.asahi.com/sports/ichioshi2016,(参照2016-1-17)
● 飯干 明ら(1990)スタートダッシュフォームと肉離れのバイオメカニクス的研究.体育学研究 34:359-372.
● 伊藤 博信ら(1990)生物比較から見たヒトの形態.金原出版.
● 江戸 優裕ら(2018)歩行時における足圧中心軌跡と距骨下関節の可動性の関係.理学療法科学 33, 169-172.

- 大山 卞 圭悟(2011)走運動における股関節内転筋群の機能．陸上競技研究 86, 2-9.
- 岡 秀郎(1984)正常歩行中の下肢筋活動様式に関する筋電図学的研究.関西医大誌36,131-152.
- 岡田 守彦(1977)跳ぶこと投げること.体育科教育,25:9-12.
- 岡田 守彦(1986)猿人の「あし」とロコモーション(<特集>「足と脚」).バイオメカニズム学会誌 7, 4-13.
- 岡田 守彦 (1997)ヒトの起源-バイペダリズムの獲得を中心に-,バイオメカニズム学会誌 21, 185-190.
- 荻本 晋作, 鶴田 敏幸(2016)肩周囲筋群の筋電図学的解析とその臨床応用.肩関節 40(3): 1109-1115.
- 奥脇 透(2017)肉離れの現状.臨床スポーツ医学 34(8): 744 -749.
- 金子 公宏,宮下 憲,大山 圭悟,谷川 聡,鋤柄 純忠,大山 康彦(2000)下肢筋活動から見たハードル走の踏み切り動作に関する研究～スプリント動作と比較して～.スプリント研究,10: 13-23.
- 狩野 豊,高橋 英幸,森丘 保典,秋間 広,宮下 憲,久野 譜也,勝田 茂(1997)スプリンターにおける内転筋群の形態的特性とスプリント能力の関係.体育学研究,41:352-359.
- 公益財団法人 健康・体力づくり事業財団 http://www.health-net.or.jp/tairyoku_up/chishiki/start/t02_01_11.html(参照2020-4-5)
- 小林万壽夫ら(2009)ハムストリングス肉離れの経験を持つ陸上競技選手の短距離疾走時における大腿部の筋活動特性 ー健側と患側間の差異ー.体力科学58,81-90.
- 高藤 豊治ら(1985)ヒトの長掌筋について.杏林医会誌16、341-353.
- 松尾 信之介, 藤井 宏明, 苅山 靖, 大山 卞 圭悟 (2011)走速度変化に伴う股関節内転筋群活動の変化.体育学研究,56. 287-295.
- 中村 大志ら(2018)咬合力の測定方法とその大きさに影響を与える因子.日本歯周病学会会誌 60.155-159.
- 馬場 悠男(1999)ヒトはゾウと似ている.国立科学博物館「大顔展」ホームページ.http://www.kahaku.go.jp/special/past/kao-ten/kao/dobutu/dobutu-f.html(参照2016-3-1)
- 福島 秀晃, 三浦雄一郎(2014)拘縮肩へのアプローチに対する理論的背景.関西理学療法 14: 17 -25.
- 藤田恒太郎(2003)人体解剖学.改訂第42版.南江堂.
- 本間 敏彦,坂井 建雄 (1992)霊長類の親指を動かす筋について –ヒトの手の特徴を考える– .霊長類研究8:25ー31.
- 山田 致知、萬年 甫(1995)実習解剖学.pp.229,南江堂.
- 結城 匡啓(2017)私の考えるコーチング論:科学的コーチング実践をめざして.コーチング学研究. 30巻増刊号,97～104.
- 渡邉 信晃ら(2000)スプリンターの股関節筋力とスプリント走パフォーマンスとの関係.体育学研究, 45:520-529.
- Neumann,D.A.(著)嶋田 智明,平田総一郎(訳)(2005)筋骨格系のキネシオロジー.医歯薬出版.
- 中村 隆一,齋藤 宏,長崎 浩(2006)「基礎運動学 第6版].医歯薬出版.
- Kapandji, I.A.(著)萩島 秀男,嶋田 智明(訳)(1993)カパンディ関節の生理学II下肢 原著第5版.医歯薬出版.

著者略歴———
大山 卞 圭悟 おおやま・べん・けいご
1970年兵庫県西脇市生まれ。93年筑波大学体育専門学群卒業。修士（体育科学）。99年筑波大学体育科学系 講師、2001年筑波大学大学院人間総合科学研究科 講師を経て、13年より筑波大学体育系 准教授（現在に至る）。99年より現在まで、筑波大学陸上競技部コーチ（主に投擲競技を担当、06〜11年同監督）、日本陸連医事委員会トレーナー部委員を務める。99年、01年、05年ユニバーシアード陸上競技日本選手団トレーナー。JATIトレーニング指導者養成講習会講師（担当講義「機能解剖」）。著書『トレーニング指導者テキスト 理論編改訂版（分担執筆）』『コンテクスチュアルトレーニング（監訳）』（いずれも大修館書店）、『解剖学』（化学同人）。

アスリートのための解剖学

トレーニングの効果を最大化する身体の科学

2020年6月5日 第1刷発行
2024年6月28日 第10刷発行

著者 大山 卞 圭悟
装幀者 山﨑裕実華
発行者 碇 高明
発行所 株式会社 草思社
〒160-0022 東京都新宿区新宿1-10-1
電話 営業 03(4580)7676 編集 03(4580)7680

本文印刷 株式会社三陽社
付物印刷 中央精版印刷株式会社
製本所 加藤製本株式会社

ISBN978-4-7942-2453-8 Printed in Japan 検印省略